LIVING GERMAN

LIVING GERMAN

R. W. BUCKLEY, M.A.

Lecturer in German,
Technical College, Coventry

HODDER AND STOUGHTON
LONDON SYDNEY AUCKLAND TORONTO

ISBN 0 340 15628 7

First published 1957
Third edition: eleventh impression 1977
Copyright © 1965 R. W. Buckley

Printed in Great Britain for Hodder and Stoughton
Educational, a division of Hodder and Stoughton Ltd,
Mill Road, Dunton Green, Sevenoaks, Kent by
Hazell Watson & Viney Ltd,
Aylesbury, Bucks

PREFACE

THIS course aims at a complete introduction to the German language. It contains a practical vocabulary for speaking and reading ordinary German and covers the essential points of grammar. The material will be found acceptable to both older and younger students, whether studying for pleasure or for examinations.

The text is centred round the life of a German family and deals with a wide range of subjects from television to the kitchen. Most chapters introduce new expressions and grammatical points which are developed in the exercises, of which there is a wide selection. Whether all of these are answered depends on the teaching method employed. Some teachers will make additional exercises of their own; others will perhaps dispense with the English-German translation in the first year. Spoken German forms a major part of the course and short descriptions, summaries, many questions and variations of the text are recommended for language practice.

Part One treats most aspects of elementary grammar and the present tense of verbs. Travel dialogues form a short transition to *Part Two*. These contain no new grammar, fewer exercises but very useful vocabulary for either rapid or intensive reading. *Part Two* deals with all forms of the verb and more advanced grammar practice.

While this text is complete and varied in itself, it is recommended that easy readers and some poetry should be studied as early as possible.

I wish to thank my wife for her help in the preparation of this book and her unfailing patience in helping to revise and check the proofs of each subsequent edition and reprint.

For this third edition, I should also like to thank, among many others, my friend Dr. Hellmuth Steger of Kiel in particular for his careful checking and advice. The text remains unchanged except for a small number of minor alterations and improvements. In *Part Two* of this new edition the Gothic print has been replaced by Roman, since the latter now predominates in Germany, and, according to German practice, the 'sz' sign (ß) is used for 'sz'. As Gothic type has not completely vanished, the last chapter has been left in the old style, preceded by an explanatory note, to familiarise students with its peculiarities.

R. W. BUCKLEY

CONTENTS

8 CONTENTS

Part Two

PRONUNCIATION

These notes are intended only as a guide, especially for those students who have no teacher. The English sounds quoted are only approximately similar.

1. German spelling is quite reliably representative of sound. Almost every written symbol is pronounced, except an **h** which is only a sign of length after vowels.

2. Most consonants are pronounced in a similar way to their English equivalents. The following are exceptions:

   v = English **f**. Vogel, von, vor.

   w = English **v**. was, Wasser, Wort, Wind.

   z = English **ts**. zu, zwei, Zimmer, Katze.

   ch Breathe at the back of the throat as in the Scottish *loch*, after **a, o, au, u**. Bach, Loch, auch, Buch, machen, kochen, Rauch, suchen.

   ch Breathe with the tip of the tongue touching the back of the lower front teeth, after **e, i, ä, ö, ü, eu, äu**. ich, nicht, Licht, Bäche, Bücher, Löcher, euch.

   j = English **y** but more vigorous. ja, jung, Jahr.

   r is always sounded, trilled or rolled. It is immaterial whether it is trilled by the tip of the tongue or gutteralised by vibrating the uvula, but it must be pronounced wherever it occurs. Bier, Bruder, Kirche, rot, vier, dort, Mutter, Erde.

   s = English **s** as in *rose* before a vowel. See, singen, Rose, lesen, Liesel, suchen; otherwise like English **s** as in *mouse*, Haus, Maus, hast, ist.

   ss (sz) = English **s** as in *mouse*. Klasse, weiss, muss.

   sch = English **sh**. Schiff, scheinen, Schwein, waschen.

   sp- = German **schp-**, initially. sprechen, Spiel.

   st- = German **scht-**, initially. Stein, Stadt, stehen.

   -b at end of word = **p**. halb, lieb, gab, Korb.

   -d at end of word = **t**. Bad, Bord, Bild, Rad.

   -g at end of word = **k**. Tag, Sarg, bog, Zug.

   -ig at end of word = **ich**. Pfennig, hungrig, zwanzig.

qu = English **kv**.   Quelle, Quecksilber.

pf   Both the **p** and the **f** must be given their full value. Pfund, Pferd, Kopf.

kn   Both the **k** and the **n** must be given their full value. Knabe, Knecht.

h is always aspirated initially.   Hand, Herr, Hund.

After a vowel it is only a sign of length.   In Bahn, gehe, Stroh, **ah**, **eh**, **oh** resemble the English exclamations *ah!*, *eh!*, *oh!*   Apart from these, and in the combinations **ch**, **sch**, **ph** (=ff), **h** has no value.   There is no English **th** sound in German.   In words like Theater, Thron, Athlet, Methode, **th** is pronounced like the English **t**.

3. Vowels are pure as distinct from the English tendency to diphthongise.   The vowel sound in the English *boat* is not really one vowel but two (*bow-ut*); similarly *beer = bee-er*. The German equivalents make one continuous sound, Boot, Bier. There is no slide away into another vowel sound, but one pure vowel sound only.

4. If followed by one consonant, a vowel is usually long.

If followed by two or double consonants, a vowel is usually short.

A double vowel is pronounced in the same way as one long one.

a long   as in English *calm*. kam, Tag, aber, Wagen, habe, sage.

a short   as above but short. Mann, kann, Katze, alt, warm. The mouth must be wide open and the tongue low down for both sounds.

e long   as in English *say* (without the *y*). sehen, See, mehr.

e short   as in English *vet*. Wetter, wenn, beste, es. The tongue is slightly more tense than in English. Do not move it until the sound is finished.

e slurred in final syllables, as in English *brother*. Frage, Kirche, Himmel, Bruder, Mutter (roll the **r**).

i a little more tense than in English and higher and with the tongue more forward in the mouth. ist, ich, bin, will.

o long   with rounded lips and open mouth. so, Boot, Brot, gross, Rose.

o short as above but short. Sonne, von, Gott, Dorf.

u long as in English *hoot*. Hut, gut, Buch, suchen, Schuh.

u short as above but short. Hund, Mund, Butter, Mutter.

ie is a long i pronounced slightly more tensely than ee in English *deep*. die, dies, dieser, wie, hier.

5. *Diphthongs*

au as in English *brown*. braun, blau, Frau, Haus, Baum.

eu as in English *Troy*. treu, neu, deutsch, Freund.

ei, ai, ey, ay as in English *mine*. mein, Main, sein, Saite, Rhein, Meyer, Haydn.

6. *Modification (Umlaut)*

There are no accents in German. The modification sign (¨) is placed over a, o, u, au, to approximate their sound to an e. These sounds are pronounced as follows:

ä (ae) long longer than English e in *get*. Mädchen, Schäfer, gäbe.

ä (ae) short like English e in *get*. Kätzchen, Männer, Pässe.

ö (oe) The tongue is in position as for ä, but the lips are rounded. Köln, schön, Goethe.

ü (ue) The tongue is in position as for ie, but the lips are rounded. fünf, Güte, glücklich, fürchtet.

y is generally pronounced like ü. Typ, Physik.

äu like eu. Bäume, Träume, Räuber.

7. *Stress*

Sentence stress is very similar to English with a tendency to emphasise the important words, but with a sing-song lilt.

Individual words have root stress as in English:

Énglisch, Éngländer, Brúder, Kírche, Wásser, bésser, Ántwort, ántworten, Fréund, únfreundlich, begínnen, Glück, glücklich, únglücklich.

A number of words borrowed from other languages keep approximately their foreign pronunciation with different stress:

Proféssor, Professóren, Musík, musikálisch, Zigarétte, Studént, Interésse, interessíeren, Etúi.

8. In general, German speech is more energetic than English. The lips are moved more, articulation is clearer and breathing more vigorous. This makes for precision in the consonants and purity in the vowels. It is worth while to try to produce German sounds from the front of the mouth, as far as possible. There is no liaison in German. All initial stressed vowels and some medial ones are pronounced with a conscious effort (the "glottal stop").

9. Practise these sounds:
Hier ist die Liesel. Was will sie? Der Seemann liebt die See. Man badet im Wasser. Der Wind kommt und der Sturm kommt. Der Bruder ist unglücklich in Deutschland. Unfreundliche Leute sind hier. Der Rhein ist klein in der Schweiz. Zwei Beine sind besser als ein Bein. Sprechen Sie Deutsch? Zwanzig schöne Männer segeln das Schiff. Gehen Sie an Bord? Der Vater und die Mutter und der Bruder stehen hier. Die Maus läuft in das Haus. Diese Kätzchen laufen in die Löcher. Mein Mädchen liest ein Buch. Die Witwe hat acht Töchter.

PART ONE

I

DAS DORF MIESBACH

HIER ist das Dorf Miesbach.
Miesbach ist ein Dorf.
Ist Miesbach ein Dorf?
Ja, es ist ein Dorf.
Das Dorf ist alt.

Das ist das Haus.
Ist das ein Haus?
Ja, es ist ein Haus.
Das Haus ist alt.

Das ist die Kirche.
Ist das eine Kirche?
Ja, es ist eine Kirche.
Ist die Kirche alt?
Ja, sie ist alt.

Das ist die Strasse.
Ist das eine Strasse?
Ja, es ist eine Strasse.
Ist die Strasse auch alt?
Ja, sie ist auch alt.

Das ist der Wagen.
Ist das ein Wagen?
Ja, es ist ein Wagen.
Ist der Wagen alt?
Nein, er ist nicht alt:
er ist neu.

Das ist der Baum.
Ist das ein Baum?
Ja, es ist ein Baum.
Ist der Baum alt?
Ja, er ist sehr alt, und
er ist auch gross.

Das ist der Mann.
Er ist auch alt.
Er ist gross.
Er ist gross und alt.

Das ist eine Frau.
Sie ist schön.
Ist die Frau alt?
Nein, sie ist nicht
sehr alt.

Das ist das Kind.
Es ist nicht gross : es ist
klein.
Ist das Kind klein?
Ja, es ist klein.

Ist das Kind alt?
Nein, es ist nicht alt, es ist jung.
Ist ein Dorf gross?
Nein, es ist nicht gross, es ist klein.
Ist die Frau jung?
Nein, sie ist nicht jung und auch nicht alt.
Ist die Strasse gross?
Nein, sie ist nicht gross, sondern klein.
Ist der Mann jung?
Nein, er ist nicht jung, sondern alt.
Ist der Baum gross?
Ja, er ist gross und er ist auch alt.

Dieser Mann ist sehr gross.
Diese Frau ist nicht sehr gross.
Dieses Kind ist schön.

Dieser Baum ist auch sehr gross.
Diese Kirche ist sehr alt.
Dieses Dorf ist auch sehr alt.

Hier ist der Seemann.
Ein Seemann ist ein Mann.
Er ist ein Mann.
Ist die Frau ein Seemann?
Nein, sie ist kein Seemann.
Ist das Kind ein Seemann?
Nein, es ist kein Seemann.

Hier ist das Boot.
Ein Boot segelt.
Ist ein Wagen ein Boot?
Nein, er ist kein Boot, er
segelt nicht.

Dies ist die Sonne.
Die Sonne scheint.
Scheint die Sonne heute?
Nein, hier ist keine Sonne: sie scheint nicht.

Dies ist mein Buch. Es ist deutsch.
Ist das mein Buch? Ja, es ist mein Buch.

Ist das mein Haus? Nein, es ist nicht mein Haus.
Ist dies mein Wagen? Nein, dies ist nicht mein Wagen.
Ist dies meine Kirche? Nein, dies ist nicht meine Kirche.
Ist meine Frau hier? Nein, sie ist nicht hier.
            Keine Frau ist hier.
Ist das sein Kind? Nein, das ist nicht sein Kind.
            Das ist kein Kind. Das ist ein Mann.

Der Wagen ist klein; die Kirche ist gross; dieser Seemann ist
ein Mann; ein Boot segelt; die Sonne scheint; es ist warm; es ist
nicht kalt; die Sonne ist warm; die Strasse ist klein; das Kind
ist jung; meine Frau ist nicht sehr alt; kein Kind ist sehr gross;
mein Buch ist deutsch; diese Kirche ist deutsch; dieses Dorf ist
auch deutsch; dieses Haus ist schön; dieser Wagen ist nicht alt,
er ist neu; mein Boot ist neu; es ist nicht kalt hier.

VOCABULARY

der Baum *the tree*   ein Baum *a tree*
der Mann *the man*   ein Mann *a man*
der Seemann *the sailor*   dieser Seemann *this sailor*
der Wagen *the cart, car*   dieser Wagen *this cart*
die Frau *the woman, wife*   eine Frau *a woman*
die Kirche *the church*   eine Kirche *a church*
die Sonne *the sun*   keine Sonne *no sun*
die Strasse *the street*   diese Strasse *this street*
das Boot *the boat*   dieses Boot *this boat*
das Buch *the book*   dieses Buch *this book*
das Dorf *the village*   ein Dorf *a village*
das Haus *the house*   ein Haus *a house*
das Kind *the child*   kein Kind *no child*
     mein Buch *my book*
hier ist *here is*   sein Kind *his child*
das ist *that is*
dies ist *this is*
er ist *he is*   alt *old*
sie ist *she is*   deutsch *German*
es ist *it is*   gross *big*
er segelt *he sails*   jung *young*
es scheint *it shines*   kalt *cold*
     klein *small*
     neu *new*
auch *also, too*   schön *fine, lovely*
heute *to-day*   warm *hot*
ja *yes*
nein *no*   sehr *very*
nicht *not*   sondern *but*
     und *and*

GRAMMAR

Gender, Nominative Case, Questions

1. All nouns have capital letters: der Mann, die Sonne, das Boot.

2. *Gender*

There are three genders in German. They are shown by the definite article (English 'the'): **der** (masculine), **die** (feminine),

das (neuter). The indefinite article (English 'a') also differs according to gender: **ein** (masculine), **eine** (feminine), **ein** (neuter).

The gender of every noun must be known. The gender of nouns is not decided by sex divisions as in English, but is often quite arbitrary, e.g. **das Kind** is neuter, **der Wagen** is masculine.

3. *Nominative Case*

Dieser declines with endings like **der, die, das.**

masc.	*fem.*	*neut.*
dieser Wagen	diese Frau	dieses Dorf

Kein, sein and **mein** decline with endings like **ein, eine, ein.**

masc.	*fem.*	*neut.*
mein Baum	meine Frau	sein Boot
kein Mann	keine Sonne	kein Kind

Kein means *no, not a,* or *not any.*

Sie ist kein Kind—*She is not a child.*

Hier ist kein Wasser—*There isn't any water here.*

('Nicht ein' is *not* used.)

4. *Questions*

A question is formed by inverting the word order, putting the subject after the verb.

Die Frau ist alt.—*The woman is old.*

Ist die Frau alt?—*Is the woman old?*

Scheint die Sonne?—*Is the sun shining?*

5. *Pronouns*

Ist der Baum gross? **Er** ist gross.

Ist die Strasse alt? **Sie** ist alt.

Ist das Kind jung? **Es** ist jung.

As objects are either masculine, feminine or neuter, 'it' is translated as either **er** (he), **sie** (she) or **es** (it).

AUFGABEN (*Exercises*

A. Put **der, die** or **das** before the following nouns:

Seemann, Dorf, Strasse, Boot, Mann, Kind, Frau, Kirche, Haus, Baum, Wagen, Buch.

B. Put **ein** or **eine** before the nouns in Exercise A.

C. Reply in German:

e.g. Ist der Seemann alt? Ja, er ist alt.
1. Ist die Frau schön?
2. Ist das Boot klein?
3. Ist die Sonne warm?
4. Ist ein Kind klein?
5. Ist mein Buch deutsch?
6. Ist sein Kind jung?
7. Ist dieses Dorf alt?

D. Reply in German:

e.g. Ist Miesbach gross? Nein, es ist nicht gross sondern klein.
1. Ist der Seemann jung?
2. Ist die Strasse gross?
3. Ist der Mann jung?
4. Ist dieser Baum klein?
5. Ist die Sonne kalt?
6. Ist dieses Boot gross?
7. Ist sein Kind alt?

E. Reply in German:

e.g. Was (what) ist dies? Dies ist ein Buch.
1. Was ist Miesbach?
2. Was ist ein Seemann?
3. Was macht (does) die Sonne?
4. Was macht ein Boot?
5. Wie (how, what . . . like) ist die Sonne?
6. Wie ist dieses Dorf?
7. Wie ist die Kirche?
8. Wie ist der Wagen?
9. Was ist gross?
10. Was ist alt?

DER SEEMANN

Hier ist ein Bild.

Der Tag ist warm und schön; das Wasser ist blau; die Sonne scheint. Der Himmel ist auch blau und die Luft ist klar.

Das Schiff segelt; es ist ein Segelschiff; es ist nur klein; ein Mast und ein Segel! Das Schiff segelt gut, denn der Wind ist freundlich und nicht kalt, und das Wasser ist klar. Das Boot segelt von Deutschland nach England. Welches Land ist das? Jenes Land ist Deutschland.

Nur ein Mann ist an Bord. Er ist ein Seemann und auch der Kapitän. Dieser Seemann segelt und macht alles an Bord. Er ist glücklich, denn die See ist still und der Wind freundlich. Welche See ist das? Das ist die Nordsee.

Aber, was ist das? Eine Wolke. Jene Wolke ist schwarz. Und wie ist der Himmel? Der Himmel ist blau, aber er wird grau. Wie wird der Wind? Der Wind wird frisch und kalt. Was macht der Seemann? Er segelt nicht mehr. Er macht nichts. Der Wind

macht alles. Das Wasser ist nicht mehr klar, es wird unfreundlich.
Es ist nicht mehr still. Welcher Wind ist kalt? Der Nordwind ist
kalt.

Ein Sturm kommt. Jener Himmel ist nicht blau und klar; er
wird schwarz. Der Wind ist nicht freundlich; er wird stark. Jene
See ist nicht blau; sie wird grau. Aber der Seemann ist nicht
unglücklich. Sein Schiff ist gut und stark. Die See ist unfreundlich
und der Himmel schwarz, aber Gott ist dort. Er ist freundlich
und macht alles gut. Das Boot kommt an das Land, wenn Gott
will.

VOCABULARY

der Gott *God*
der Himmel *the sky*
der Kapitän *the captain*
der Mast *the mast*
der Sturm *the storm*
der Tag *the day*
der Wind *the wind*
die Luft *the air*
die See *the sea*
die Wolke *the cloud*
das Bild *the picture*
von Deutschland *from Germany*
nach England *to England*
das Land *the land*
das Schiff *the ship*
das Segel *the sail*
das Segelschiff *the sailing-ship*
das Wasser *the water*

Nord—*north*
aber *but*
alles *everything*
an Bord *on board*
denn *for, because*
dort *there*
blau *blue*

freundlich *friendly, kind*
frisch *fresh*
glücklich *happy, lucky*
grau *grey*
gut *good, well*
jener *that*
schwarz *black*
stark *strong*
still *quiet, peaceful*
unfreundlich *unkind*
unglücklich *unhappy*
welcher *which*

er kommt *he comes*
sie macht *she makes, does*
es scheint *it shines, seems*
er segelt *he sails*
er wird *he becomes, grows*
mehr *more, longer*
nichts *nothing*
nur *only*
was *what*
wenn Gott will *God willing*
wer *who*
wie *how, what . . . like*
wo *where*

GRAMMAR

1. **Jener** (that) and **welcher** (which) have the same endings as **dieser.**

masc.	*fem.*	*neut.*
jener Mann	jene See	jenes Boot
welcher Tag	welche Strasse	welches Bild

2. **Er segelt** means 'he sails', 'he is sailing', 'he does sail'.
   There is only ONE simple form of the Present Tense in German, whereas English has three.

Scheint die Sonne? *Does the sun shine?*
Ja, sie scheint. *Yes, it is shining.*
Der Kapitän segelt heute. *The captain sails to-day.*

AUFGABEN

A. Put the definite article (**der, die** or **das**) before the following nouns:

Wasser, See, Mann, Gott, Wind, Boot, Schiff, Sturm, Seemann, Wolke, Sonne, Luft, Land, Bild, Kapitän.

B. Insert the indefinite article (**ein, eine, ein**) before the nouns in Exercise A.

C. Put **dieser, welcher, jener, kein, sein, mein** before the nouns in Exercise A and translate each.

D. Supply a suitable adjective to complete the following sentences:

e.g. Das Wasser ist —. Das Wasser ist still (klar, warm, *etc.*).

1. Der Himmel ist —.   2. Gott ist —.
3. Das Boot ist —.   4. Die Sonne ist —.
5. Das Land ist —.   6. Die See ist —.
7. Dieser Wind ist —.   8. Mein Mann ist —.
9. Sein Segel ist —.   10. Die Wolke wird —.

E. Put a pronoun (**er, sie** or **es**) instead of the noun in the sentences of Exercise D:

e.g. Das Wasser ist still. Es ist still.

F. Reply in German:

1. England ist ein Land. Was ist Deutschland?
2. Dieser Mann ist ein Seemann. Was ist der Kapitän?
3. Dieses Schiff ist ein Boot. Was ist ein Segelschiff?
4. Der Tag ist schön. Ist der Tag auch warm?
5. Der Himmel ist blau. Wie ist das Wasser?
6. Wie ist der Wind?
7. Wie ist die See?
8. Wie ist der Himmel?
9. Wie ist die Luft?
10. Wo ist der Kapitän? Ist er an Bord?
11. Wo ist der Seemann?
12. Wo ist das Bild? Ist es hier?
13. Wo ist das Land? Ist es auch hier?
14. Wer ist freundlich? Ist der Seemann freundlich?
15. Wer ist an Bord?
16. Wer ist Kapitän?
17. Wer segelt?
18. Was ist klar?
19. Was wird grau?
20. Was wird unfreundlich?
21. Was ist warm?
22. Wer wird unglücklich?
23. Was kommt an das Land?
24. Was scheint?
25. Welcher Mann macht alles?

G. 'Ein Sturm kommt.' Describe this in German.

H. Translate into German:

1. The water is cold. 2. His boat is old. 3. That man is very kind. 4. The church is small. 5. Is the sky blue? 6. The captain is not on board. 7. Who is sailing from Germany to England? 8. The sun is not shining to-day. 9. The sailor does everything on board. 10. This child is very young.

3

DIE FAMILIE

LIESEL liebt das Bild in Kapitel Zwei.

Sie liebt den Seemann, sie liebt das Schiff und sie liebt die See. Aber, wer ist Liesel?

Liesel Schulz ist klein: sie ist ein Kind.

Sie ist acht Jahre alt. Sie hat einen Bruder.

Ihr Bruder Karl ist nicht alt: er ist auch nicht jung: er ist achtzehn Jahre alt.

Liesel hat auch eine Schwester. Ihre Schwester Paula ist schon zwanzig Jahre alt. Sie ist sehr schön.

Liesel ist ein Mädchen, Paula ist ein Fräulein, Karl ist ein Jüngling. Er ist kein Junge, er ist zu alt: er ist kein Mann, er ist zu jung: er wird ein Mann.

Sein Vater, Herr Anton Schulz, ist ein Mann.

Seine Mutter, Frau Marie Schulz, ist eine Frau.

Dieser Mann, Anton, und diese Frau, Marie, sind Mann und Frau.

Sie, ihre Tochter Paula, ihr Sohn Karl und ihr Kind Liesel sind eine Familie.

Sie wohnen in Miesbach. Miesbach ist keine Stadt, sondern ein Dorf. Dieses Dorf ist nicht gross, sondern klein.

Ihr Haus aber ist gross.

Diese Familie hat einen Hund. Dieser Hund ist gross und braun und freundlich. Er heisst ' Wotan.' Die Familie liebt ihren Hund, aber Liesel liebt ihn sehr. Er liebt sie auch und macht alles, was sie sagt. Sie sagt: " Wotan, komm her! " und er kommt. Sie sagt: " Wotan, mach schön! " und er sitzt.

Möhrchen, die Katze, ist nicht so freundlich, aber Paula liebt sie. Die Katze liebt niemand—nur vielleicht den Jüngling Karl. Wotan ist ein Haushund, und die Katze ist auch nützlich. Sie fängt oft eine Maus. Wotan fängt nichts: er hat einen Stuhl, wo er schläft. Er ist klug.

VOCABULARY

der Bruder *brother*
der Herr *gentleman, Mr.*
der Hund *dog*
der Junge *boy, lad*
der Jüngling *youth*
der Sohn *son*
der Stuhl *chair*
der Vater *father*
die Familie *family*
die Katze *cat*
die Maus *mouse*
die Mutter *mother*
die Schwester *sister*
die Stadt *town*
die Tochter *daughter*
das Fräulein *young lady, Miss*
das Jahr *year*

das Kapitel *chapter*
das Mädchen *girl*

acht *eight*
achtzehn *eighteen*
ihr *her, their*
klug *clever*
nützlich *useful*
zwanzig *twenty*
zwei *two*

ganz *quite*
niemand *nobody*
oft *often*
schon *already*
vielleicht *perhaps*
zu *to, too*

Verbs

er sitzt *he sits, is sitting, does sit*
er wohnt *he lives*
er hat *he has*
sie liebt *she loves*
sie sagt *she says*
er schläft *he sleeps*
sie fängt *she catches*
er ist *he is*
er heisst *he is called, his name is*

sie sitzen *they sit, are sitting, do sit*
sie wohnen *they live*
sie haben *they have*
sie lieben *they love*
sie sagen *they say*
sie schlafen *they sleep*
sie fangen *they catch*
sie sind *they are*
sie heissen *they are called, their name(s) is (are)*

Expressions

komm her! *come here!*
alles, was er macht *all that he does*

mach' schön! *sit up!*
auch nicht *not . . . either*

GRAMMAR

1. *Accusative Case*

a. Ihren Bruder; ihre Schwester; ihr Haus.

Ihr (her) has the same endings to show gender as **sein** and **kein**.

b. Sie liebt den Seemann; sie liebt das Schiff; sie liebt die See.

The person or thing that she loves is called the direct object in grammar. The accusative case is used for the direct object. Just as, in English, HE becomes HIM in the objective case and SHE changes to HER (I like HIM; he loves HER), so, in German, **der** changes to **den**. Similarly **dieser** becomes **diesen**, **welcher** changes to **welchen**, **ein** becomes **einen**, **kein** becomes **keinen**, etc.

The masculine alone changes in the accusative case.

The accusative is the same as the nominative case for feminine and for neuter nouns.

Masculine

Nom.   der Mann, dieser Hund, welcher Wagen, ein Sohn.
Acc.   den Mann, diesen Hund, welchen Wagen, einen Sohn.

Feminine

Nom. ⎫ die Frau, diese Katze, welche Strasse, meine
Acc. ⎭ Mutter.

Neuter

Nom. ⎫
Acc. ⎭ das Kind, dieses Boot, welches Jahr, ein Buch.

c. Pronouns

	masc.	*fem.*	*neut.*	*pl.*	*interr.*
Nom.	er (he)	sie (she)	es (it)	sie (they)	**wer?** (who?)
Acc.	ihn (him)	sie (her)	es (it)	sie (them)	**wen?** (whom?)

d. Note the use of the nominative and accusative cases:

nom.	*nom.*	*acc.*
Dieser Hund ist braun.	Er hat **einen Hund.**	
Die Kirche ist hier.	Das Dorf hat **eine Kirche.**	
Das Kind ist klein.	Er liebt **das Kind.**	

Ein Vater ist alt.   Der Hund liebt den Vater.
Wotan ist ein Hund.   Er liebt ihn.
Sie ist meine Mutter.   Das Kind liebt sie.
Das ist ein Boot.   Niemand liebt es.

The nominative shows the subject and usually comes before the verb. The accusative shows the object and usually comes after the verb. A noun following the verb *to be* is in the nominative case as well as the noun preceding the verb.

2. Er sitzt, sie sitzen.

The verb ends in -t after er (he), sie (she) or es (it).

The verb ends in -en after sie (they), except for sie sind (they are).

AUFGABEN

A. Read the following nouns with the definite article in the nominative and accusative cases (e.g. der Bruder, den Bruder):

Bruder, Sohn, Tochter, Fräulein, Hund, Haus, Dorf, Kind, Schwester, Mann, Himmel, Wind, Tag, Stuhl, Maus, Schiff.

B. Repeat the first eight nouns of Exercise A with kein, and the last eight with ihr, instead of the definite article.

C. Supply a suitable word in German:

1. Das Haus ist —.
2. Dieser Baum ist —.
3. Sein Dorf ist —.
4. Eine Katze ist —.
5. Dieser Hund heisst —.
6. Ein Seemann ist — —.
7. Meine Mutter ist —.
8. Ihr Kind ist —.
9. Liesel ist ein —.
10. Die Tochter heisst —.
11. Ein Jüngling wird — —.
12. Er ist achtzehn Jahre —.

D. Put pronouns for nouns in the following:

e.g. Der Mann liebt das Kind. Er liebt es.

1. Die Mutter liebt das Kind.
2. Das Kind liebt den Vater.
3. Der Vater hat ein Haus.
4. Die Sonne scheint nicht.
5. Die Katze fängt eine Maus.
6. Der Hund hat einen Stuhl.
7. Das Fräulein hat keinen Mann.
8. Der Seemann liebt sein Schiff.

E. Sentences 4 and 7 in Exercise D are negative. Rewrite the others, making them negative by inserting **nicht** in the right place, or by changing **ein** to **kein**.

F. Reply in German:

    1. Was ist Liesel?
    2. Was liebt sie?
    3. Wen liebt sie?
    4. Was ist Paula?
    5. Was liebt Paula?
    6. Wie heisst ihr Bruder?
    7. Was hat Herr Anton Schulz?
    8. Wer hat einen Sohn?
    9. Ist dieser Sohn alt?
  10. Wen liebt der Hund?
  11. Wie ist der Hund?
  12. Ist die Mutter alt?
  13. Wer ist jung?
  14. Was macht die Katze?
  15. Was ist Miesbach?
  16. Ist das Haus klein?
  17. Liesel sagt: " Wotan, komm her! " Was macht Wotan?
  18. Liesel sagt: " Mach schön! ". Was macht Wotan?
  19. Hat Karl eine Frau?
  20. Hat das Dorf eine Kirche?
  21. Wer liebt sein Schiff?
  22. Hat das Kind ein Buch?
  23. Hat das Schiff einen Mast?
  24. Wer hat einen Hund?

G. Describe in German the members of the Schulz family.

H. Translate into German:

    1. He has a dog. 2. She loves her child. 3. Nobody loves the cat. 4. Has her father a house? 5. This boy has no brother. 6. His father is not a sailor. 7. Have they a dog? 8. Nobody likes this picture. 9. Her sister is called Liesel. 10. That lady does not have a daughter but she has a son.

4

WAS MACHT DIE FAMILIE?

ANTONS Haus hat einen Garten. Dieser Garten ist schön, wenn die Sonne scheint. Hier spielt Liesel. Sie ist glücklich, sie lacht und singt.

Hier spielt auch die Katze, denn die Katze ist jung. Sie ist ein Kätzchen. Aber der Hund spielt nicht: er ist zu alt: er schläft.

Anton spielt nicht, wenn Liesel spielt: er arbeitet. Er ist Lehrer. Das Dorf hat eine Schule und Anton ist dort der Schullehrer. Er ist Dorfschullehrer.

Aber Anton spielt abends: er spielt Klavier: er ist musikalisch. Auch sein Sohn, Karl, ist musikalisch und spielt Violine. Marie spielt kein Instrument: sie singt.

Was macht die Mutter, wenn Anton arbeitet und Liesel spielt? Sie arbeitet auch. Ihre Arbeit ist gross, denn das Haus ist nicht klein.

Das Haus hat acht Zimmer. Jedes Kind hat sein Schlafzimmer aber Anton und Marie haben nur ein Schlafzimmer.

Marie macht das Haus sauber. Sie macht jedes Bett und dann macht sie jedes Schlafzimmer sauber: und sie kocht. Das Haus hat eine Küche, wo die Mutter kocht. Die Küche ist schön und sauber.

Jedes Kind hat ein Schlafzimmer aber das Haus hat nur ein Wohnzimmer. Das Wohnzimmer ist da, wo man wohnt und sitzt. Hier spielt Anton Klavier. Hier singt Marie abends. Sie singt gern.

Das Haus hat auch nur ein Esszimmer. Das Esszimmer ist da, wo man isst und trinkt. Marie kocht, und die Familie isst und trinkt. Was trinkt man?

Der Vater trinkt Wein oder Bier; die Mutter trinkt gern Kaffee; Paula und Karl trinken gern Tee, und Liesel trinkt Milch.

Der Tag ist schön, aber der Tag hat ein Ende. Die Sonne scheint nicht mehr. Dann ist es Abend, und dann kommt die Nacht. Abends spielt Liesel nicht. Sie schläft. Was macht Marie? Sie macht nichts; sie sitzt. Was macht Karl? Er hat auch eine Arbeit; er studiert. Er studiert gern sein Buch, denn er ist Student. Er arbeitet Tag und Nacht.

VOCABULARY

der Abend *evening*
der Garten *garden*
der Kaffee *coffee*
der Lehrer *teacher*
der Student *student*
der Tee *tea*
der Wein *wine*
die Arbeit *work*
die Küche *kitchen*
die Milch *milk*
die Nacht *night*
die Schule *school*
die Violine *violin*
das Bett *bed*
das Bier *beer*
das Ende *end*
das Esszimmer *dining room*
das Instrument *instrument*
das Kätzchen *kitten*
das Klavier *piano*
das Schlafzimmer *bedroom*
das Wohnzimmer *living room*
das Zimmer *room*

musikalisch *musical*
sauber *clean*

abends *in the evening*
dann *then*
denn *for*
gern(-e) *willingly*
oder *or*

er arbeitet *he works*
sie essen *they eat*
er isst *he eats*
sie kocht *she cooks*
sie singt *she sings*
er spielt *he plays*
er studiert *he studies*
sie trinken *they drink*
man trinkt *one drinks*

er spielt abends *he plays in the evenings*
sie singt gern *she likes to sing*
er studiert gern *he likes to study*
sie lacht *she laughs*

Most German words have root stress, but notice the stress on the final syllable of Instrument, Klavier; on the third syllable of Violine; and on the third syllable of musikalisch.

GRAMMAR

1. *Compound Nouns*

das Dorf, die Schule, der Lehrer: der Dorfschullehrer
das Haus, der Hund: der Haushund
die See, der Mann: der Seemann
wohnen, das Zimmer: das Wohnzimmer
die Katze, -chen: das Kätzchen
die Magd, -chen: das Mädchen
die Frau, -lein: das Fräulein
der Hund, -lein: das Hündlein (*little dog*)
die Schwester, -lein: das Schwesterlein (*little sister*)

A compound noun has the gender of its last part.
Diminutives (-chen, -lein = dear, little) are neuter.

2. Jedes Kind; jeder Mann; jede Frau.
Jeder (every) has the same endings as der, dieser, welcher.

3. er wohnt *he lives*; es trinkt *it drinks*; sie hat *she has*.
sie wohnen *they live*; sie trinken *they drink*; sie haben *they have*.
    The 3rd person singular of the verb ends in -t (er, sie,
es -t). The 3rd person plural of the verb ends in -en (sie -en),
but note sie sind = *they are.*

AUFGABEN

A. Give the accusative case of:

der Tag, die Küche, das Bett, dieser Abend, diese Nacht,
dieses Klavier, mein Hund, meine Tochter, mein Dorf, kein
Schiff, keine Katze, sein Zimmer, diese Milch, dieser
Kaffee, kein Tee, jeder Lehrer, jedes Zimmer, sein Bier.

B. Put the correct ending (where necessary):

1. Dies- Tag hat kein- Ende.
2. Dies- Student hat kein- Buch.
3. Mein- Vater trinkt kein- Wein.
4. Mein- Mutter trinkt dies- Wein.
5. Dies- Kätzchen liebt d- Jüngling.
6. D- Violine ist ein- Instrument.
7. Sie haben ein- Lehrer.
8. D- Kätzchen wird ein- Katze.

9. Sie lieben d- Arbeit.
10. D- Hund trinkt kein- Milch.

C. Give the plural of (e.g. er wohnt, sie wohnen):

> er lacht; er singt; er arbeitet; sie kocht; sie sitzt; er studiert; es hat; sie wohnt; er spielt; es segelt.

D. Reply in German:

1. Wann (when) ist der Garten schön?
2. Ist Möhrchen eine Katze?
3. Warum (why) spielt der Hund nicht?
4. Wer singt gern?
5. Was macht der Vater, wenn Liesel spielt?
6. Was macht die Mutter?
7. Was macht der Vater abends?
8. Welches Instrument spielt Marie?
9. Wer macht das Haus sauber?
10. Wer macht das Bett?
11. Wo wohnen Anton und Marie?
12. Was ist ein Wohnzimmer?
13. Was trinkt der Vater?
14. Was trinken Paula und Karl?
15. Wer trinkt Kaffee?
16. Wie ist der Kaffee?
17. Wie ist die Sonne?
18. Scheint die Sonne abends?
19. Welche Arbeit macht Karl?
20. Wann studiert er?
21. Was studiert er gern?
22. Was hat jedes Kind?
23. Wann ist der Tag schön?
24. Wer spielt Klavier?
25. Wann kommt das Schiff an das Land?

E. Translate into German:

> 1. Which instrument does he play? 2. The boy likes studying. 3. They drink milk. 4. The bedroom is large and clean. 5. Every house has a kitchen as well. 6. What is the mother cooking? 7. They work day and night. 8. What do they like drinking? 9. Who likes playing the piano? 10. This student studies his book in the evening.

5

DIE FAMILIE MACHT MUSIK

DAS Ende des Tages kommt. Das ist auch das Ende der Arbeit. Die Arbeit der Familie ist heute fertig.

Anton ist musikalisch, und jedes Kind spielt ein Instrument. Das Instrument des Sohnes ist die Violine, und Paula spielt gern Klavier. Der Vater ist Meister jedes Instruments, aber heute spielt er Cello.

Sie probieren ein Trio von Mozart. Die Musik des Trios ist schön. Die Mutter hört sie gern. Wotan aber ist kein Freund der Musik. Er liebt den Ton der Violine nicht: er heult. Liesel lacht und sagt: "Wotan singt auch."

Dann kommt das Ende des Stückes, und Marie singt ein Lied. Welches Lied singt sie? Der Name jenes Liedes ist *Der Erlkönig* (Es heisst *Der Erlkönig*). Der Komponist dieses Liedes ist Schubert (Der Komponist heisst Schubert). Dann singen alle ein Volkslied.

Jeder Musiker wird durstig: das Dienstmädchen des Hauses bringt etwas zu trinken. Frau Schulz nimmt eine Tasse Kaffee; Anton trinkt ein Glas Bier; Paula und Karl nehmen ein Glas Milch und essen auch ein Stück Kuchen.

Dann singen sie noch ein Lied, sagen 'Gute Nacht' und gehen alle zu Bett.

Die Arbeit Wotans hat kein Ende. Er geht nicht zu Bett; er bewacht das Haus.

VOCABULARY

der Erlkönig *the Erl-king*
der Freund *friend*
der Komponist *composer*
der Meister *master*
der Musiker *musician*
der Name(n) *name*
der Spieler *player*
der Ton *note, sound*
die Musik *music*
die Tasse *cup*
die Tür *door*
das Dienstmädchen *servant*
das Glas *glass*
das Lied *song*
das Stück *piece*
das Trio *trio*
das Volkslied *folk song*

durstig *thirsty*
fertig *ready*

ein Glas Bier *a glass of beer*
da *there, then*

etwas *something, some*
noch ein *another*
von *from, of, by*

bewachen *to watch, guard*
gehen *to go, walk*
heissen *to be called, be named*
heulen *to howl*
lachen *to laugh*
nehmen *to take*
probieren *to try*

Gute Nacht! *Good night!*
er spielt gern *he likes to play*
sie hört gern *she likes to hear*
sie hat gern *she likes*
ein Stück Kuchen *a piece of cake*
eine Tasse Tee *a cup of tea*
etwas zu trinken *something to drink*
zu Bett *to bed*

Note the stress in Músiker, Musík, Komponíst, bewácht, probíeren.

GRAMMAR

Genitive Case

1. The genitive case is used to denote possession, ownership, ' of.' The English possessive adds -'s, and the German ends in **-s** (**-es**) in the masculine and neuter. The feminine article, **die,** becomes **der** in the genitive. Feminine nouns do not add **-s**.

	masc.	*fem.*	*neut.*
Nom.	der Tag	die Frau	das Kind
Gen.	des Tages	der Frau	des Kindes
Nom.	dieser Mann	diese Frau	dieses Kind
Gen.	dieses Mannes	dieser Frau	dieses Kindes
Nom.	ein Freund	eine Tasse	ein Glas
Gen.	eines Freundes	einer Tasse	eines Glases
Nom.	kein Sohn	keine Tochter	kein Jahr
Gen.	keines Sohnes	keiner Tochter	keines Jahres

2. Not only do the article and similar words change, but also the noun adds **-s** (**-es**) in the genitive masculine and neuter. An **-s** is normally added if it is easy to pronounce. If **-s** would be hard to pronounce, **-es** is added. Nouns ending in **-s** and **-z** must add **-es** in the genitive.

> der Vater, des Vaters; der Tee, des Tees; der Tag, des Tag(-e)s; das Ende, des Endes; das Glas, des Glases; der Kuchen, des Kuchens.

Feminine nouns do not change in the singular:

> die Frau, der Frau; die Katze, der Katze; die Freundin, der Freundin.

3. The genitive case of **wer** (who) is **wessen** (whose).

4. In English the tendency is to put the possessive words first. In German it is usual to put them after:

> His father's house = Das Haus seines Vaters.
> A mother's work = Die Arbeit einer Mutter.
> *Seines Vaters Haus* is an equally correct rendering, but this so-called Saxon Genitive is used mostly in poetry and then usually with masculine and neuter nouns. It would also be good German to say *einer Mutter Arbeit,* but

the student is advised to make the genitive come after the noun it applies to, except for proper nouns: *Goethes Freund* or *der Freund Goethes*. There is no apostrophe.

AUFGABEN

A. Give the genitive case of these nouns (e.g. das Haus—des Hauses):

> der Tag, der Freund, das Lied, das Zimmer, die Küche, die Mutter, ein Mann, ein Hund, eine Katze, eine Frau, sein Kind, ein Mädchen, ihr Bruder, seine Schwester, welche Tochter, mein Kuchen, dieses Glas, jenes Stück, sein Bier, meine Arbeit.

B. Fill in suitable words:

> 1. Der Kapitän des Schiffes ist ——.
> 2. Der Vater des Kindes ist ——.
> 3. Der Name dieser Familie ist ——.
> 4. Der Komponist des Liedes heisst ——.
> 5. Die Frau dieses Mannes heisst ——.
> 6. Karls Instrument ist —— ——.
> 7. Paula spielt ——.
> 8. Wotan ist der Name —— ——.
> 9. Liesel ist der Name —— ——.
> 10. Anton ist der Vater —— ——.

C. Reply in German:

> 1. Wer ist musikalisch?
> 2. Wer spielt Klavier?
> 3. Was spielt Anton?
> 4. Was macht der Hund?
> 5. Was singt Frau Marie?
> 6. Wie heisst das Lied?
> 7. Was bringt das Dienstmädchen?
> 8. Was trinkt man?
> 9. Wer bewacht das Haus?
> 10. Liebt Wotan die Musik?
> 11. Was ist der Name der Katze?
> 12. Wessen Trio spielen sie?
> 13. Wessen Tochter ist Paula?

14. Was ist der Name des Königs?
15. Was hört Marie gern?
16. Trinkt Anton gern Wasser?
17. Was ist der Name eines Instruments?
18. Welches Instrument spielt Anton?
19. Der Hund heult; was macht Liesel?
20. Was essen Karl und Paula?

D. Describe the musical evening in your own words in German.

E. Translate into German:

1. The end of the piece is beautiful. 2. The name of the player is Karl. 3. They eat a piece of cake. 4. The father of the family is named Anton. 5. The servant brings a cup of coffee. 6. That is the end of the day. 7. A mother's work has no end. 8. The composer of that song is very young. 9. They say good-night and go to bed. 10. My dog is watching the door of the bedroom.

6

KARLS GEBURTSTAG

Es ist heute Karls Geburtstag. Seine Freundin, Leni Fritsch, bringt dem Jüngling ein Paket, gibt es ihm und wünscht ihm: " Viel Glück zum Geburtstag! "

Karl sagt zu ihr, " Danke schön." " Bitte schön," antwortet ihm Leni und fragt: " Warum öffnen Sie das Paket nicht? " Paula holt ihm ein Messer, und er öffnet das Paket. Es ist ein Zigarettenetui. " Silber," sagt Karl, " O, wie schön! Ich danke Ihnen, Leni. Sie sind sehr freundlich." Leni ist zufrieden, und Karl ist glücklich.

Dann kommt der Vater und gibt seinem Sohn ein Geschenk— einen Violinbogen. Karl dankt seinem Vater und auch der Mutter, denn sie gibt ihm ein Buch.

" Welches Buch haben Sie da, Karl?" fragt Leni. " Das ist ein Wörterbuch, Englisch-Deutsch und Deutsch-Englisch; es ist sehr praktisch," antwortet Karl. " Ja, Sie studieren immer Englisch, nicht wahr, Karl?" " Nicht immer," antwortet ihr der Jüngling, " aber ich studiere viel und spreche schon etwas."

Dann kommt Paula und gibt ihrem Bruder ein Geschenk— eine Krawatte. Auch das Kind Liesel schenkt ihm Zigaretten. Er nimmt alles sehr gern: er ist sehr glücklich.

Dann sitzen alle: die Mutter klingelt und das Dienstmädchen bringt der Mutter die Kaffeekanne. " Bitte, holen Sie mir noch eine Tasse," sagt Frau Marie. Das Dienstmädchen bringt sie ihr.

" Nehmen Sie Zucker und Milch, Leni?" fragt die Mutter. " Bitte schön, Frau Schulz, ich nehme nur Milch," antwortet Leni.

" Rauchen Sie eine Zigarette, Leni?" sagt der Vater. " Danke, Herr Schulz, aber ich rauche nicht," sagt Leni.

" Das ist gut," sagt die Mutter. " Ja, das ist sehr gut," sagt Karl, " denn die Zigaretten sind teuer."

So sprechen sie und die Zeit vergeht schnell. Leni trinkt ihren Kaffee und hört ein Musikstück, denn Karl probiert seinen

Violinbogen. Dann sagt sie: " Auf Wiedersehen." Karl bringt ihr
den Mantel und sie geht nach Hause. Karl geht mit ihr.

VOCABULARY

der Geburtstag *the birthday*

der Mantel *overcoat*

der Violinbogen *violin bow*

der Zucker *sugar*

die Freundin *girl friend*

die Kaffeekanne *coffee pot*

die Krawatte *tie*

die Zeit *time*

die Zigarette *cigarette*

das Geschenk *gift*

das Messer *knife*

das Paket *parcel*

das Silber *silver*

das Wörterbuch *dictionary*

das Zigarettenetui *cigarette case*

praktisch *practical, useful*

schnell *quick(ly)*

teuer *dear*

zufrieden *satisfied, content*

immer *always*

mit *with*

zu *to*

antworten *to answer*

bringen *to bring*

danken *to thank*

   ich danke *I thank*

   Sie danken *you thank*

fragen *to ask*

geben *to give*

   er gibt *he gives*

   Sie geben *you give*

holen *to fetch*

klingeln *to ring*

öffnen *to open*

rauchen *to smoke*

schenken *to present, give*

sprechen *to speak*

   er spricht *he speaks*

vergehen *to go by, pass (of time)*

wünschen *to wish*

Danke schön! *Thank you!*

Danke! *No, thanks!*

Bitte schön! *If you please, don't mention it!*

Viel Glück zum Geburtstag! *Happy birthday!*

Auf Wiedersehen! *Goodbye!*

nach Hause *home, homewards*

noch eine Tasse *another cup*

GRAMMAR

1. *Dative Case*

  a. The dative case shows the receiver of the object. In this
  case the articles and similar words have the ending -m for
  the masculine and neuter and -r for the feminine.

	masc.	*fem.*	*neut.*	*pronoun*
Nom.	der Mann	die Frau	das Kind	er sie es
Dat.	dem Mann(-e)	der Frau	dem Kind(-e)	ihm ihr ihm

Similarly with **dieser, jener, jeder, welcher.**

	masc.	*fem.*	*neut.*	*pronoun*
Nom.	ein Wind	eine Wolke	ein Haus	wer?
Dat.	einem Wind	einer Wolke	einem Haus	wem?

Similarly with **kein, mein, sein, ihr,** etc.

In the dative case feminine nouns do not add anything: masculine and neuter nouns of one syllable may add **-e.**

b. When there are two noun objects, the indirect (dative) precedes the direct (accusative): the person precedes the thing:
Die Mutter gibt **ihrem Sohn** ein Wörterbuch.
Er holt **seiner Freundin** den Mantel.

2. Ich danke, ich studiere, ich spreche, ich nehme, ich habe.
After ich (I) the verb stem adds **-e** (*exception:* ich bin).
Sie danken, Sie studieren, Sie sprechen, Sie nehmen, Sie haben.
Sie means *you*, both singular and plural. After **Sie** the verb stem adds **-en** (*exception:* Sie sind).
Sie (you) always has a capital **S** to distinguish it from **sie** (they); **ich** has a small **i.**

It must be emphasised again that there are three English renderings for the one form of the Present Tense in German.
ich studiere = *I study, do study, am studying.*
Sie nehmen = *you take, are taking, do take.*

3. Feminine equivalents are made by adding **-in** to masculine words and modifying where possible, e.g.
der Freund, *the friend*; die Freundin, *the girl friend.*
der Hund, *the dog*; die Hündin, *the bitch.*
der Lehrer, *the teacher*; die Lehrerin, *the woman teacher.*

AUFGABEN

A. Give the dative case of all words in Exercises A and B of Chapter 3.

B. Put in suitable words (1–6 accusative case; 7–12 dative) to complete the following sentences:

   1. Leni bringt ihrem Freund —.
   2. Paula holt ihrem Bruder —.
   3. Das Fräulein wünscht seinem Freund —.
   4. Karl sagt dem Fräulein: " —— ".
   5. Liesel gibt dem Hund —.
   6. Das Dienstmädchen bringt der Mutter —.
   7. Paula gibt — eine Krawatte.
   8. Liesel gibt — ein Paket Zigaretten.
   9. Die Mutter schenkt — ein Wörterbuch.
  10. Das Dienstmädchen bringt — eine Kaffeekanne.
  11. Karl holt — einen Mantel.
  12. Marie gibt — ein Glas Bier.

C. In the following, change er or sie (3rd person singular) to ich (1st person singular), remembering also to change the ending of the verb.

    er bringt den Kaffee; sie spielt Klavier; er öffnet das Paket; er ist ein Jüngling; er gibt dem Lehrer ein Buch; er sagt seinem Freund kein Wort; sie hat nichts zu essen; er holt ein Glas Milch; er ist Student; er sitzt still; sie macht den Tee; er hat keinen Hund.

D. Repeat Exercise C, changing the person to the 2nd (Sie) and making the necessary changes in the verb endings.

E. Reply in German:

   1. Wessen Geburtstag ist es?
   2. Was gibt der Vater seinem Sohn?
   3. Was schenkt die Mutter ihrem Sohn?
   4. Was gibt Paula ihm?
   5. Was schenkt Liesel ihm?
   6. Wer ist Karls Freundin?
   7. Was bringt sie ihm?
   8. Wem gibt sie es?

9. Wer raucht nicht?
10. Wem gibt Marie eine Tasse Kaffee?
11. Nimmt Leni Zucker?
12. Nehmen Sie Zucker?
13. Trinken Sie gern Bier?
14. Rauchen Sie?
15. Was rauchen Sie?
16. Was probiert Karl?
17. Wem bringt Karl den Mantel?
18. Wem bringt das Dienstmädchen die Kaffeekanne?
19. Wer geht nach Hause?
20. Was studiert Karl?
21. Was studieren Sie?
22. Man geht nach Hause; was sagt man?
23. Ich gebe diesem Mann eine Zigarette; er nimmt sie; was sagt er?
24. Was antworte ich?

F. Write in German a short account of the gifts which Karl gets on his birthday and from whom.

G. Translate into German:

1. I am studying German. 2. She gives her brother a tie. 3. Thank you very much. 4. Don't mention it. 5. The child gives her brother cigarettes. 6. The mother brings her son a cup of coffee. 7. 'Goodbye,' says he to his friend. 8. Do you like smoking these cigarettes? 9. He brings her her coat. 10. They give the child a glass of milk in the evening.

7

DER SCHNEIDER

HEUTE ist der Schneider da. Er ist klein und dick und schlau.

Frau Schulz sagt zu dem Schneider: " Sie machen einen Anzug für Karl, ein Kostüm für Paula und einen Mantel für Liesel. Ich will auch einen Anzug für Anton haben, aber er sagt immer ' Nein, ich habe schon einen'."

" Das stimmt," sagt der Schneider.

Er bringt sein Paket, öffnet es und zeigt dem Vater und der Mutter seinen Stoff. Die Farbe dieses Stoffes ist braun.

Karl sieht den Stoff und sagt : " Ich habe diesen Stoff sehr gern ; er passt auch gut zu Paulas Krawatte."

" Das stimmt," antwortet der Schneider, und lacht.

Aber Paula lacht nicht. Sie sagt : " Ich liebe diesen Stoff nicht: auch ist die Farbe zu dunkel: sie steht mir nicht."

Die Mutter sagt: " Paula hat recht. Das Tuch ist gut aber es steht ihr nicht. Zeigen Sie mir, bitte, noch ein Tuch, Herr Schneider!"

Der Schneider holt noch ein Stück und zeigt es der Mutter. Paula sieht es auch. " Ja," sagt sie, " das ist schön, das ist fein. Das ist blau und steht mir gut. Es ist Wolle aus England."

Der Vater sagt: " Paula hat recht. Das Tuch ist schön. Und auch der Preis ist schön. Aber es macht nichts, wir nehmen es, nicht wahr, Mutti? "

Die Mutter lacht und antwortet: " Wir kaufen nicht oft, aber wir kaufen gut. Wir geben gerne den Preis, und wir sind dann alle zufrieden."

" Das stimmt," sagt der Schneider. " Ich bin auch zufrieden."

" Wann ist das Kostüm fertig?" fragt Paula. " Ich mache es bald fertig," sagt der Schneider. " Montag? " fragt Paula noch einmal. " Montag passt mir auch," sagt Karl.

" Das stimmt," sagt der Schneider, nimmt sein Tuch, holt seinen Mantel und seinen Hut, sagt der Familie: " Guten Tag." und geht nach Hause.

"Das Tuch ist gut und nicht zu teuer, nicht wahr?" sagt Paula.

"Das stimmt," sagt der Vater, und alle lachen.

VOCABULARY

der Anzug *the suit*

der Montag *Monday*

der Preis *price, prize*

der Schneider *the tailor*

der Stoff *stuff, cloth*

die Farbe *colour*

die Wolle *wool*

das Kleid *dress*

das Kostüm *costume*

das Recht *right*

das Tuch *cloth*

braun *brown*

dick *fat*

dunkel *dark*

fein *fine, grand*

schlau *sly, cunning*

wahr *true, real*

alles *all, everything*

aus *out, out of, from, made of*

bald *soon*

für *for*

mir *to me, me*

kaufen *to buy*

passen (with dat.) *to suit, fit*

passen zu *to match*

sehen *to see*

  er sieht *he sees*

stehen *to stand, suit*

stimmen *to tune*

das stimmt *that's right*

zeigen *to show*

es macht nichts *it does not matter*

Guten Tag! *Good day!*

nicht wahr? *isn't it? is not that right?*

noch einmal *once more*

sie hat recht *she is right*

GRAMMAR

1. *Summary of all cases, singular*

Masc.:

Nom.	der Mann	dieser Wind	ein Anzug	kein Preis
Acc.	den Mann	diesen Wind	einen Anzug	keinen Preis
Gen.	des Mannes	dieses Windes	eines Anzugs	keines Preises
Dat.	dem Mann(e)	diesem Wind(e)	einem Anzug	keinem Preis(e)

Fem.:

Nom. *Acc.*	die Frau	diese Farbe	eine Mutter	seine Gabe
Gen. *Dat.*	der Frau	dieser Farbe	einer Mutter	seiner Gabe

Neut.:

Nom. } *Acc.* } das Kleid	dieses Tuch	ein Zimmer	ihr Haus
Gen.	des Kleides	dieses Tuches	eines Zimmers	ihres Hauses
Dat.	dem Kleid(e)	diesem Tuch(e)	einem Zimmer	ihrem Haus(e)

Pronouns

	he	*she*	*it*	*I*	*you*	*they*	*who?*
Nom.	er	sie	es	ich	Sie	sie	wer
Acc.	ihn	sie	es	mich	Sie	sie	wen
Gen.	(.	.	.	*not often found*	.	.	.)	wessen
Dat.	ihm	ihr	ihm	mir	Ihnen	ihnen	wem

2. When there are two noun objects, the indirect precedes the direct, i.e. the dative comes before the accusative.

   Sie gibt ihrem Bruder eine Krawatte.

   Er zeigt der Mutter das Tuch.

   When there are two pronoun objects, the accusative comes before the dative.

   Er zeigt es ihr.

   Geben Sie es mir.

   With one pronoun and a noun, the pronoun precedes in any case.

   Er gibt es seiner Schwester.

   Er gibt ihr eine Zigarette.

3. *Verbs, Present Tense*

   a. Infin.: machen *to make*　　　sagen　sein　haben　werden　sehen

   Sing.: ich mache *I make, am making*　sage　bin　habe　werde　sehe

   　　　　　Sie machen *you make, do make*　sagen　sind　haben　werden　sehen

   　　　　　er, sie, es macht *he, she, it makes*　sagt　ist　hat　wird　sieht

   Pl.: wir machen *we* ⎫ *make, do*

   　　　Sie machen *you* ⎬ *make, are* ⎫ sagen　sind　haben　werden　sehen

   　　　sie machen *they* ⎭ *making* ⎭

   Notice the irregularities of the verbs **sein, haben, werden**, also that some verbs (called ' strong verbs ') change their vowel in the 3rd person singular, e.g. **er sieht, er nimmt, er gibt**. The verb has the same form as the infinitive in all persons of the plural and the 2nd person singular. The 1st person singular ends in **-e**. The 3rd person singular ends in **-t**.

b. As in English, the Present is frequently used for the Future Tense, where there is a definite intention indicated.

Ich mache es fertig — *I am getting it ready.* — *I shall have it ready.*

Wann gehen Sie nach Hause? — *When are you going home? — When will you be going home?*

4. Any adjective may also be used as an adverb.

Sie singt gut. *She sings well.*
Er spielt schön. *He plays nicely.*
Es passt gut. *It fits well.*
Sie gehen schnell. *They go quickly.*

AUFGABEN

A. Give all the cases (singular) of the following:

der Anzug, der Schneider, die Familie, keine Arbeit, das Bett, dieses Haus, welche Farbe, mein Mantel, dieser Preis, jener Stoff, welches Kleid, kein Ende, ihr Mann.

B. Give all persons, singular and plural, of the following verbs:

sagen, antworten, wünschen, öffnen, sein, haben, werden, holen, nehmen, sehen, geben, fangen, kaufen, gehen.

C. Fill in the gaps with the correct endings, where necessary:

1. D— Mantel passt d— Kind nicht.
2. D— Schneider macht ein— Anzug für Karl.
3. Er zeigt d— Mutter sein— Stoff.
4. Mein— Vater gibt sein— Hund ein— Kuchen.
5. D— Fräulein bringt ihr— Freund ein— Zigarettenetui.
6. D— Dienstmädchen holt d— Mutter ein— Kaffeekanne.
7. D— Farbe d— Mantels ist blau.
8. D— Name d— Hundes ist Wotan.
9. Karl holt ihr d— Hut und d— Mantel.
10. Der Preis d— Stoffes ist hoch.

D. Reply in German:

1. Was macht ein Seemann?
2. Was macht ein Schneider?
3. Was macht ein Musiker?
4. Welche Farbe hat der Himmel?

5. Welche Farbe hat dieses Buch?
6. Welche Farbe hat Ihr Anzug?
7. Ist dieses Buch teuer?
8. Welches Buch ist gut?
9. Warum macht der Schneider keinen Anzug für Anton?
10. Was macht er für Paula?
11. Was macht er für Liesel?
12. Wem zeigt er seinen Stoff?
13. Wie ist der Stoff für Karl? für Paula?
14. Warum hat Paula Karls Stoff nicht gern?
15. Was antwortet der Schneider immer?
16. Der Schneider ist klein: was ist er auch?
17. Welcher Stoff kommt aus England?
18. Wann macht der Schneider das Kostüm fertig?
19. Welcher Stoff ist teuer?
20. Was studieren Sie?
21. Spielen Sie Klavier?
22. Essen Sie gerne Kuchen?
23. Haben Sie einen Hund?
24. Sind Sie Montag hier?
25. Give the answers to questions 21–24 in the 1st person pl. (we).

E. Reconstruct in your own words in German, " Der Schneider zeigt der Familie seinen Stoff."

F. Translate into German:

1. I am buying a book. 2. Do you see the sailor? 3. He shows her the cloth. 4. You are right. 5. That is right. 6. This boy takes the cake. 7. I like buying a hat. 8. The cloth is not too dear, is it? 9. The tailor fetches his coat. 10. He does not open the parcel.

8

LIESEL LERNT

LIESEL schreibt ihre Aufgabe:
" Katzen und Hunde sind nicht immer Freunde, aber unsere Tiere sind Kameraden. Tiere sind gut und lieben Mädchen, Frauen und Männer. Tiere . . ."

Liesel schreibt nicht mehr, sondern beisst ihre Feder. Sie liest auch nicht.

Liesel ist nur ein Kind und Kinder machen viele Fehler, wenn sie schreiben und sprechen. Der Vater lehrt sie, gutes Deutsch sprechen.

Heute lehrt er sie den Plural. Er sieht zuerst ihre Aufgabe. Er liest, was sie schreibt und sagt: " Gut! Man lernt den Plural jedes Wortes, denn nicht alle Regeln sind gut: aber Deutsch hat nur drei Endungen. Zuerst nehmen wir die Endung **-n** (**-en**). Fünf Beispiele, bitte, Liesel! "

Liesel sagt:

" die Endung,	Plural, die Endungen
die Katze,	Plural, die Katzen
die Frau,	Plural, die Frauen
die Schwester,	Plural, die Schwestern
die Wolke,	Plural, die Wolken."

" Sehr gut," sagt der Vater. " Nun, nehmen wir die Endung **-e**. Bitte, fünf Beispiele, Liesel! "

Das Kind sagt:

" der Hund,	Plural, die Hunde
der Freund,	Plural, die Freunde

der Tag,	Plural, die Tage
der Sohn,	Plural, die Söhne
das Schiff,	Plural, die Schiffe."

" Schön! Und nun, der Plural -er? " fragt der Vater.
Liesel gibt noch fünf Beispiele:

" das Bild,	Plural, die Bilder
das Kind,	Plural, die Kinder
das Haus,	Plural, die Häuser
das Glas,	Plural, die Gläser
der Mann,	Plural, die Männer."

" Gibt es noch einen Plural? " fragt der Vater. Liesel antwortet nicht.

" Probieren wir einmal," sagt er. " Was bin ich? "

" Vater," lacht Liesel.

" Und der Plural von Vater? "

" Ich habe nur einen Vater."

" Natürlich, aber ich habe auch einen Vater und Leni hat einen Vater. Wie heissen sie? "

" Väter," antwortet Liesel endlich.

" Richtig," sagt der Vater.

" Und so ist es auch mit:

der Fehler,	Plural, die Fehler
der Mantel,	Plural, die Mäntel
der Bruder,	Plural, die Brüder
das Segel,	Plural, die Segel
das Zimmer,	Plural, die Zimmer."

" Genug," lacht ihr Vater. " Gibt es noch einen Plural im Deutschen? "

" Nein," sagt Liesel.

" Was isst meine Liesel gern? "

" Bonbons."

" Bonbons, mit -s? "

" Ja, das ist auch ein Plural."

" Richtig, mein Kind. Und hier sind die Bonbons."

VOCABULARY

der Fehler *mistake*
der Kamerad *comrade, friend*
der Plural *plural*
die Endung *ending*
die Feder *feather, pen*
die Regel *rule, law*
das Beispiel *example*
das Bonbon *sweet*

genug *enough*
natürlich *natural(ly), of course*
richtig *right, correct*
rot *red*
unser (*declines like* mein) *our*

es gibt (*with acc.*) *there is*
endlich *at last, finally*
nun *now, now then*

zuerst *at first*
zuletzt *last*

beissen *to bite*
lehren *to teach*
lernen *to learn*
lesen *to read*
    er liest *he reads*
schreiben *to write*

im Deutschen *in German*
man sagt *one says, it is said*
nehmen wir *let us take*
noch einen Plural *another
    plural*
probieren wir einmal *just let's
    try*

GRAMMAR

Plural of Nouns

1. In English most nouns add -s to form the plural, though there are some exceptions, e.g. man, men; mouse, mice; etc.
   In German there are four different types of plurals of nouns:
    1. ending in **-e.**
    2. ending in **-er.**
    3. ending in **-(e)n.**
    4. having no ending.
   Also, many nouns modify a vowel in the plural.

   The plural of every noun should be learnt individually. A simple rough guide to plurals can be made from the following lists, but note that they provide a rough guide only and not rules. A complete list follows of plurals of all the nouns met in this book so far, classified according to gender:

Feminine

Sing.	Pl.	Sing.	Pl.	Sing.	Pl.
Sonne	Sonnen	Arbeit	Arbeiten	Regel	Regeln
Wolke	Wolken	Violine	Violinen	Freundin	Freundinnen
Frau	Frauen	Gabe	Gaben	Tür	Türen
Katze	Katzen	Farbe	Farben	Mutter	Mütter
Feder	Federn	Krawatte	Krawatten	Tochter	Töchter
See	Seen	Zigarette	Zigaretten		
Schwester	Schwestern	Kanne	Kannen	Maus	Mäuse
Familie	Familien	Zeit	Zeiten	Luft	Lüfte
Küche	Küchen	Endung	Endungen	Stadt	Städte

NEARLY ALL FEMININE NOUNS ADD -(e)n IN THE PLURAL.
Very few modify a vowel.

Masculine

Sing.	Pl.	Sing.	Pl.	Sing.	Pl.
Tag	Tage	Preis	Preise	Bogen	Bögen
Wind	Winde	Kapitän	Kapitäne	Mantel	Mäntel
Sturm	Stürme	Mast	Maste	Schneider	Schneider
Sohn	Söhne				
Hund	Hunde	Fehler	Fehler	Junge	Jungen
Wein	Weine	Name(n)	Namen	Herr	Herren
Platz	Plätze	Musiker	Musiker	Kamerad	Kameraden
Stuhl	Stühle	Himmel	Himmel	Komponist	Komponisten
Freund	Freunde	Meister	Meister	Student	Studenten
Ton	Töne	Vater	Väter	Mann	Männer
Anzug	Anzüge	Bruder	Brüder	Gott	Götter
Stoff	Stoffe	Spieler	Spieler	Seemann	Seeleute

MOST MASCULINE NOUNS ADD -e. Some modify. Those ending
in -el, -en, -er add nothing. Some male beings and male
professions add -n. The plural of -mann in most compound
nouns is -leute.

Neuter

Sing.	Pl.	Sing.	Pl.	Sing.	Pl.
Bild	Bilder	Lied	Lieder	Mädchen	Mädchen
Buch	Bücher	Glas	Gläser	Fräulein	Fräulein
Land	Länder	Kleid	Kleider	Zimmer	Zimmer
Kind	Kinder	Tuch	Tücher	Segel	Segel
Dorf	Dörfer			Kapitel	Kapitel
Haus	Häuser				

Neuter

Sing.	Pl.	Sing.	Pl.	Sing.	Pl.
Boot	Boote	Instrument	Instrumente	Bett	Betten
Schiff	Schiffe	Stück	Stücke	Ende	Enden
Jahr	Jahre	Klavier	Klaviere		
Bier	Biere	Paket	Pakete		
		Papier	Papiere		
		Geschenk	Geschenke		

MANY NEUTER NOUNS ADD -er AND MODIFY A VOWEL. Many add -e. Those ending in -el, -en, -er, -chen and -lein do not add anything.

2. Most words borrowed from other languages have their own foreign plural,

e.g. der Kaffee, der Tee, das Zigarettenetui, das Bonbon add -s.

3. *Declension of Nouns, Articles, etc. in the Plural*

Gender is not shown in the plural. Der, die and das are simplified into the common plural DIE. Similarly the plural of all genders of dieser (-e, -es) is DIESE, of kein, KEINE.

Sing.:	die Frau	der Tag	das Glas	der Mantel
Plural:				
Nom. Acc.	die Frauen	die Tage	die Gläser	die Mäntel
Gen.	der Frauen	der Tage	der Gläser	der Mäntel
Dat.	den Frauen	den Tagen	den Gläsern	den Mänteln

Sing.:	dieser Baum	kein Mast	welches Lied	sein Bett
Plural:				
Nom. Acc.	diese Bäume	keine Maste	welche Lieder	seine Betten
Gen.	dieser Bäume	keiner Maste	welcher Lieder	seiner Betten
Dat.	diesen Bäumen	keinen Masten	welchen Liedern	seinen Betten

The following decline like dieser in the plural:

welcher, jener, jeder, aller, mein, sein, kein, ihr, unser.

The form of the noun in the accusative and genitive plurals is the same as in the nominative plural, BUT ALL DATIVE PLURALS END IN -n (excepting foreign words which end in -s).

There is, of course, no plural of ein. It is simply omitted. Thus the plural of ein Glas is Gläser, of ein Mann, Männer.

AUFGABEN

A. Give in two columns, the nominative singular with the definite article, and the nominative plural of the following nouns:

Jahr, Stadt, Dorf, **Mann**, Sturm, Gott, Tag, Wolke, Boot, Land, Bruder, Schwester, Mutter, Tochter, Vater, Mädchen, Kind, Bett, Zimmer, Maus, Wein, Kanne, Musiker, Arbeit, Gabe, Paket, Freundin, Buch, Mantel, Anzug, Schneider, Preis, Feder, Kleid, Farbe.

B. Reply in German:
1. Wie alt ist Liesel?
2. Wie alt ist Paula?
3. Wie viele Stoffe zeigt der Schneider?
4. Wie viele Kinder hat Frau Schulz?
5. Was gibt Liesel ihrem Bruder?
6. Welche Wörter haben die Endung -s?
7. Machen Sie oft Fehler?
8. Welche Tiere sind Freunde?
9. Was fangen Katzen?
10. Wie viele Zimmer hat das Haus?
11. Haben alle Häuser acht Zimmer?
12. Sind alle Dörfer klein?
13. Hat der Himmel heute Wolken?
14. Haben Frauen Hausarbeit gern?
15. Welche Instrumente spielt Karls Vater?
16. Wer macht Kostüme und Anzüge?
17. Was sind England und Deutschland?
18. Was sind Wotan und Möhrchen?
19. Was sind blau und schwarz?
20. Was sind Hamburg und Frankfurt?

C. Write these sentences in the plural:
1. Die Mutter liebt das Kind.
2. Der Vater des Kindes spielt nicht.
3. Die Katze bringt dem Kinde eine Maus.
4. Die Tochter holt ihrer Mutter das Kleid.
5. Der Bruder liest sein Buch.
6. Der Preis des Stoffes ist hoch.
7. Der Schneider gibt seinem Sohn ein Bonbon.

D. Translate into German:

1. These words are German. 2. How many students are here? 3. Which boys smoke cigarettes? 4. Cats and dogs are animals. 5. The houses of the village are small. 6. The towns are not very big. 7. I give my friends books and pictures. 8. Does this tailor make your suits? 9. Red, white and blue are the colours of our country. 10. The boy's friends bring him presents.

9

DER BAUCHREDNER

EIN Seemann kommt eines Tages in ein Wirtshaus. Er trinkt sehr gerne Wein oder Bier: aber er ist arm, er hat kein Schiff. Er hat auch kein Geld.

Sein Problem ist: wie trinkt man Wein ohne Geld? Dieser Seemann ist schlau: er ist ein Bauchredner. Er hat einen Hund. Wenn der Seemann spricht, so scheint der Hund zu sprechen.

Der Wirt sagt zu ihm: " Trinken Sie etwas, mein Herr? " " Ja, gerne," antwortet der Seemann, " aber mein Freund trinkt auch gerne."

" Wo ist Ihr Freund? Ich sehe hier keinen Freund."

" Mein Hund ist mein Freund natürlich. Fragen Sie ihn doch, was er trinkt!"

" Und er antwortet? er spricht? " sagt der Wirt erstaunt. " Fragen Sie ihn doch ! " antwortet der Seemann.

Also fragt der Wirt den Hund: " Was trinkt der Hund? " Der Hund öffnet das Maul, und der Bauchredner sagt: " Ein Glas Wein, bitte."

So öffnet der Wirt eine Flasche Wein und füllt dem Hund ein Glas. Er füllt auch eins für den Seemann.

Der Wirt sagt: " Dieser Hund ist schlau. Ich mag ihn. Verkaufen Sie ihn mir, bitte!" Der Seemann sagt: " Nein, dieser Hund ist mein Freund. Ich verkaufe meine Freunde nicht."

Der Hund sagt dann: " Das ist richtig. Mein Seemann ist gut. Er verkauft mich nicht." Der Wirt ist sehr erstaunt und sagt: " Ich gebe Ihnen zwanzig Mark für den Hund." Der Seemann gibt keine Antwort, aber der Hund scheint " Nein " zu sagen.

Endlich verkauft der Seemann den Hund für hundert Mark. Der Wirt ist zufrieden und öffnet noch eine Flasche. " Nun, wie spricht mein Hund? " fragt er.

Zuerst sagt der Hund nichts, denn der Seemann trinkt den Wein. Aber endlich ist kein Wein mehr da. Dann sagt der Hund: " Herr Seemann, Sie sind nicht gut. Sie sind kein Freund. Ich liebe Sie, aber Sie lieben mich nicht mehr. Jetzt spreche ich kein Wort mehr."

"Ist das wahr?" fragt der Wirt. "Spricht er jetzt nicht mehr?" "Sie hören, was er sagt!" "So geben Sie mir mein Geld wieder!"

"Nein, das geht nicht. Das ist jetzt Ihr Hund. Aber ich gebe Ihnen zehn Mark für Ihren Hund und bezahle auch den Wein. Was kostet der Wein?" "Neunzig Mark." "Gut," antwortet der Seemann und nimmt seinen Hund wieder.

So ist jedermann zufrieden. Der Seemann hat seinen Wein und seinen Hund. Der Wirt hat sein Geld. Und der Hund hat seinen Herrn.

VOCABULARY

From now onwards the plurals of nouns are quoted in brackets thus: der Wirt(-e) = der Wirt, *plural:* die Wirte; das Maul(¨-er) = das Maul, *plural:* die Mäuler.

der Bauchredner(-) *ventriloquist*
der Wirt(-e) *landlord*
die Flasche(-n) *bottle*
die Mark(-) *mark*
das Geld(-er) *money*
das Maul(¨-er) *mouth, snout*
das Problem(-e) *problem*
das Wirtshaus(¨-er) *inn*

erstaunt *astonished*
zehn *ten*
neunzig *ninety*
hundert *a hundred*
tausend *a thousand*

bezahlen *to pay*
füllen *to fill*
scheinen *to seem*
verkaufen *to sell*

also *and so, so*
für *for*
doch *but, yet, really, indeed*
Ihr (*same endings as* mein) *your*
jedermann *everybody*
jetzt *now*
mehr *more*
ohne *without*
wenn *when, if*

das geht nicht *that won't do*
er scheint zu sprechen *he seems to speak*
geben Sie mir das Geld wieder *give me the money back*
fragen Sie ihn doch *do ask him*
ich mag ihn *I like him*

GRAMMAR

1. *Order of words*

   a. The verb normally comes immediately after the subject as the second element of the sentence.

       Ein Seemann **kommt** eines Tages in ein Wirtshaus.
       A sailor comes one day to an inn.
       Er **hat** kein Geld.
       He has no money.
       Ich **sehe** hier keinen Freund.
       I see no friend here.

   b. But if any words other than the subject come first, the second element must still be the verb. The subject will then come after the verb (inverted order).

       Eines Tages **kommt** ein Seemann in ein Wirtshaus.
       One day a sailor comes to an inn.
       Heute **hat** er kein Geld.
       To-day he has no money.
       Hier **sehe** ich keinen Freund.
       Here I see no friend.
       So **öffnet** er eine Flasche.
       So he opens a bottle.
       " Was trinken Sie? " **fragt er.**
       " What will you drink? " he asks.

   c. In a question the verb comes first, preceding the subject.
       Ist das wahr? *Is that true?*
       Spricht der Hund? *Does the dog speak?*
       Geht sie nach Hause? *Is she going home?*

   d. In the imperative (command) the verb precedes the pronoun, ' Sie.'
       Geben Sie! *Give!*   Fragen Sie ihn! *Ask him!*
       Trinken Sie das Bier! *Drink the beer!*

   The difference between the question **Trinken Sie?** and the imperative **Trinken Sie!** lies only in the question mark or in the tone of the voice.

   Similarly the 1st person plural imperative shows inversion.
       Nehmen wir! *Let us take.*
       Probieren wir! *Let us try.*

2. *Use of Cases*

a. The nominative case is used for the subject of the sentence, the person or thing doing the action or governing the verb.

Dieser Seemann ist gut.

Der Wirt öffnet eine Flasche.

Ich spreche kein Wort.

The nominative is also used in the predicate as a complement after the verbs sein (to be) and heissen (to be called), i.e. for an equivalent of the subject.

Dieser Seemann ist ein Bauchredner.

Der Vater ist ein Mann.

Miesbach ist ein Dorf.

Dieses Lied heisst der Erlkönig.

b. The accusative case is used to denote the object of a verb, the person or thing directly affected by the action.

Der Wirt öffnet eine Flasche.

Er verkauft den Hund.

Der Seemann liebt sein Schiff.

Ich liebe ihn.

c. The genitive case is used to show possession (of).

Die Farbe des Weins ist rot.

Das Problem des Seemannes ist schwierig.

Der Garten des Hauses ist gross.

Leni ist eine Freundin der Familie.

The genitive is also used for expressions of indefinite time.

eines Tages *one day*;   des Nachts (*irreg. gen.*) *at night.*

d. The dative case is used for the indirect object, the receiver of the direct object.

Er verkauft dem Wirt den Hund.

Die Mutter gibt ihrem Sohn ein Wörterbuch.

Das Dienstmädchen holt der Mutter eine Tasse.

The dative precedes the accusative (the indirect precedes the direct object), except when there are two pronouns, in which case the accusative comes first. When there is a pronoun and noun, the pronoun precedes.

Geben Sie es ihm. *But* Geben Sie mir den Hund.

Er gibt es seiner Mutter.

The dative of the personal pronoun is used after practically all verbs of saying, giving, thanking and the like.

Antworten Sie **mir**! Answer me!

Sagen Sie **ihr**! Tell her!

Geben Sie es **ihnen**! Give it to them.

But the verbs **lehren, nennen** and **heissen** (used transitively) govern two accusatives, of the person and the thing.

Er lehrt sie den Plural. *He teaches her the plural.*

Er heisst ihn einen Hund. *He calls him a dog.*

e. It is clear from the above that cases show the relationship between words quite logically. The cases are used grammatically after prepositions.

Ein Seemann geht **in ein Wirtshaus**. *A sailor goes into an inn.*

Er bezahlt ihm zehn Mark **für den Hund**. *He pays him ten marks for the dog.*

These uses are dealt with in the next three chapters.

AUFGABEN

A. Go carefully through the text of Chapter 9, giving the case of every noun and stating why it is that case.

    e.g. " ein Seemann," nominative case, subject of the verb " kommt."

      " eines Tages," genitive case, expression of indefinite time.

      " kein Schiff," accusative case, object of the verb " hat."

B. Translate and then rewrite the following sentences, putting the words in italics at the beginning of the sentences, and seeing that the verbs are in the correct positions:

1. Ich spreche *jetzt* kein Wort mehr.
2. Der Wirt fragt, " *Ist das wahr?* "
3. Ich sehe *hier* keinen Freund.
4. Der Seemann verkauft *endlich* seinen Hund.
5. Ein Schneider kommt *eines Tages* mit seinem Tuch.
6. Die Familie wohnt *in Miesbach.*
7. Er füllt *auch* ein Glas für das Kind.

8. Der Seemann sagt, " *Das geht nicht.*"
9. " Mir passt auch *Montag*," sagt Karl.
10. Sie fängt *oft* eine Maus.

C. Rewrite as questions and then translate:

1. Der Seemann ist schlau.
2. Die Familie liebt ihren Hund.
3. Karl spielt gern Klavier.
4. Sie verkaufen ihr Haus.
5. Das ist nicht wahr.
6. Er heisst Wotan.
7. Die Familie wohnt in Miesbach.
8. Das Kind isst gern Bonbons.
9. Sie nimmt Zucker und Milch.
10. Sie schreiben Ihre Aufgabe.

D. Give the Imperative form of the following verbs and translate, e.g. (Holen —) mir Ihr Buch = Holen Sie mir Ihr Buch = Fetch me your book.

1. (Geben —) mir einen Kuchen.
2. (Nehmen —) bitte, ein Stück Papier.
3. (Gehen —) nicht in das Wirtshaus.
4. (Sagen —) kein Wort.
5. (Machen —) das Bett.
6. (Schreiben —) Ihre Aufgabe.
7. (Sehen —) doch meinen Hund.
8. (Trinken —) zuerst Ihre Medizin.
9. (Essen —) dann ein Bonbon.
10. (Geben —) dem Fräulein eine Zigarette.

E. Translate into German:

1. Bring me my coat, please. 2. The landlord opens a bottle of wine. 3. My boy is not working now. 4. To-day I am going home. 5. Are you selling your house? 6. The sailor is most astonished. 7. Give me ten marks for the dog. 8. Please give my friend a glass of water. 9. The girls write their exercises every Monday. 10. Cats and dogs are not always friendly.

10

FRAU SCHULZ MACHT EINKÄUFE

SEIT zehn Jahren wohnt die Familie Schulz in Miesbach, d.h.
(das heisst) seit dem Krieg. Aber viele Freunde der Familie
wohnen in Lippstadt, nur fünf Kilometer weit von Miesbach.
Jeden Freitag geht Frau Marie nach Lippstadt. Sie geht zu ihren
Freundinnen und macht zugleich Einkäufe in den Läden.

Sie geht früh aus dem Hause. Es ist nur fünf Minuten zu der
Haltestelle des Omnibusses. Der Bus hält der Kirche gegenüber.
Aber heute fährt sie nicht mit dem Bus. Heute fährt der Doktor
mit seinem Auto nach Lippstadt, und Marie fährt mit ihm.

Sie kommt um acht Uhr zu dem Doktor. Der Doktor holt eben
seinen Wagen aus der Garage und kommt ihr entgegen. Unterwegs sprechen sie von Musik, denn der Doktor ist auch musikalisch, und nach zehn Minuten kommen sie nach Lippstadt. Das
ist schnell, nicht wahr?

Der Herr Doktor fährt bis zum Krankenhaus, und Marie steigt
dort aus dem Wagen, denn ihre Freundin wohnt nicht weit vom
Krankenhaus. Ihre Freundin sieht sie vom Fenster, öffnet die
Tür und kommt ihr entgegen.

Marie trinkt eine Tasse Kaffee bei ihrer Freundin, dann nach
dem Kaffee gehen die zwei Damen zu den Läden und dort
machen sie Einkäufe. Ausser den Esswaren kauft Marie auch
Bonbons, Zigaretten und zwei Paar Strümpfe. Als Hausfrau ist
Marie ganz geschickt. Ihre Freundin geht gerne mit ihr und kauft
ein Paar Strümpfe und einen Hut.

VOCABULARY

der Doktor(-en) *doctor*
der Einkauf("-e) *purchase*
der Hut("-e) *hat*
der Krieg(-e) *war*
der Laden("-) *shop*

der Omnibus(-se) *bus*
der Strumpf("-e) *stocking*
die Dame(-n) *lady*
die Essware(-n) *eatables, food*
die Garage(-n) *garage*

die Haltestelle(-n) *stop*
die Minute(-n) *minute*
die Uhr(-en) *clock, watch, o'clock*
die Tür(-en) *door*
das Fenster(-) *window*
das Auto(-s) *car*
das Kilometer(-) *kilometer*
das Krankenhaus("-er) *hospital*

als *as*
eben *just*
fünf *five*
unterwegs *on the way*
viel *much*
weit *far, distant*
zugleich *at the same time*
früh *early*

halten (er hält) *to stop, hold*
fahren (er fährt) *to drive, go*
steigen *to climb, get in (out)*

aus *out of, from*
ausser *besides*
bei *with, at the house of*
entgegen *towards*
gegenüber *opposite*
mit *with*
nach *towards, to, after*
seit *since*
von *from, of, by*
zu *to, at*
bis zu *up to*

} *prepositions followed by dative case*

jeden Freitag *every Friday*
sie macht Einkäufe *she shops, goes shopping*
um acht Uhr *at eight o'clock*
vom *contraction of* von dem
d.h. (das heisst) *i.e. (that is)*
geschickt *capable*

GRAMMAR

Prepositions with the Dative Case:

1. **Mit, von, zu, nach, bei, seit, aus, ausser, entgegen, gegenüber.**
   Note their use as follows:
   Sie fährt **mit** dem Doktor. *She goes with the doctor.*
   Er fährt **von** dem Dorf. *He drives from the village.*
   Das Buch ist **von** diesem Manne. *The book is by this man.*
   Ich gehe **zu** meinem Bruder. *I am going to my brother.*
   Das Auto fährt **nach** der Stadt. *The car is going to the town.*
   Der Seemann trinkt **nach** der Arbeit. *The sailor drinks after work.*
   Ich wohne **bei** meinem Onkel. *I live at my uncle's house.*
   Das Haus ist **bei** der Kirche. *The house is near the church.*
   Ich arbeite **seit** acht Jahren. *I have been working for eight years.*
   Sie kommt **aus** dem Haus. *She is coming out of the house.*
   Dieses Tuch ist **aus** Papier. *This cloth is made of paper.*
   Niemand ist dort **ausser** meinen Kindern. *Nobody is there except my children.*
   Sie wohnt mir **gegenüber**. *She lives opposite me.*
   Er geht ihr **entgegen**. *He goes towards her.*
   (The last two prepositions follow the noun they govern.)

2. **Mit ihm** = with him; **von ihm** = by him; **zu ihnen** = to them.
   With it = **damit**; from it = **davon**; to them (things) = **dazu**.
   Similarly **dabei, daraus, danach,** etc. for things, not persons.

3. In the same way, **womit** = with what; **wovon** = from what, by what; **woraus** = out of what.
   Similarly **wobei, wozu, wonach,** etc. But **mit wem** = with whom; **von wem** = by whom, for persons.

4. *Order of words*
   Seit fünf Jahren   wohnt   die Familie in Miesbach.
   Die Familie   wohnt   seit fünf Jahren in Miesbach.
   In Miesbach   wohnt   die Familie seit fünf Jahren.
   Whether a sentence begins with the subject or with a time or place expression, the verb always occupies the second position in the sentence.

AUFGABEN

A. Reply in German:

   1. Wie weit ist die Stadt von Miesbach?
   2. Wann geht Marie nach Lippstadt?
   3. Was macht sie dort?
   4. Wo hält der Bus?
   5. Was holt der Doktor aus der Garage?
   6. Wer fährt nach der Stadt?
   7. Wer wohnt dem Krankenhaus gegenüber?
   8. Was macht Marie bei ihrer Freundin?
   9. Was kauft sie in den Läden?
  10. Wie viele Strümpfe machen ein Paar?
  11. Welche Einkäufe macht die Freundin?
  12. Was fährt schnell?

B. Fill in the correct endings to the words after prepositions in the following sentences:

   1. Ich spreche von mein- Arbeit.
   2. Ich wohne seit acht Jahr- in England.
   3. Wer wohnt bei d- Doktor?
   4. Er schreibt mit ein- Feder.
   5. Wir spielen nach d- Arbeit.
   6. Das Schiff segelt nach d- Land.
   7. Karl spielt mit sein- Vater.
   8. Die Garage ist d- Haus gegenüber.
   9. Unsere Freundin fährt aus d- Stadt.
  10. Der Hund geht sein- Herrn entgegen.
  11. Ausser d- Kind war die ganze Familie da.
  12. Er spricht von sein- Freund.

C. Rewrite Exercise B in the plural, remembering that all dative plurals end in -n.

D. Put the adverbial phrase of time or place, which is in italic, at the beginning of each sentence and invert the order of subject and verb:

   1. Der Doktor holt seinen Wagen *aus der Garage*.
   2. Die Familie macht Musik *jeden Montag*.
   3. Wir kaufen zehn Zigaretten *jeden Tag*.

4. Mein Freund sieht *zuerst* meine Aufgabe.
5. Sie kommen *in zehn Minuten* nach Lippstadt.
6. Der Schneider wohnt *seit zwei Jahren* hier.
7. Der Schneider wohnt seit zwei Jahren *hier*.
8. Der Schneider kommt *eines Tages* zu der Familie.
9. Man spricht *hier* Deutsch.
10. Nach der Arbeit fahre ich *nach Hause*.

E. Retell in your own words in German Marie's Friday programme.

F. Translate into German:

1. The doctor drives out of the garage. 2. I live with my friends. 3. He is talking about the landlord. 4. This tailor has been living (say, lives) here for two years. 5. She goes with her friend. 6. The sailor drinks out of the bottle. 7. I do not drink out of bottles. 8. After work I go home. 9. My friend comes from this village. 10. On the way she buys a pair of stockings.

II

IM RESTAURANT

GEGEN Mittag gehen unsere zwei Damen die Hauptstrasse entlang. Sie kommen zum Restaurant Wagner und treten durch die Tür. Der Saal ist voll. Sehr viele Leute sitzen um die Tische. Sie finden zuerst keinen Platz. Aber der Kellner macht für sie einen Tisch frei.

" Was bestelle ich für Sie? " fragt Marie. " Ich bin nicht hungrig," antwortet Frau Thoma. " Ich esse nur eine Portion Fisch ohne Kartoffeln." " Werden Sie zu dick? " fragt Marie und lacht. " Nein! Ich habe nichts gegen das Essen, aber ich habe keinen Hunger."

Marie liest die Speisekarte und bestellt Fisch für ihre Freundin und bittet den Kellner um Schweinefleisch. Es ist heute kein Schweinefleisch da, also bekommt sie statt des Schweinefleisches Wurst mit Apfelmus und Kartoffeln. Sie bestellt auch ein Glas Bier. Wegen ihres Hungers isst sie zwei Portionen Wurst.

Der Kellner bringt das Essen zu den Damen. " Guten Appetit! " sagt Marie. " Mahlzeit! " antwortet ihre Freundin. Während des Essens spielt das Orchester. Die Musik ist schön. Aber trotz der Musik sprechen die zwei Damen ohne Pause.

Alles Gute hat ein Ende: nur die Wurst hat zwei. Schon nach einer Stunde ist es Zeit zu gehen. Frau Thoma will bezahlen. " Um Gottes willen! " sagt Marie. " Ich esse zwei Portionen, und Sie nehmen nichts. Ich bezahle, natürlich. . . Herr Kellner! " Der Kellner kommt nicht. " Herr Ober! " ruft sie. Dann kommt der Kellner, und sie bezahlt die Rechnung.

Marie will zunächst noch eine Freundin besuchen, aber es beginnt zu regnen. " Wir fahren mit einer Taxe," sagt Frau Thoma. " Sehr gern," antwortet Marie. " Denn unsere Freundin wohnt ausserhalb der Stadt." Sie winkt, und ein Wagen hält. " Wohin? " fragt der Führer. " Zur Hansastrasse, jenseits des Krankenhauses." Innerhalb zehn Minuten sind sie bei ihrer Freundin. Während der Fahrt sprechen sie noch immer.

VOCABULARY

der Appetit *appetite*

der Eingang("-e) *entrance*

der Fisch(-e) *fish*

der Führer(-) *driver, leader*

der Kellner(-) *waiter*

der Mittag(-e) *midday*

der Platz("-e) *place, space*

der Saal(Säle) *room, hall*

die Fahrt(-en) *drive, trip*

die Hauptstrasse(-n) *main road*

die Kartoffel(-n) *potato*

die Mahlzeit(-en) *meal*

die Pause(-n) *interval, pause*

die Portion(-en) *helping*

die Rechnung(-en) *bill*

die Speisekarte(-n) *menu*

die Stunde(-n) *hour*

die Tasche (-n) *pocket*

die Taxe(-n) *taxi*

die Wurst("-e) *sausage*

das Apfelmus *apple sauce*

das Essen(-) *meal, food*

das Orchester(-) *orchestra*

das Restaurant(-s) *restaurant*

das Schweinefleisch *pork*

hungrig *hungry*

voll *full*

wohin *where to, whither*

zunächst *next, to begin with*

zur *contraction of* zu der

beginnen *to begin*

bestellen *to order*

bitten (um) *to ask (for)*

finden *to find*

regnen *to rain*

rufen *to call, exclaim*

stehen *to stand*

treten (er tritt) *to tread, step*

winken *to wave, sign*

durch *through* ⎫

entlang *along* ⎪

für *for*   *prepositions*

gegen *against*   *followed*

ohne *without*   *by acc.*

wider *against*   *case*

um *around, about* ⎭

diesseits *this side* ⎫

   of ⎪

jenseits *that side of* ⎪

innerhalb *inside* ⎪

ausserhalb *outside*   *prepositions*

statt (anstatt) *in-*   *with*

   stead of   *gen.*

trotz *in spite of*   *case*

um . . . willen *for* ⎪

   the sake of ⎪

während *during* ⎪

wegen *on account* ⎪

   of, for ⎭

Wo ist er? *Where is he?*

Wohin geht er? *Where is he going to?*

Woher kommt er? *Where does he come from?*

Guten Appetit! Mahlzeit! are expressions used before a meal, meaning, ' *I hope you enjoy your food.* '

Sie sprechen noch immer. *They are still talking.*
Ist dieser Stuhl frei? *Is this chair vacant?*
Er macht einen Tisch frei. *He clears a table.*
Herr Ober! (*It is usual to refer to all waiters as* Herr Ober.)
Herr Oberkellner = *head waiter.*

GRAMMAR

1. *Prepositions with the Accusative Case:*

für, um, durch, ohne, gegen, wider, entlang.

Note their use as follows:

Er arbeitet für meinen Vater. *He works for my father.*
Wir sitzen um den Tisch. *We are sitting round the table.*
Wir fahren durch das Dorf. *We are driving through the
village.*
Er kommt ohne sein Buch. *He comes without his book.*
Er spricht nicht gegen seinen Freund. *He does not speak
against his friend.*
Er fährt die Strasse entlang. *He drives along the street.*
Entlang follows the noun it governs.

2. *Prepositions with the Genitive Case:*

**Während, wegen, trotz, statt, diesseits, jenseits, ausserhalb,
innerhalb.**

Note their use as follows:

Sie spielt während des Tages. *She plays during the day.*
Statt des Schweinefleisches bringt der Kellner Fisch.
Instead of pork the waiter brings fish.
Diesseits des Dorfes liegt das Haus. *This side of the village
lies the house.*
Die Dame wohnt ausserhalb der Stadt. *The lady lives out-
side the town.*
Trotz des Windes segelt er gut. *In spite of the wind he sails
well.*
Wegen seiner Mutter geht er nicht aus. *Because of his
mother, he does not go out.*
Wegen may follow the noun it governs:
Seiner Mutter wegen geht er nicht aus.

AUFGABEN

A. Reply in German:

   1. Wann gehen die zwei Damen zum Restaurant?
   2. Was macht man im Restaurant?
   3. Wer findet einen Platz für sie?
   4. Ist Marie hungrig?
   5. Was isst sie?
   6. Warum isst Frau Thoma keine Kartoffeln?
   7. Warum hat Marie zwei Portionen?
   8. Wann spielt das Orchester?
   9. Wer bezahlt das Essen?
   10. Wen besuchen die Damen?
   11. Wie kommen sie zu ihr?
   12. Wo wohnt sie?

B. Give the right case ending on the word after the preposition:

   1. Der Hund läuft durch d- Garten.
   2. Ich habe nichts gegen dies- Herrn.
   3. Der Wagen fährt d- Strasse entlang.
   4. Der Schneider macht ein Kleid für mein- Schwester.
   5. Die Männer sitzen um d- Tisch.
   6. Wir machen die Aufgabe wider unser- Willen.
   7. Diese Frau fährt ohne ihr- Mann.
   8. Ich wohne innerhalb d- Stadt.
   9. Der Student lernt trotz sein- Fehler.
   10. Wegen d- Kindes geht er nicht aus d- Zimmer.
   11. Während d- Regens spielt er Klavier.
   12. Statt d- Buches liest er eine Zeitung.
   13. Diesseits d- Hauses ist ein Baum.
   14. Ausserhalb d- Stadt sind zwei Dörfer.
   15. Um Gott- willen sagen Sie kein Wort davon.

C. Rewrite sentences 10–14 of Exercise B, putting the subject first and revising the word order.

D. Give the definite article nominative and genitive singular and plural with the following words:

   Krieg, Auto, Fenster, Strumpf, Kirche, Garage, Doktor, Stadt, Minute, Stunde, Eingang, Führer, Rechnung, Kartoffel, Portion.

E. Give the right case of the article and translate:

nach d- Krieg; durch d- Stadt; ohne ein- Strumpf; mit ein-Hut; aus d- Fenster; während d- Essens; von d- Auto; ausserhalb d- Kirche; innerhalb d- Garage; um d- Haus; durch d- Eingang; trotz d- Windes; für d- Hund; ausserhalb d- Wirtshauses; ohne ein- Wort.

F. Was machen die Damen im Restaurant? Schreiben Sie 50 Worte.

G. Translate into German:

1. During the rain we sit inside the car. 2. Instead of a coat he makes a suit for my father. 3. The boys run out of the house and through the garden. 4. This lady is coming with her husband. She never goes without him. 5. The students are sitting round the table. 6. He does not drive quickly through the village. 7. After her work my mother likes to sit with my father. 8. In spite of his mistakes he speaks good German. 9. What do you pay for these apples? 10. Take your (the) hand from your (the) pocket.

12

IM KRANKENHAUS

WAS tut indessen unser Freund, der Doktor?

Er fährt in das Krankenhaus und lässt seinen Wagen vor der Tür.

Er geht in sein Büro, hängt seinen Mantel an die Wand und setzt sich auf einen Stuhl an den Tisch. Er öffnet seine Briefe und schreibt Antworten.

Um neun Uhr ist Klinik. Die Schwester klopft an die Tür. "Herein!" sagt der Doktor. Sie kommt in sein Büro und grüsst, "Guten Morgen, Herr Doktor." Sie bringt ihm eine Liste der Patienten und legt die Liste auf den Tisch. "Gott sei Dank, nur zwanzig," sagt sie. "Schön," sagt der Arzt, "dann sind wir um zwölf Uhr fertig."

Sie gehen in die Klinik im (in dem) zweiten Stockwerk. Dort im Wartesaal warten die Eltern mit ihren Kindern, denn Doktor Horn ist Spezialist für Kinderkrankheiten. Die Kinder haben ihn gern, denn er ist sehr freundlich und auch noch jung.

Jetzt beginnt die Klinik. Doktor Horn sitzt in seinem Zimmer an dem Tisch. Vor ihm steht die Schwester. Neben ihm auf dem Tisch liegen seine Instrumente. Über dem Tisch ist eine elektrische Lampe, und unter dem Tisch, auf dem Fussboden sind Spielzeuge für die Kinder, denn nicht alle Kinder sind krank.

Eine Schwester bringt ein Kind herein. "Geht's besser, Toni?" fragt der Arzt. "Ja, Herr Doktor, nur nicht in der Nacht. Am (an dem) Tage ist alles gut." "Hier hinter dem Ohr ist eine Geschwulst—tut das weh?" "Nein, Herr Doktor . . ."

So geht es bis zwölf Uhr. Der Doktor merkt alles, nur nicht die Zeit. Die Kinder sind glücklich, und er macht sie gesund.

VOCABULARY

der Arzt("-e) *doctor*
der Brief(-e) *letter*

der Fussboden("-) *floor*
der Patient(-en) *patient*

der Tisch(-e) *table*

der Wartesaal(-säle) *waiting room*

die Geschwulst("-e) *lump, swelling*

die Klinik(-en) *clinic*

die Krankheit(-en) *illness*

die Lampe(-n) *lamp*

die Liste(-n) *list*

die Schwester, Krankenschwester(-n) *sister, nurse*

die Wand("-e) *wall*

das Büro(-s) *office*

das Ohr(-en) *ear*

das Spielzeug *toy*

das Stockwerk(-e) *storey, floor*

elektrisch *electric*

gesund *healthy, well*

krank *ill*

indessen *meanwhile*

zwanzig *twenty*

hängen (er hängt) *to hang*

klopfen *to knock*

lassen (er lässt) *to let, leave*

legen *to put, place*

merken *to notice*

sich setzen *to sit down*

tun (er tut) *to do, make*

warten *to wait*

an *on, to, at*

auf *on, upon*

hinter *behind*

in *in, to*

neben *near, by, beside*

über *above, over*

unter *beneath, under*

vor *before, in front of*

zwischen *between*

} prepositions followed by accusative = motion, by dative = rest

Gott sei Dank! *Thank the Lord!*

es geht besser *things are improving*

am Tage *in the day-time*

in der Nacht *at night*

das tut weh *that hurts*

herein! (= kommen Sie herein!) *come in*

GRAMMAR

Prepositions with Accusative or Dative Case

1. These prepositions govern the accusative when movement is implied. They govern the dative when there is no movement.

in, an, auf, vor, hinter, neben, zwischen, über, unter.

Observe their use as follows:

Der Doktor geht **in das Zimmer**　Der Doktor sitzt **in dem Zimmer**

Der Hund läuft unter **den Tisch**　Der Hund liegt unter **dem Tisch**

Movement	*Rest*
Wohin? Whereto?	**Wo?** Where?
Ich gehe in das Büro	Ich bin im (in dem) Büro
Er hängt den Mantel **an die Wand**	Der Mantel hängt an der Wand
Die Katze springt auf den Tisch	Die Katze liegt auf dem Tisch
Das Auto fährt vor das Haus	Das Auto wartet vor dem Haus
Das Kind geht hinter den Stuhl	Das Kind steht hinter dem Tisch
Sie legt die Feder unter das Buch	Die Feder ist unter dem Buch
Der Seemann segelt über die See	Der Himmel ist über der See
Sie setzt sich neben den Doktor	Sie sitzt neben dem Doktor
Der Kellner stellt den Tisch **zwischen** die zwei Damen	Der Tisch steht zwischen dem Stuhl und der Wand
In all these, movement **is** implied	In all these there is no movement; there is rest.

2. Note the contractions ins (in das), im (in dem), ans (an das), aufs (auf das), am (an dem).

AUFGABEN

A. Reply in German:

(Nos. 1–7 have movement, and therefore require prepositions with the accusative.)

1. Wohin geht der Doktor?
2. Wohin hängt er seinen Mantel?
3. Wohin setzt er sich?
4. Wer klopft an die Tür?
5. Wohin legt die Schwester die Liste?
6. Wohin springt die Katze?
7. Wer geht hinter den Tisch?

(Nos. 8–14 have no movement, therefore they require prepositions with dative.)

8. Wo ist das Spielzeug?
9. Wer wartet im Wartesaal?
10. Wer steht neben dem Arzt?
11. Wo wartet der Wagen?
12. Wo liegt die Klinik?
13. Was hat Toni hinter dem Ohr?
14. Was liegt auf dem Tisch?
15. Was öffnet der Arzt?
16. Wann beginnt die Klinik?
17. Wie viele Patienten warten?
18. Wer sitzt mit den Kindern im Wartesaal?
19. Wer bringt die Kinder zum Arzt?
20. Wen macht der Arzt gesund?

B. Insert an article or similar suitable word in the correct case after the prepositions in the following sentences:

1. Das Auto ist in — Garage.
2. Die Frau tritt an — Fenster.
3. Der Arzt fährt in — Stadt.
4. Der Hund liegt vor — Tisch.
5. Der Tisch ist neben — Fenster.
6. Die Katze springt auf — Tisch.

7. Der Jüngling ist in — Zimmer.
8. Ich stehe an — Tür.
9. Die Kinder laufen über — Strasse.
10. Das Spielzeug ist unter — Stuhl.
11. Das Haus liegt zwischen — Kirche und — Wirtshaus.
12. Der Kellner bringt das Schweinefleisch zu — Herren.

C. Give the 1st person singular and plural of the following verbs:
e.g. er klopft; ich klopfe, wir klopfen.

Er lässt; er hängt; er öffnet; er ist; er schläft; er wartet;
er hat es gern; er geht; er sitzt; er tut.

D. Translate into German:

At night; in the day-time; meanwhile; at first; thank you;
don't mention it; that's right; you are right; isn't that so?
another glass, please.

E. Was tut der Doktor am Morgen?

Jeder Student sagt etwas, z.B.

1. Er fährt in die Stadt. 2. Er lässt seinen Wagen vor dem
Krankenhaus, u.s.w. (und so weiter = *and so on*).

13

DIE JAGD

EIN Bauer im Dorfe, Herr Fritsch, Lenis Vater, hat eine Krank-heit und schickt nach Herrn Doktor Horn, dem Arzt. Der Arzt kommt zu ihm und macht ihn gesund. Der Doktor will kein Geld aber er will jagen. " Haben Sie ein Gewehr? " fragt der Bauer. " Nein," sagt der Arzt. " Schiessen Sie? " fragt der Bauer. " Nein," antwortet wieder der Arzt. " Also ich gebe Ihnen ein Gewehr und ich zeige Ihnen, wie man schiesst."

Die zwei Männer gehen auf die Jagd. Der Bauer trägt ein Gewehr. Der Arzt trägt ein Gewehr und auch einen Sportanzug. Sie jagen in einem Wald nicht weit von Miesbach.

Der Doktor ist kein Jäger, daher steht der Bauer neben ihm und hilft ihm. Sie stehen im Walde. Plötzlich hören sie einen Lärm hinter einem Baum, und etwas kommt durch die Büsche. Der Arzt hebt das Gewehr und schiesst.

Ein Schrei! Blut ist auf dem Boden und an den Bäumen. Der Arzt ist sehr zufrieden. Er sagt zum Bauer: " Schiesse ich gut? " " Jawohl, Herr Doktor, Sie schiessen trefflich." " Und wie heisst das Tier? " fragt der Arzt. " Ich will sehen," sagt der Bauer, geht hinter den Baum und sieht den Körper. " Es heisst Herr Braun, mein Nachbar," antwortet er.

Der Arzt wird blass. "Ist er tot?" fragt er erstaunt. "Nein," lacht der Bauer. "Alles geht gut!" "Aber das Blut?" "Das sind nur Himbeeren; er sammelt sie jeden Tag im Walde."

VOCABULARY

der Bauer(-n) *peasant, farmer*
der Busch(⁻e) *bush, shrub*
der Jäger(-) *hunter*
der Körper(-) *body*
der Lärm *noise*

der Nachbar(-n) *neighbour*
der Schrei(-e) *scream, shout*
der Wald(⁻er) *wood, forest*
die Himbeere(-n) *raspberry*
die Jagd(-en) *hunt, chase*

das Blut *blood*
das Gewehr(-e) *gun, rifle*

blass *pale*
tot *dead*
trefflich *excellent(ly)*
plötzlich *sudden(ly)*

auf die Jagd gehen *to go hunting*
heben *to lift, raise*

helfen (er hilft) *(with dat.)* *to help*
jagen *to hunt*
sammeln *to collect*
schicken *to send*
schiessen *to shoot*
tragen (er trägt) *to carry, wear*
wollen (er will) *to wish, want to*

AUFGABEN

A. Give the nominative and genitive singular, and nominative plural, with the definite article, of:

Wald, Gewehr, Baum, Krankheit, Tisch, Brief, Boden, Wand, Lampe, Ohr, Krankenhaus, Wagen, Hund, Buch, Schneider, Tuch, Tochter, Glas, Brot, Stoff, Tasse, Fenster, Kellner, Anzug, Schule, Abend, Nacht, Freund, Freundin.

B. Give the 1st and 3rd persons singular and the 2nd person plural of the following verbs (e.g. halten: ich halte, er hält, Sie halten):

Machen, schiessen, sagen, sprechen, antworten, lassen, schreiben, sehen, gehen, fahren.

C. Insert a suitable word with the correct ending or add the correct ending where necessary:

1. Der Seemann kommt an — Land.
2. Mein Vater fährt nach — Dorf.
3. Dieser Herr trägt kein- Mantel: er ist auch ohne — Hut.
4. Ich rufe mein- Hund aber die Katze kommt statt — Hundes.
5. Der Bauer hört ein- Schrei und schiesst mit sein- Gewehr.
6. Das Tier springt über — Stuhl.
7. Ein Fisch schläft in — Wasser.
8. Wir schlafen in unser- Schlafzimmer.
9. Trotz — Regens fährt der Wirt in — Stadt.
10. Kommen Sie mit Ihr- Frau!
11. Die Strasse läuft durch — Wald.
12. Herr Schulz arbeitet in sein — Zimmer.

13. Unser Freund, der Schneider, wohnt ausserhalb — Dorfes.
14. Der Arzt arbeitet am Freitag in d- Klinik.
15. Er fährt jed- Freitag in — Klinik.
16. Wir schlafen in — Nacht.
17. Der Schneider hat dies- Stoff unter — Tisch.
18. Dieser Junge wohnt bei mein- Schwester.
19. Der Student legt d- Papier unter sein- Buch.
20. Das Bild hängt an d- Wand.

D. In sentences 11–20 of Exercise C change the word order by putting the prepositional phrase at the beginning and inverting the subject-verb order, e.g.

   11. Durch den Wald läuft die Strasse.

E. Put sentences 1–8 of Exercise C into the plural. .

F. " Der Doktor geht auf die Jagd." Jeder Student macht seinen Beitrag (*contribution*), wie folgt:

   1. Der Arzt will jagen. 2. Der Bauer fragt: " Haben Sie ein Gewehr? " etc.

G. Translate into German:

   1. The doctor does not want any money. 2. Things are going better now. 3. An electric lamp hangs over the table. 4. Where do you come from? 5. Where are you going to? 6. Is there a seat vacant, please? 7. The housewife likes to go shopping. 8. We like to hear the orchestra in the café. 9. There are no pictures hanging on our walls. 10. Do you go to town every Friday?

14

VARIATIONEN EINES THEMAS

EIN reicher Bauer im Dorfe hat eine schwere Krankheit. Er schickt nach seinem guten Freund, Herrn Doktor Horn. Dieser gute Arzt kommt zu ihm und macht ihn gesund. Der Doktor ist reich und will kein Geld, aber er will jagen.

"Haben Sie ein gutes Gewehr?" fragt der reiche Bauer.

"Nein, nur ein schlechtes Gewehr," sagt der Arzt. "Also, ich gebe Ihnen ein gutes Gewehr und zeige Ihnen, wie man schiesst."

Die beiden Männer gehen auf die Jagd. Sie jagen in einem grossen Wald nicht weit von dem kleinen Dorf Miesbach. Der freundliche Bauer steht neben seinem neuen Freund und hilft ihm. Sie stehen in der Mitte des grossen Waldes.

Plötzlich hören sie einen grossen Lärm hinter einem dicken Baum, und etwas kommt durch die kleinen Büsche. Der Doktor hebt sein neues Gewehr und schiesst.

Ein lauter Schrei! Rotes Blut ist auf dem dunklen Boden und an den grünen Bäumen. Unser wilder Jäger sagt zum klugen Bauern: "Schiesse ich nicht gut? Wie heisst das arme Tier?"

Der Freund unseres wilden Jägers geht hinter den dicken Baum, sieht den Körper seines armen Nachbars und antwortet: "Der Name des armen Tieres ist Herr Braun, mein Nachbar."

VOCABULARY

die Mitte(-n) *middle*	beide *both*
die Variation'-en; *variation*	grün *green*
das Thema (Themen) *theme,*	laut *loud*
subject	schlecht *bad(ly)*
	schwer *heavy, hard, difficult*
arm *poor*	wild *wild*

GRAMMAR

Declension of Adjectives

The preceding passage is a variation of the text of Chapter 13 with adjectives added.

1. An adjective is inflected when preceding the noun it qualifies (attributive adjective).

Ein reicher Bauer; der reiche Bauer; rotes Blut; etc.

When an adjective comes after the verb *to be* (predicative adjective), it has no inflection.

Der Bauer ist reich; das Blut ist rot.

Adjectival inflections are a formula for showing case and gender. Where the case is obvious from the definite article, the adjective does not need a positive ending. **Eines** is obviously genitive case, therefore the adjective is relieved of its duty of showing the case and adds the " weak " ending **-en.**

2. *Declension of Adjectives, First Class*

	masc.	*fem.*
Sing.		
nom.	der alte Baum	die gute Frau
acc.	den alten Baum	die gute Frau
gen.	des alten Baumes	der guten Frau
dat.	dem alten Baum	der guten Frau
Plural		
nom.	die alten Bäume	die guten Frauen
acc.	die alten Bäume	die guten Frauen
gen.	der alten Bäume	der guten Frauen
dat.	den alten Bäumen	den guten Frauen

	neut.
Sing.	
nom.	das kleine Haus
acc.	das kleine Haus
gen.	des kleinen Hauses
dat.	dem kleinen Haus

Plural

   nom.   die kleinen Häuser
   acc.   die kleinen Häuser
   gen.   der kleinen Häuser
   dat.   den kleinen Häusern

The adjective has similar endings after **dieser, jener, jeder, welcher.**

3. *Declension of Adjectives, Second Class*

	masc.	*fem.*
Sing.		
nom.	ein grosser Mann	eine kleine Feder
acc.	einen grossen Mann	eine kleine Feder
gen.	eines grossen Mannes	einer kleinen Feder
dat.	einem grossen Mann	einer kleinen Feder

Plural

	masc.	*fem.*
nom. / *acc.*	keine grossen Männer	meine kleinen Federn
gen.	keiner grossen Männer	meiner kleinen Federn
dat.	keinen grossen Männern	meinen kleinen Federn

neut.

Sing.

   nom. ein altes Dorf
   acc. ein altes Dorf
   gen. eines alten Dorfes
   dat. einem alten Dorf

Plural

   nom. / *acc.* unsere alten Dörfer
   gen. unserer alten Dörfer
   dat. unseren alten Dörfern

The adjectives have similar endings after **mein, sein, kein, ihr, unser.**

4. Declension of Adjectives, Third Class (Strong)

	masc.	fem.
Sing.		
nom.	alter Freund	schöne Frau
acc.	alten Freund	schöne Frau
gen.	alten Freundes	schöner Frau
dat.	altem Freund	schöner Frau
Plural		
nom. / *acc.*	alte Freunde	schöne Frauen
gen.	alter Freunde	schöner Frauen
dat.	alten Freunden	schönen Frauen

	neut.
Sing.	
nom.	gutes Kind
acc.	gutes Kind
gen.	guten Kindes
dat.	gutem Kinde
Plural	
nom. / *acc.*	gute Kinder
gen.	guter Kinder
dat.	guten Kindern

5. Summary of Rules, Declension of Adjectives

a. When an adjective comes after the verb *to be*, it has no endings:

Das Dorf ist alt. Meine Mutter ist gut.

Coming before a noun, the adjective shows gender and number by adding an inflection. There are three declensions:

1. When the adjective comes after **der, dieser**, etc.
2. When the adjective comes after **ein, mein**, etc.
3. When no other inflected word precedes.

b. In the first and second classes, the adjective ends in **-en**, except in the nominative masculine and the nominative and accusative feminine and neuter cases.

c. In the third class the adjective has the endings of the definite article, except in the genitive masculine and neuter. Here the -s ending on the noun shows genitive case, therefore the adjective has the " weak " (-en) ending.

AUFGABEN

A. Decline the following in all cases, singular and plural, setting them out as in Sections 2, 3 or 4:

der junge Mann, die schwarze Katze, das rote Kleid, ein neuer Wagen, eine kleine Strasse, ein schlechtes Kind, mein roter Hut, seine gute Aufgabe, ihr armes Kind, dieser lange Tag, jene klare Wolke, welches deutsche Wort, lieber Freund, frische Luft, helles Bier.

B. Re-read the texts of the last paragraph of Chapter 13 and the whole of Chapter 9, inserting *suitable* adjectives with the correct inflections before each noun.

AUS LIESELS HEFT

Mathematik

1. *Die Zahlen*

1	eins	16	sechzehn
2	zwei	17	siebzehn
3	drei	18	achtzehn
4	vier	19	neunzehn
5	fünf	20	zwanzig
6	sechs	21	einundzwanzig
7	sieben	22	zweiundzwanzig
8	acht	30	dreissig
9	neun	40	vierzig
10	zehn	50	fünfzig
11	elf	60	sechzig
12	zwölf	70	siebzig
13	dreizehn	80	achtzig
14	vierzehn	90	neunzig
15	fünfzehn	100	hundert

200 zweihundert
201 zweihunderteins
292 zweihundertzweiundneunzig
345 dreihundertfünfundvierzig
1000 tausend
2000 zweitausend
6000 sechstausend
7896 siebentausendachthundertsechsundneunzig
1066 tausendsechsundsechzig
1955 neunzehnhundertfünfundfünfzig (tausendneunhundertfünfundfünfzig)
1,000,000 eine Million

2. *Die Zeit und die Tage*

Jede Stunde hat sechzig Minuten und jede Minute hat sechzig Sekunden. Der Tag hat vierundzwanzig Stunden und im Monat sind dreissig oder einunddreissig Tage. Im Februar sind natürlich nur achtundzwanzig Tage.

In der Woche sind sieben Tage. Sie heissen: der Sonntag, Montag, Dienstag, Mittwoch, Donnerstag, Freitag, Sonnabend (Samstag).

Die zwölf Monate des Jahres heissen: der Januar, Februar, März, April, Mai, Juni, Juli, August, September, Oktober, November, Dezember.

3. *Aufsatz über die Jahreszeiten*

Es gibt vier Jahreszeiten — den Sommer, den Winter, den Frühling und den Herbst.

Im Winter ist es kalt, weil wir Eis und Schnee und viel Regen haben. Die ganze Erde schläft in ihrem Mantel von Schnee und Eis. Die Tage sind kurz, und die Nächte sind lang, weil die Sonne wenig (nicht viel) scheint. Die Bäume haben keine Blätter.

Im Frühling ist es weniger kalt, weil die Tage wärmer und länger werden. Das Gras wächst und wird grün, und andere Pflanzen beginnen zu wachsen. Die Blätter auf den Bäumen werden grün.

Im Sommer sind die Tage länger als die Nächte. Die Sonne scheint warm. Die Kinder spielen draussen, wenn sie keine Schule haben. Die Äpfel werden reif, und die Blumen sind schön.

Im Herbst werden die Tage wieder kürzer. Die Bauern ernten ihr Korn und ihre Kartoffeln. Die Blätter fallen von den Bäumen und bedecken die Erde. Weil es kälter wird, trage ich im Herbst dickere und wärmere Kleider.

VOCABULARY

der Apfel(¨) *apple*	die Erde(-n) *earth*
der Aufsatz(¨e) *essay*	die Jahreszeit(-en) *season*
der Frühling(-e) *Spring*	die Mathematik *mathematics*
der Herbst(-e) *Autumn*	die Pflanze(-n) *plant*
der Monat(-e) *month*	die Sekunde(-n) *second*
der Regen(-) *rain*	die Stunde(-n) *hour*
der Schnee *snow*	die Woche(-n) *week*
der Sommer(-) *Summer*	die Zahl(-en) *number*
der Winter(-) *Winter*	

die Zeit(-en) *time*
das Blatt("-er) *leaf*
das Eis *ice*
das Gras("-er) *grass*
das Heft(-e) *exercise book*
das Korn("-er) *corn*

als *than*
ander *other*

draussen *outside*
kurz *short*
lang *long*
reif *ripe*
weil *because*
wenig *little*

bedecken *to cover*
ernten *to harvest*
wachsen (er wächst) *to grow*

GRAMMAR

1. *Cardinal Numbers*
   a. Numeral adjectives do not decline:
      zwei Männer, vier Frauen.

   b. Ein declines except in compounds:
      ich habe einen Hund.
      ich habe einundzwanzig Hunde.
   When ein has no other number or noun following, it becomes
   eins, hunderteins.

   c. It is usual to write numerals, however long, as one word:
      tausendvierhundertzweiundachtzig.

2. The comparative is formed by adding -er to the positive
   adjective or adverb. Most, especially those of one syllable,
   modify in comparison: wenig, weniger; warm, wärmer; lang,
   länger.
      Der Sommer ist wärmer als der Winter. *Summer is warmer
      than winter.*
      Der Tag ist länger als die Nacht. *Day is longer than night.*

3. Wenn sie keine Schule haben. *When they have no school.*
   Weil die Sonne nicht viel scheint. *Because the sun does not
   shine much.*
   After wenn (when, if) and weil (because, as) the verb comes
   at the end of the clause.

AUFGABEN

A. Lesen Sie diese Zahlen auf deutsch:

6; 8; 11; 23; 54; 69; 85; 92; 121; 387; 432; 1172; 1498; 3264; 15478; 256781; 1897536; 34809758; 94; 52; 33; 58; 19; 5.

B. Beantworten Sie auf deutsch:

1. Wie viele Studenten sind in dieser Klasse?
2. Was ist dieses Jahr?
3. Wie viele Zigaretten rauchen Sie am Tage?
4. Wie alt ist Karl?
5. Wie viele Tage hat der April? der Mai? der Dezember?
6. Was macht zweimal vier? dreimal vier? fünfmal vier?
7. Wieviel ist neunmal acht? neunmal neun? neunmal zehn?
8. Was sind vier und sechs? sechs und zehn? zehn und neun?
9. Wieviel sind neunzehn und achtzig? einundvierzig und elf?
10. Wieviel ist vier weniger zwei? acht weniger eins? zehn weniger drei? einundzwanzig weniger neun? hundert weniger eins?
11. Wann sind die Tage lang?
12. Wie sind die Tage im Winter?
13. In welcher Jahreszeit fallen die Blätter?
14. Wann beginnen die Pflanzen zu wachsen?
15. Wo findet man Eis? Wann?
16. Was ernten die Bauern im Herbst?
17. Wie viele Tage sind in der Woche?
18. Wie heissen die Tage der Woche?
19. Wie heissen die Monate des Jahres?
20. Wie viele Tage sind im Jahre?
21. Wie viele Stunden hat jeder Tag?

C. Insert a suitable verb, notice its position and translate:

1. Die Blätter fallen, weil sie alt —.
2. Der Seemann trinkt nicht, weil er kein Geld —.
3. Ein Tag ist schön, wenn die Sonne —.
4. Ich esse Brot, wenn ich keinen Kuchen —.
5. Die Erde schläft, wenn sie einen Mantel von Schnee —.
6. Niemand liebt die Katze, weil sie nicht treu —.
7. Wir gehen nicht ins Boot, weil der Himmel grau —.

D. Translate into German:

1. The days are shorter in autumn. 2. It is warmer in summer. 3. We have less ice in spring, because it is warmer. 4. I am older than you. 5. He wears warmer clothes when it is cold. 6. My garden is longer than our street. 7. When I have no meat, I eat fish. 8. Because she is hungry, she orders two more sausages. 9. When the days are short, we go to bed early. 10. Karl practises with his new bow, because he likes it.

16

KARL ERZÄHLT EINE ANEKDOTE

KARL ist älter als Liesel, aber das älteste Kind in der Familie ist Paula. Der Vater ist am ältesten. Mit anderen Worten: Paula ist jünger als der Vater aber nicht so jung wie Liesel. Liesel ist das jüngste Kind in der Familie.

Paula spielt besser Klavier als Karl, aber Anton spielt am besten. Er ist der beste Spieler. Marie hat den Hund gern; sie hat die Katze lieber, aber sie hat ihre Kinder am liebsten.

Der Vater ist klüger als Karl und Paula ist schöner als er, aber Karl ist am freundlichsten. Karl hat von seinem Vater die Gabe, Anekdoten zu erzählen. Karls Anekdoten sind interessanter und kürzer als die seines Vaters.

Eines Abends nach dem Kaffee ist Leni da und sagt: " Karl, welches ist Ihre interessanteste Anekdote? " Karl lacht und sagt: " Kennen Sie die vom Amerikaner in Köln? " " Nein! " Also erzählt Karl:

" Ein Amerikaner besucht einmal Köln. Dieser Herr ist ein sehr netter Kerl; er hat jedoch einen Fehler: er prahlt zu viel. Sein Kölner Freund zeigt ihm die ältesten Gebäude der schönen Rheinstadt. Der Ausländer findet alles kleiner als in seinem Lande. Der Deutsche zeigt ihm den berühmten Kölner Dom.

" Wie heisst denn diese kleine Kirche? " fragt der Amerikaner.

" Das ist der Kölner Dom," antwortet der Deutsche.

" Die Marienkirche in Boston ist viel grösser und höher als dieser Dom. Auch ist Eisenbeton besser als Stein. Kennen Sie unseren Wolkenkratzer, das Woolworth Gebäude? Das ist das grösste Gebäude in der Welt."

Der Deutsche wird müde: er wird es satt und sucht eine praktische Antwort. Jetzt kommen sie zum Rhein. Dort ist die Rheinbrücke, die längste von allen Rheinbrücken.

" Wie heisst die Brücke dort? " fragt der Amerikaner.

" Welche Brücke? " fragt der Deutsche. " Ich sehe keine Brücke." Der Fremde zeigt ihm die Brücke. " Ach so," antwortet

KÖLNER DOM

der Kölner. " Die ist neu. Ich war gestern hier, und dort war keine Brücke."

Der Amerikaner ist gar nicht so dumm. Er lacht und sagt: " Ich verstehe. Ich habe alles besser als Sie, aber Sie haben mich zum besten."

So endet Karls Anekdote, und die ganze Familie lacht über das Wortspiel.

VOCABULARY

der Amerikaner(-)*the American*
der Ausländer(-) *the foreigner*
der Dom(-e) *cathedral*
der Eisenbeton *ferro-concrete*
der Fluss(-̈e) *river*
der Fremde(-n) *stranger*
der Kerl(-e *or* -s) *chap, fellow*
der Stein(-e) *stone*
der Wolkenkratzer(-) *skyscraper*
die Anekdote(-n) *anecdote*
die Antwort(-en) *answer*
die Brücke(-n) *bridge*
die Welt(-en) *world*
das Gebäude(-) *building*
das Wortspiel(-e) *pun*

berühmt *famous*
interessant *interesting*
müde *tired*
nett *nice*

gestern *yesterday*
jedoch *however*
damit *with it, with them*

besuchen *to visit*
erzählen *to recount*
kennen *to know*
prahlen *to boast*
suchen *to seek, look for*
verstehen *to understand*
war *was*

die seines Vaters *those of his father*
die vom Amerikaner *the one about the American*
ich bin es satt *I am tired of it*
zum besten haben *to make a fool of*

GRAMMAR

Adjectives

1. Any number of adjectives governing the same word have the same ending.

> mein guter, alter Freund; viele neue Anekdoten.

2. *Indeclinable adjectives*

Adjectives are made from towns by adding -er:

> die Bostoner Kirche; der Kölner Dom; eines Berliner Kuchens.

These adjectives do not decline.

3. *Comparison of adjectives*

positive	*comparative*	*superlative*
stark *strong*	stärker *stronger*	stärkst *strongest*
alt *old*	älter *elder*	ältest *eldest*

a. As in English, the comparative is made by adding -er, and the superlative by adding -(e)st to the positive adjective. In English we often form comparatives of long adjectives by prefixing ' more,' e.g. ' more interesting.' The Germans do not do this. No adjective is too long to have another addition. e.g. interessanter, die interessantesten Bücher. Comparative and superlative adjectives decline like the positive.
Mein älterer Bruder; die schönste Frau; ein besseres Zimmer; ein teu(e)rerer Freund (a dearer friend).

b. Most adjectives modify in the comparative and superlative (especially if they are of one syllable): gross, grösser, grösst; lang, länger, längst; kurz, kürzer, kürzest.

c. Nicht so gross wie. *Not so big as.*
So hoch wie. *As high as.*
Er ist grösser als ich. *He is bigger than I.*

Dieser Stock ist länger als jener. *This stick is longer than that one.*

d. There are two forms of the superlative: grösst and am grössten; schönst or am schönsten, etc. The first form is used before a noun, or when a noun is understood:

das grösste Kind; die schönste Frau; Karl ist der beste (Schüler) in der Klasse.

The am form is used in the predicate:

Fritz ist am besten im Deutsch (his best subject); Paula ist am schönsten, wenn sie lächelt.

e. Any adjective can be used without change as an adverb. This applies also to comparatives and superlatives. e.g. Anton spielt am besten; die Mutter spricht am schnellsten.

f. Note the following irregular comparisons:

gut	besser	am besten
viel	mehr	am meisten
hoch	höher	am höchsten
gern	lieber	am liebsten
nah	näher	am nächsten

AUFGABEN

A. Beantworten Sie auf deutsch:

1. Wer ist älter als Paula?
2. Welches Kind ist am jüngsten?
3. Wer spricht besser Deutsch als Sie?
4. Ist eine Katze so gross wie ein Hund?
5. Aus welcher Stadt kommt der Amerikaner?
6. Was zeigt ihm der Deutsche?
7. Welchen Fehler hat dieser Amerikaner?
8. Geben Sie ein Wort für ein sehr hohes Gebäude.
9. Welches ist besser, Eisenbeton oder Stein?
10. Warum lacht endlich der Amerikaner?

B. Fill in the gaps with wie or als:

1. New York ist grösser—Paris aber nicht so gross—London.
2. Ich spreche nicht so gut Deutsch—Englisch: mein Lehrer spricht es besser—ich.

3. Eine Pfeife ist besser — eine Zigarette aber nicht so gut — eine Zigarre.
4. Ich trinke Tee lieber — Bier, aber nicht so gern — Wasser.
5. Liesel geht früher ins Bett — ihre Mutter.
6. Mein Bruder ist nicht so gross — ich, aber wir sind beide grösser — unsere Schwester.

C. Give the correct form of the comparative and the superlative in the following sentences:

1. Das Pferd ist (stark) als der Hund, aber das Auto ist (stark).
2. Die Mutter ist (gross) als Paula, aber der Vater ist (gross).
3. Der Dom ist (hoch) als die Kirche, aber ein Wolkenkratzer ist (hoch).
4. Deutsch ist (schwer) als Englisch, aber Russisch ist (schwer).
5. Stein ist (gut) als Glas, aber Eisenbeton ist (gut).
6. Der Student liest (viel) als die Studentin, aber der Professor liest (viel).

D. Revise the declension of adjectives and give the genitive singular and nominative plural of:

ein netter Kerl; mein englischer Freund; die ältere Stadt sein schönes Land; eine neue Kirche; mein bester Freund; ein Londoner Wolkenkratzer.

E. Retell in your own words in German the anecdote about the American in Köln.

F. Translate into German:

1. Paula is better-looking than Karl, but he is cleverer than she.
2. Do you know my doctor? He is the best in the town.
3. This bridge is longer than those in England.
4. That skyscraper in Boston is not so tall as the cathedral.
5. I speak German well but not so well as a German.
6. Which is your most interesting story?
7. I like best the one about the American in Germany.
8. My elder brother likes smoking cigarettes but prefers a pipe.
9. Karl's best friend is a bit older than he is.
10. Which of your children is the cleverest?

17

DAS MOTORRAD

SOBALD Karl nach Hause kommt, geht er zuerst in die Garage. Hier steht der Wagen seines Vaters. Der interessiert ihn nicht so sehr wie sein Motorrad, aber er arbeitet gerne mit allen Maschinen. Er ist ein leidenschaftlicher Mechaniker.

Dieses Motorrad ist nicht so gut wie es früher war. Es hat zwar zwei Räder und einen Motor, aber es ist ganz kaputt. Karl versucht immer, die Maschine zu reparieren. Heute bringt er eine neue Batterie, weil die alte Batterie so schwach (nicht stark) war.

Er nimmt die alte Batterie weg, montiert die neue, wo die alte früher war, und macht alles fertig. Dann dreht er den Starter. Nichts passiert. Wenn er den Starter wieder dreht, passiert wieder nichts. Er dreht den Starter noch schneller, und wieder passiert nichts.

Wenn er endlich müde wird, setzt er sich und ruht. Wenn er nicht mehr müde ist, beginnt er wieder zu drehen. Diesmal passiert auch wieder nichts. Er versucht es zweimal, dreimal, viermal, hundertmal, aber die Maschine will nicht starten. So setzt er sich noch einmal und ruht und denkt.

Nach zehn Minuten beginnt er wieder zu arbeiten. Es ist nichts zu machen. Die Maschine ist ja kaputt. Er freut sich, wenn er die Stimme seiner Mutter hört. "Karl," ruft sie, "es ist Zeit zum Abendessen zu kommen."

Karl hat Maschinen gern, aber er hat sein Essen noch lieber. Weil er hungrig ist, verlässt er das Motorrad und geht sogleich in das Haus. Wenn er sich an den Tisch setzt, fragen ihn die anderen über seine neue Batterie. Er sagt ihnen nichts, weil sein Mund voll ist. Er lacht aber, weil er ein freundlicher Kerl ist.

VOCABULARY

der Mechaniker(-) *mechanic*
der Motor(-en) *motor, engine*
der Mund(-e) *mouth*

der Starter(-) *starter*
die Batterie(-n) *battery*
die Maschine(-n) *engine*

das Abendessen(-) *dinner,*
  supper
das Motorrad(-er) *motor-bicycle*
das Rad(-er) *wheel*

kaputt *broken, out of order*
leidenschaftlich *enthusiastic*
schwach *weak*

einmal *once*
zweimal *twice*
diesmal *this time*
hundertmal *a hundred times*
ja *indeed*

sobald *as soon as*
sogleich *at once, immediately*
zwar *indeed, as a matter of fact*

denken *to think*
drehen *to turn*
interessieren *to interest*
montieren *to fit, assemble*
passieren *to happen*
reparieren *to repair*
ruhen *to rest*
stellen *to put*
verlassen *to leave*
versuchen *to try*

es ist nichts zu machen *there is nothing to* BE *done*
er fragt mich über meine Arbeit *he asks me* ABOUT *my work*
er freut sich *he is glad*
er macht alles fertig *he* GETS *everything ready*
er nimmt alles weg, *he takes everything* AWAY

GRAMMAR

Infinitive: ' Wenn' and ' Weil' sentences

1. Es ist Zeit nach Hause zu gehen. *It is time to go home.*
   Er hat heute im Hause zu arbeiten. *He has to work in the house
   to-day.*
   Sie versuchen, die Maschine zu reparieren. *They try to mend the
   engine.*

   The infinitive comes at the end of its clause and is usually
   preceded by zu (to).

2. Weil er hungrig ist. *Because he is hungry.*
   Weil er müde wird. *Because he gets tired.*
   Wenn er nach Hause kommt. *When he* COMES *home.*
   Sobald er nach Hause kommt. *As soon as he* COMES *home.*
   Wenn er sich an den Tisch setzt. *When he* SITS *down to table.*

   The conjunctions weil, wenn, sobald put the verb at the end
   of the clause.

Such a clause is a time or reason clause and is called subordinate, since it cannot make sense by itself, but must be dependent on a main clause

Weil er müde wird, ... ?

　　　　　　　　　, setzt er sich an den Tisch.

Sobald er nach Hause kommt, ... ?

　　　　　　　　　　　　, geht er in die Garage.

Wenn sie hungrig ist, ... ?

　　　　　　　　　, geht sie in ein Restaurant.

3. Compare the above with,

Am Abend	setzt er sich an den Tisch.
Oft	geht er in die Garage.
Mit ihrem Freund	geht sie in ein Restaurant.

It is obvious that a subordinate clause is only an element in a full sentence, and if it comes first, the main verb comes second, immediately after it.

Sie trinkt ein Glas Wasser, wenn sie durstig ist.
Wenn sie durstig ist, trinkt sie ein Glas Wasser.

Karl lacht, weil er freundlich ist.
Weil er freundlich ist, lacht Karl.

Ich spiele mit meinem Hund, sobald ich nach Hause komme.
Sobald ich nach Hause komme, spiele ich mit meinem Hund.

4. Similar subordinate clauses can always be identified because:

　(i) of their dependence on the main sentence,
　(ii) they express either, time, place (wo, wohin, etc.) or reason,
　(iii) they begin with weil, wenn, wo, wie, etc.,
　(iv) the verb comes at the end of the clause,
　(v) they are always enclosed in commas (unless there is other punctuation, such as a full-stop).

It is not difficult to distinguish a subordinate clause from a main clause. It is most important to know the difference, since the most important rules of word order in German are:

THE VERB COMES SECOND IN A MAIN SENTENCE.

THE VERB COMES AT THE END OF A SUBORDINATE CLAUSE.

AUFGABEN

A. Beantworten Sie diese Fragen:

   1. Was tut Karl, sobald er nach Hause kommt?
   2. Wo hat er sein Motorrad?
   3. Was steht auch dort?
   4. Wie viele Räder hat ein Auto?
   5. Warum kauft Karl eine neue Batterie?
   6. Was heisst ' kaputt '?
   7. Was passiert, wenn Karl den Starter dreht?
   8. Warum ruht er?
   9. Was ruft seine Mutter?
  10. Warum verlässt er sogleich sein Motorrad?
  11. Warum antwortet Karl nicht?
  12. Warum lacht er?

B. Supply the missing words and translate into English:

   1. Der Hund läuft schneller — der Mensch.
   2. Dieses Auto ist nicht so gut — es früher war.
   3. Deutschland ist grösser — England, aber nicht — gross — Amerika.
   4. Jedermann arbeitet besser am Tage — in der Nacht.
   5. Eine Katze ist grösser — eine Maus, aber ein Hund ist — —.
   6. Paula ist — als die Mutter, aber Liesel ist — —.
   7. Im Sommer sind die Tage länger — im Winter.
   8. Der Schneider versucht, den Anzug — reparieren.
   9. Dieser Herr hat mir nichts — sagen.
  10. Der Professor spricht besser Deutsch — der Student.

C. Translate into English, then put the subordinate clause first, revising the word order:

   1. Er repariert die Maschine, weil sie kaputt ist.
   2. Er kauft eine neue Batterie, weil der Starter nicht geht.
   3. Sie geht ins Restaurant, weil sie hungrig ist.
   4. Der Schneider macht uns einen neuen Anzug, wenn wir ihm das Geld geben.
   5. Der Arzt besucht uns, wenn wir krank sind.
   6. Das Boot kommt ans Land, sobald der Wind stärker wird.
   7. Das Kind hat den Hund gern, weil er gut ist.

8. Nichts passiert, wenn er wieder zu arbeiten beginnt.
9. Er spielt seine Violine, sobald er nach Hause kommt.
10. Er kauft keine Zigaretten, weil er kein Geld hat.

D. Translate into German:

1. This car goes more quickly than the motor-bicycle.
2. Our dog is cleverer than our cat.
3. He likes working and I like playing (use **gern**).
4. After ten minutes he goes in the house.
5. Because he is hungry, he goes into a restaurant.
6. When I am at home, I play my violin.
7. When she is ill, she goes to the doctor.

18

DAS NOTIZBUCH

Es ist Neujahr, d.h. der erste Januar, und Karl hat ein neues Notizbuch. Zuerst schreibt er auf die erste Seite seinen Namen und seine Adresse,

Karl Schulz,
Miesbach.i.W. (in Westfalen)
Hauptstrasse 19.

Dann schreibt er auf die zweite Seite alles Persönliche wie z.B. (zum Beispiel) die Grösse seiner Schuhe (Nummer 40), die Nummer seines Motorrads (IVB 2961), die Nummer seines Führerscheins, u.s.w. (und so weiter).

Die dritte Seite ist für die Telefonnummern seiner Freunde, seiner Freundinnen und seiner Bekannten bestimmt. Aber es sind nur 21 Zeilen auf jeder Seite, und er hat wenigstens 36 Freunde und Freundinnen mit Telefon. So schreibt er die Hälfte der Namen auf Seite drei und die andere Hälfte auf die vierte Seite des Notizbuchs. Auf der fünften und sechsten Seite steht nützliche Auskunft über die Post, Kirchenfeste und Feiertage. Er lernt daraus, es kostet 50 Pf. (Pfennig), wenn er einen Brief nach England schicken will; Ostermontag ist am siebenundzwanzigsten März. Ostern, wie Weihnachten, ist ein Fest für alle.

Auf der siebenten Seite findet er das Einmaleins (achtmal eins ist acht, achtmal zwei ist sechzehn, achtmal drei ist vierundzwanzig, u.s.w.). Auf der achten Seite ist eine Tabelle der Atomgewichte. Dann beginnt das Notizbuch für das Jahr 1967. Karl beginnt zu schreiben:

Sonntag, den ersten Januar.

Frei: Ich kann zwei Stunden lang Englisch lernen.
  Am Nachmittag will ich das Motorrad reparieren.
  Um 7 Uhr abends kommt Leni.
  8 bis 10 Uhr abends, Konzert in Lippstadt.

Montag, den zweiten Januar.
9.15 *vorm. (neun Uhr fünfzehn, vormittags) Büro.*
6 *Uhr nachm. (sechs Uhr nachmittags) Technische Hochschule.*

Dienstag, den dritten Januar.
Hier schreibt Karl nichts, denn das Programm ist genau wie
für Mittwoch. Er kann genau dasselbe für alle Tage der Woche
schreiben, nur nicht für Sonnabend und Sonntag. So schreibt
er:

Sonntag, den achten Januar.
Frei: Wenn es regnet, können wir Karten spielen.
Wenn es schön ist, wollen wir nach dem Möhnesee fahren.
Leni will auch kommen.

Was er weiter schreibt, ist persönlich. Wir wollen es darum
nicht lesen, auch weil er oft Englisch schreibt.

VOCABULARY

der Bekannte(-n) *acquaintance*
der Feiertag(-e) *holiday*
der Führerschein(-e) *driving licence*
der Ostermontag *Easter Monday*
der Schuh(-e) *shoe, boot*
die Adresse(-n) *address*
die Auskunft(-̈e) *information*
die Grösse(-n) *size*
die Nummer(-n) *number*
die Post *post*
die Seite(-n) *page, side*
die Tabelle(-n) *table*
Weihnachten(-) *Christmas*
die Zeile(-n) *line*
das Atomgewicht(-e) *atomic weight*
das Einmaleins *multiplication table*

das Kirchenfest(-e) *church festival*
(das) Neujahr *New Year*
das Notizbuch(-̈er) *diary*
das Telefon(e) *telephone*

zwei Stunden lang *for two hours*
bestimmt *certain, assigned, definite*
persönlich *personal*
genau *exact(ly)*
dasselbe *the same*
darum *therefore*
daraus *from it, from them*

ich, er will *I, he will*
wir, Sie, sie wollen *we, you, they will*
ich, er kann *I, he can*

wir, Sie, sie können *we, you, they can*

Abkürzungen *abbreviations*
Pf. Pfennig (100 Pf. = 1 Mark)
z.B. zum Beispiel *e.g. for example*
d.h. das heisst *i.e. that is*

u.s.w. und so weiter *etc., and so on*
vorm. vormittags *a.m. morning*
nachm. nachmittags *p.m. afternoon*
str. Strasse *st. street*

GRAMMAR

Numerals: Date, Time

1. Alles Persönliche; seine Bekannten.

   Persönliche and Bekannten are adjectives used as nouns. They have capital letters but still decline as adjectives (see Chapter 33 for further details if required).

2. *Ordinal Numbers*

   Erste (*first*), zweite (*second*), dritte, vierte, fünfte, sechste, etc. are made by adding -te to the cardinal number up to 19 (neunzehnte); erste and dritte are irregular.

   zwanzigste, einundzwanzigste, dreissigste, vierzigste, etc. by adding -ste from 20–100 (hundertste).

   These decline like ordinary adjectives.

   Den ersten April; seine zweite Frau; am dritten Tage; der Name des vierten Tages ist Mittwoch; ein fünftes Glas; der dreissigste Tag im April ist der letzte.

3. *Fractions*

   Halb (adjective) or die Hälfte (noun) *half* (die Hälfte seines Geldes = sein halbes Geld); ein Drittel *a third*; ein Viertel; ein Fünftel; ein Zehntel; ein Zwanzigstel; ein Hundertstel. These add -tel to the cardinal up to one-nineteenth and -stel from one-twentieth to a hundredth. They are neuter.

4. *Multiples etc.*

   Einmal, *once*; zweimal, *twice*; dreimal, *three times*; fünfzigmal, *fifty times*; hundertmal, *a hundred times*; tausendmal, *a thousand times*.

Erstens, *firstly;* zweitens, *secondly;* drittens, *thirdly;* letztens, *lastly;* wenigstens, *at least.*

Einfach, *simply;* zweifach, *twofold;* dreifach, *threefold;* hundertfach, *a hundredfold;* vielfach, *manifold.*

5. Date

Der wievielte ist es?
Den wievielten haben wir? } *What is the date?*

Wir haben den ersten April. *It is the first OF April.*
Es ist der dritte März. *It is the third OF March.*
Es ist der fünfundzwanzigste Dezember.

Use the nominative case after the verb ist.
Weihnachten ist am fünfundzwanzigsten Dezember.
Ostermontag ist am siebenundzwanzigsten März.

Use **am** for "on the," when referring to days and dates.
den ersten Januar: den dreissigsten Oktober.

Use the accusative for dates at the head of letters.

6. *Time*

Wieviel Uhr ist es? Es ist drei Uhr, vier Uhr, zwölf Uhr.
10 *past ten.* Zehn Minuten nach zehn (Uhr).
25 *past ten.* Fünfundzwanzig Minuten nach zehn (Uhr).
Quarter past six. Viertel nach sechs (*or* Viertel sieben).
10 *to twelve.* Zehn Minuten vor zwölf.
25 *to seven.* Fünfundzwanzig Minuten vor sieben.
Quarter to six. Viertel vor sechs (*or* Dreiviertel sechs).
Half past seven. Halb acht.
Half past eight. Halb neun.
Half past twelve. Halb eins.
At eight o'clock. Um acht Uhr.
At a quarter past nine. Um Viertel nach neun.

AUFGABEN

A. Lesen Sie diese Zahlen auf deutsch:

a. 1; 23; 54; 69; 85; 92; 121; 387; 432; 1172; 3264; 15748; 189756; 1950; 1951; 1952; 1939.

b. One half; two thirds; three quarters; seven eighths; seven tenths; nine twentieths; one sixtieth.

c. First; second; fifth; eighth; third; fourth; twentieth; thirty-second; hundredth; hundred and first.

B. Read the following times in German:

One o'clock; 8 p.m.; quarter past 8; quarter to nine; twenty past 5; 25 past nine; 5 past 8; 10 to 3; quarter to eleven; half past ten; 20 to 7; half past seven.

C. Expand these dates: (e.g. 1.5.1953—Es ist der erste Mai, neunzehnhundertdreiundfünfzig)

3.7.1945	12.2.1825	30.11.1714	25.4.1093
2.9.1939	1.3.1950	3.7.1951	26.10.1955
1.1.1815	29.6.1895	19.12.1902	27.5.1555

D. Read the text of Chapter 18 in the first person singular (e.g. . . . . Ich habe ein neues Notizbuch. Zuerst schreibe ich meinen Namen und meine Adresse . . . .)

E. Beantworten Sie auf deutsch:

1. Wann ist Neujahr?
2. Wann ist Ihr Geburtstag?
3. Um wieviel Uhr gehen Sie ins Büro?
4. Um wieviel Uhr gehen Sie ins Bett?
5. Wann endet der Sommer?
6. Wie lange dauert der Winter? (dauert = *lasts*).
7. Wie viele Seiten sind in diesem Buch?
8. Was machen zwei Achtel und drei Achtel?
9. Wie heisst der erste Tag der Woche?
10. Wie heisst der dritte Tag der Woche?
11. Wieviel Uhr ist es jetzt?
12. Den wievielten haben wir heute?
13. Was schreibt man auf die erste Seite eines Notizbuches?
14. Was für Auskunft findet man in einem Notizbuch?
15. Wann ist Ostermontag?
16. Wann ist Weihnachten?
17. Welche Nummer hat Ihr Auto?
18. Welche Grösse ist Ihr Hut?
19. Welche Hausnummer haben Sie?
20. Was tut Karl am ersten Januar?

REINEKE FUCHS

LIESEL setzt sich jeden Morgen in den Schatten des alten Apfelbaums im Garten. Sie amüsiert sich eine halbe Stunde mit einem Buch. Heute hat sie ein Bilderbuch: es heisst Reineke Fuchs. Sie liest gern diese amüsanten Tiergeschichten.

In diesem alten Buch sind alle Charaktere Tiere, so wie in einer Fabel. Der edele König der Tiere heisst Nobel, der Löwe: der einfältige Bär nennt sich Braun. Reineke ist der Name des schlauen Fuchses. Dieser spielt oft den anderen Tieren böse Streiche.

Eines Tages unterhält sich der Fuchs mit dem Bären. " Interessieren Sie sich für Honig? " fragt er den Bären. " Jawohl, alle Bären lieben den süssen Honig," sagt der einfältige Bär. " Wo findet sich dieser Honig? " " Kommen Sie mit mir ! Ich erinnere mich, wo dieser Honig ist," antwortet der Fuchs.

Reineke macht sich auf den Weg mit Braun und führt seinen einfältigen Freund an einen dicken Baum. Dort zeigt er ihm den süssen Honig im hohlen Stamm. Braun freut sich und steckt die Nase und das ganze Gesicht in den Honig. Er steht sogar auf dem Kopf und fällt in den hohlen Stamm.

Ein Bauer arbeitet am nächsten Baum, hört den Lärm und kommt mit seinem Gewehr. Reineke weiss von diesem Bauer, sieht ihn, sagt nichts und entfernt sich schnell. Braun interessiert sich sehr für den Honig und hört nichts.

Glücklicherweise schiesst der Bauer schlecht. Braun fällt schnell aus dem Baum und läuft nach Hause. Am nächsten Tag geht der Bär zu Nobel, dem König der Tiere, und beklagt sich über den Fuchs. Aber dieser ist zu schlau: er entschuldigt sich mit klugen Antworten.

VOCABULARY

der Bär(-en) *bear*
der Charakter(-e) *character*
der Fuchs(¨e) *fox*
der Honig *honey*
der König(-e) *king*
der Löwe(-n) *lion*
der Stamm(¨e) *stem, trunk*
der Streich(-e) *trick*
die Fabel(-n) *fable*
die Geschichte(-n) *story*
das Gesicht(-er) *face*

amüsant *amusing*
böse *bad, evil, angry*
edel *noble*
einfältig *simple*

hohl *hollow*
nächst *next, nearest*
süss *sweet*

sogar *even*
glücklicherweise *fortunately*

führen *to lead*
stecken *to put, stick*
wissen (er weiss) *to know*
sich auf den Weg machen *to set off*
entfernen *to remove*
erinnern *to remind*
entschuldigen *to excuse*

N.B. For reflexive verbs see GRAMMAR below.

GRAMMAR

Reflexive Verbs

sie setzt sich *she seats herself, sits down*
sie amüsiert sich *she amuses herself, is amused*
er nennt sich *he calls himself, is named*
Sie interessieren sich *you interest yourself, are interested*
er freut sich *he is glad*
sie unterhält sich *she converses*
es findet sich *it finds itself, is found*
er entfernt sich *he removes himself, goes away*
ich erinnere mich *I remind myself, remember*
sie entschuldigen sich *they excuse themselves*
wir beklagen uns *we complain*

Reflexive Pronouns

sich *himself, herself, itself, themselves, yourself, yourselves, one's self*

mich *myself*   uns *ourselves*

Almost any transitive verb can within reason be used reflexively. Thus, er liebt, *he loves*; er liebt sich, *he loves himself*; Sie kennen, *you know*; Sie kennen sich, *you know yourselves*. Sie dreht den Kopf, *she turns her head*; sie dreht sich, *she turns*.

But some verbs have a fixed use as reflexives, where we do NOT use reflexive verbs in English: e.g. er setzt sich does not mean he puts himself, but he sits down. The verb *to remember* is sich erinnern ; the verb *to be pleased* is sich freuen.

The reflexive pronoun occupies the normal place in the word order for an object. In a main sentence it comes immediately after the verb; in a subordinate sentence, as near the beginning as possible, usually after the subject.

AUFGABEN

A. Name the case and gender of every adjective in the text above.

B. Beantworten Sie auf deutsch:

   1. Wohin setzt sich Liesel?

   2. Was hat sie in der Hand?

   3. Nennen Sie die Charaktere in Reineke Fuchs.

   4. Was ist süss?

   5. Welches Tier ist schlau, edel, einfältig, treu, falsch?

   6. Wo findet man—(a) Honig, (b) Äpfel, (c) Löwen, (d) Bären?

   7. Womit schiesst der Bauer?

   8. Beschreiben Sie zwei Tiere — Form, Farbe, Grösse, u.s.w.

C. Decline in full:

   eine halbe Stunde; dieser schlaue Fuchs; ein armes Tier; die kluge Antwort; böser Streich; ein anderer Mann.

D. Fill in the correct endings:

   1. D- klein- Schneider macht ein- neu- Anzug für d- jung- Kind.

   2. D- dunkl- Farbe des neu- Stoffs steht d- blond- Mädchen.

3. Unser- alt- Freundin nimmt ihr- schwarz- Mantel und rund- Hut.

4. An d- nächst- Haltestelle des rot- Omnibusses warten viel-müd- Menschen.

5. Jed- gut- Hausfrau macht viel- nötig- Einkäufe am Freitag.

6. D- neu- Eingang dies- schön- Hauses kostet viel Geld.

7. Bringen Sie mir ein klein- Stück kalt- Fleisch- und ein frisch- Bier.

8. Am nächst- Tag geht unser- alt- Freund, der Bär, vor d- König.

9. Er setzt sich auf ein- Stuhl in d- Garten.

10. All- Bären lieben d- süss- Honig.

E. Insert the reflexive pronouns and translate:

1. Ich interessiere — *heute* nicht für Bücher.

2. Er freut — *jetzt,* so viel Honig zu sehen.

3. Diese Frau nennt — *Hilda.*

4. Wir erinnern — *niemals* an böse Streiche.

5. Der böse Junge entschuldigt — *immer* mit klugen Antworten.

6. Sie machen — *heute abend* auf den Weg nach Köln.

7. Amüsieren Sie — recht schön!

F. Repeat the above exercise, putting the italicised words first and making the necessary adjustments in word order.

G. Translate into German:

The simple-minded bear is pleased to see so much honey. He sticks his face into the sweet stuff and does not notice the farmer. Fortunately the latter is slow and does not shoot well. Bruin falls out of the tree and runs home. Reynard makes his excuses before the king but the other animals do not like him. He plays nasty tricks on them.

H. Schreiben Sie in eignen Worten die Geschichte von Reineke und Braun.

20

EIN AUSFLUG

FAST jeden Sonntag im Sommer macht Anton einen Ausflug mit der ganzen Familie. Jedes Mitglied der Familie hilft bei den Vorbereitungen. Karl, der ein so guter Mechaniker ist, putzt das Auto und prüft den Motor. Die Mutter, die immer in der Küche arbeitet, schneidet das Brot und macht das Essen fertig.

Paula hat nicht immer Sonntag frei, aber wenn sie frei hat, kocht sie den Kaffee und füllt die Thermosflaschen, die die kleine Liesel in den Korb packt. Das Essen, das die Mutter fertig macht, kommt dann in den Korb, den Liesel in das Auto trägt.

Das Auto, das ein Sechssitzer ist, hat Platz für alle, auch für Wotan, der sehr gern Ausflüge macht.

Fast jedes Mal fahren sie nach dem Möhnesee. Dies ist ein See, der nur zwanzig Kilometer entfernt ist, und den sie zu Mittag erreichen.

Dort baden sie, liegen in der Sonne und sprechen und spielen

mit ihren Freunden, die sie hier treffen. Besonders Paula, deren Freundin hier in der Nähe wohnt, hat viele Bekannte, mit denen sie gern badet und spielt.

Am Abend tanzen sie im grossen Restaurant, das so gutes Bier hat, und dessen Orchester so schön spielt.

Aber um zehn Uhr sagt der Vater, der etwas streng und altmodisch ist, immer: " Jetzt los, Kinder! Es ist Zeit, nach Hause zu fahren." Karl und Paula, die ihren Vater gut kennen, sagen nichts.

Sie nehmen Abschied von ihren Freunden und fahren langsam durch die Dörfer, in denen jetzt alles schläft. Im Wagen, in Muttis Armen schläft auch schon das kleine Kind, dessen Gesicht so still und glücklich ist. Die anderen sprechen nicht viel, um es nicht zu wecken, aber sie sind alle froh. Die Tage, die sie hier in der frischen Luft verbringen, sind glückliche Tage, die sie nie vergessen.

VOCABULARY

der Abschied *leave, departure*
der Arm(-e) *arm*
der Ausflug("-e) *trip, excursion*
der Korb("-e) *basket*
der Sechssitzer(-) *six-seater*
der See (-n) *lake*
die Nähe *nearness, vicinity*
die Thermosflasche(-n) *thermos flask*
die Vorbereitung(-en) *preparation*
das Mitglied(-er) *member*

altmodisch *old-fashioned*
frei *free*
streng *strict*
fast *almost*

baden *to bathe*
erreichen *to reach*
prüfen *to test*
putzen *to clean, polish*
schneiden *to cut*
schwimmen *to swim*
tanzen *to dance*
treffen (er trifft) *to meet, hit*
verbringen *to spend*
vergessen (er vergisst) *to forget*
wecken *to wake*

Abschied nehmen *to take leave*
er hat heute frei *he has a holiday to-day*
jetzt los! *come on now*
zu Mittag *at midday*

GRAMMAR

Relative Clauses

1. Karl, der ein so guter Mechaniker ist, putzt das Auto.
   Die Mutter, die immer in der Küche arbeitet, schneidet das Brot.
   Das Auto, das ein Sechssitzer ist, hat Platz für alle.

In the above sentences—
   Karl putzt das Auto.
   Die Mutter schneidet das Brot.
   Das Auto hat Platz für alle.
are main clauses, containing the main statement, and—
   , der ein so guter Mechaniker ist,
   , die immer in der Küche arbeitet,
   , das ein Sechssitzer ist,
are subordinate clauses, subsidiary to the main clause.

This type of clause is called a relative clause. In this, as in all subordinate clauses, THE VERB COMES LAST.

There is a comma before and after each relative clause.

2. Each relative clause begins with a relative pronoun, which refers to something in the main clause.

In English, the relative pronoun is ' who ' (that) for persons and ' which ' (that) for things.

In German—
   der (or **welcher**) refers to masculine nouns,
   die (or **welche**) refers to feminine nouns,
   das (or **welches**) refers to neuter nouns,
   die (or **welche**) is the plural for all genders.
     Karl, der . . . *Charles, who* . . .
     Die Mutter, die . . . *The mother, who* . . .
     Das Auto, das . . . *The car, which* . . .
     Die Freunde, die . . . *The friends, who* . . .
   Der Kellner, der den Kaffee bringt, hat einen guten Anzug. *The waiter, who brings the coffee, has a good suit.*
   Die Frau, die so schön singt, ist meine Mutter. *The woman, who sings so nicely, is my mother.*
   Das Buch, das auf dem Tische liegt, ist ein Wörterbuch. *The book, which lies on the table, is a dictionary.*

Die Bauern, die in diesem Dorfe wohnen, sind reich. *The farmers, who live in this village, are rich.*

THE RELATIVE PRONOUN AGREES IN GENDER WITH THE NOUN TO WHICH IT REFERS.

3. The English relative pronoun changes to 'whom' in the objective and 'whose' in the possessive case. Obviously the pronoun can be either subject, object, possessive or used after a preposition. To show its function it declines as follows:

	Masc.	*Fem.*	*Neut.*	*Pl.*
Nom.	der	die	das	die
Acc.	den	die	das	die
Gen.	dessen	deren	dessen	deren
Dat.	dem	der	dem	denen

Welcher declines with exactly the same endings, except that there is no genitive.

4. Sentences showing use of the relative pronoun.

Der Kellner, der (welcher) im Café arbeitet, ist Deutscher.
         (who works in the café)

Der Kellner, den (welchen) wir im Café sehen, ist Deutscher.
         (whom we see in the café)

Der Kellner, dessen Anzug so gut ist, ist Deutscher.
         (whose suit is so good)

Der Kellner, dem (welchem) ich 50 Pf. gebe, ist Deutscher.
         (to whom I give sixpence)

Die Katze, die (welche) im Garten sitzt, heisst Möhrchen.
         (which is sitting in the garden)

Die Katze, die (welche) Karl liebt, heisst Möhrchen.
         (which Charles loves)

Die Katze, deren Zähne so scharf sind, heisst Möhrchen.
         (whose teeth are so sharp)

Die Katze, der (welcher) Paula Milch gibt, heisst Möhrchen.
         (to which Paula gives milk)

Das Krankenhaus, das (welches) in Lippstadt liegt, hat 25 Betten.   *(which lies in Lippstadt)*

Das Krankenhaus, das (welches) Dr. Horn besucht, hat 25 Betten.   *(which Dr. Horn visits)*

Das Krankenhaus, dessen Fenster so gross sind, hat 25
Betten.   (*whose windows* or *the windows of which
are so big*)

Das Krankenhaus, in dem (welchem) Dr. Horn arbeitet,
hat 25 Betten.   (*in which Dr. Horn works*)

Die Tassen, die (welche) auf dem Tisch stehen, sind ganz
neu.   (*which are on the table*)

Die Tassen, die (welche) Paula auf den Tisch stellt, sind
ganz neu.   (*which Paula puts on the table*)

Die Tassen, deren Farbe weiss ist, sind ganz neu.
          (*whose colour is white*)

Die Tassen, aus denen (welchen) wir trinken, sind ganz neu.
          (*from which we drink*)

In the above examples every one of the antecedents (the words
to which the relative pronoun refers) is in the nominative case,
whereas the relative pronoun changes in each sentence according
to its function. THE RELATIVE PRONOUN HAS ITS OWN CASE.

AUFGABEN

A. Beantworten Sie auf deutsch:

1. Wann macht Anton einen Ausflug?
2. Wer fährt mit ihm?
3. Welche Vorbereitungen trifft (*a*) Karl, (*b*) die Mutter?
4. Worin (in what) packt man das Essen?
5. Woraus trinkt man den Kaffee?
6. Was für einen Wagen hat die Familie?
7. Wie weit liegt der Möhnesee entfernt?
8. Was tun sie am See?
9. Wo tanzen sie am Abend?
10. Warum trifft Paula viele Bekannte am See?
11. Wann fährt die Familie nach Hause?
12. Warum vergessen sie diese Tage nicht?

B. Make a list of every relative clause in the text of Chapter 20,
showing:

1. The word to which the relative pronoun refers, with its
gender.

   2. The case of the relative pronoun and the reason for it.

   3. The verb in the relative clause.

     e.g. der ein so guter Mechaniker ist,

       1. der refers to Karl, masculine.

       2. der is nominative case, subject of the verb ist.

       3. ist is the verb in the relative clause.

C. Fill in the correct form of the relative pronoun, making it agree in gender with the word to which it refers and using the appropriate case:

   1. Der Wagen, — auf der Strasse steht, ist ein Zweisitzer.

   2. Der Hund, — wir auf der Strasse sehen, heisst Wotan.

   3. Das Brot, — im Korb liegt, ist ganz frisch.

   4. Der Vater, — Kinder so glücklich sind, ist streng.

   5. Der Kaffee, — sie kocht, schmeckt sehr gut.

   6. Das Fräulein, — Freunde hier wohnen, arbeitet im Restaurant.

   7. Das Orchester, — Musik so schön ist, spielt jeden Sonntag.

   8. Die Freunde, mit — sie spielt, sind auch jung.

   9. Das Auto, — Motor Sie hören, ist ein Viersitzer.

  10. Das Auto, in — Sie fahren, fährt langsam.

  11. Der See, — sie zu Mittag erreichen, ist still und klar.

  12. Der See, in — sie baden, ist ganz warm.

D. Ein Mechaniker ist ein Mann, der Maschinen repariert. Was ist—1. ein Musiker, 2. ein Schneider, 3. ein Kellner, 4. ein Arzt, 5. eine Studentin, 6. ein Amerikaner, 7. ein Seemann?

21

VOM AUFSTEHEN

Szene: Frühstückszimmer der Familie Schulz.
Zeit: Acht Uhr früh.

Vater und Mutter sitzen am Tisch und beginnen, das Frühstück zu essen.
Liesel macht die Tür auf und kommt ins Zimmer herein.

Liesel: Guten Morgen, Pappi und Mutti.
Mutter: Guten Morgen, Liesel.
Vater: Hmm!
Mutter: Es ist schön heute, nicht wahr?
Vater: Hmm!
Liesel: Ja, die Sonne geht schon am Himmel auf.
Mutter: Noch eine Tasse Kaffee, Anton?
Anton: Hmm!
Mutter: Hier ist die Zeitung.
    (*Vater nimmt die Zeitung und macht sie auf: er gibt der*
      Mutter ein Stück: sie nimmt es.)
Mutter: Liesel, steht Karl schon auf?
Liesel: Ja, Mutti, er ist im Badezimmer. Ich höre ihn dort
    singen. (*Sie lacht.*)
Mutter: Der Junge ist glücklich, nicht wahr?
Vater: (*sieht auf*) Was? Ach, ja! Wo bleibt denn Paula? Steht
    sie noch nicht auf?
Mutter: Ich höre sie nicht. Das arme Kind ist vielleicht müde.
Vater: Geht sie heute nicht aus?
Mutter: Doch. Sie muss zur Arbeit gehen. Liesel, geh hinauf und
    wecke Paula auf.
    (*Liesel läuft aus dem Zimmer hinaus und geht die Treppe*
      hinauf. Man hört sie an Paulas Tür klopfen. Keine
      Antwort. Sie klopft wieder an die Tür.)
Paula: Ja?
Liesel: Es ist schon acht Uhr. Mutti sagt, du musst aufstehen.

Verstehst du? Es ist spät.

Paula: Ja, gut. Ich stehe schon auf.

    (*Liesel geht nicht weg. Sie kennt ihre Schwester. Sie bleibt vor der Tür und hört nichts. Paula schläft wieder ein. Nach fünf Minuten weckt sie Paula wieder. Diesmal macht sie die Tür auf und versucht, Paula aus dem Bett zu ziehen. Jetzt wacht Paula wieder auf und springt aus dem Bett.*)

Paula: Ich komme schon. Sieh doch, ob das Badezimmer noch frei ist.

Liesel: Ja, die Tür ist auf. Es ist frei. Karl geht schon die Treppe hinunter. (*Sie geht selber hinunter.*)

    (*Paula zieht den Schlafrock schnell an, springt ins Badezimmer hinein und macht die Tür zu. Nach dem Bade geht sie ins Schlafzimmer zurück und zieht die Kleider blitzschnell an.*)

Mutter: Paula! Stehst du nicht auf?

Paula (ruft von oben): Doch, Mutter. Ich komme in zwei Minuten hinunter.

Karl (der ein grosses Stück Brot isst): Diese Mädels! Wenn sie zu spät ins Bett gehen, so stehen sie zu spät auf. Und wenn sie zu spät aufstehen, gehen sie zu spät ins Bett.

Vater: Hmm!

    Paula hat wenig Zeit zum Frühstück, aber um halb neun sitzt sie schon im Autobus unterwegs nach Lippstadt, wo sie arbeitet. "Guten Morgen," grüssen sie ihre Bekannten. "Guten Morgen," antwortet Paula und sagt nichts mehr, weil sie schon wieder im Autobus einschläft.

VOCABULARY

der Schlafrock(=e) *dressing-gown*	das Mädel(-s) *girl*
	blitzschnell *quick as lightning*
die Szene(-n) *scene*	ob (*verb last*) *if, whether*
die Treppe(-n) *stairs*	oben *upstairs*
die Zeitung(-en) *newspaper*	selber *herself, himself, self*
das Aufstehen *getting up, rising*	spät *late*
das Frühstück(-e) *breakfast*	doch *yes (after a negative question)*

an-ziehen (er zieht an) *to put on*
auf-gehen (geht auf) *to rise (sun)*
auf-machen (er macht auf) *to open*
auf-sehen (er sieht auf) *to look up*
auf-stehen (er steht auf) *to rise, get up*
auf-wachen (er wacht auf) *to awake (intransitive)*
auf-wecken (er weckt auf) *to waken (transitive)*
aus-gehen (er geht aus) *to go out*
bleiben *to stay*
ein-schlafen (er schläft ein) *to fall asleep*

herein-kommen (er kommt herein) *to come in*
hinauf-gehen (er geht hinauf) *to go up*
hinaus-laufen (er läuft hinaus) *to run out*
hinein-springen (er springt hinein) *to jump in*
hinunter-gehen (er geht hinunter) *to go down*
weg-gehen (er geht weg) *to go away*
ziehen *to pull, draw, drag*
zu-machen (er macht zu) *to close*
zurück-gehen (er geht zurück) *to go back*

er steht früh auf *he gets up early*
sie macht die Tür zu *she closes the door*
er zieht sich die Schuhe an *he puts on his shoes*

GRAMMAR

1. Du *Form*

 a. Du kommst; du musst; du verstehst. *Thou comest; thou must; thou understandest.*

   This is the 2nd person singular familiar form, and is used between intimate friends and relatives and to all children. It is identical in form with the 3rd person singular plus an -s- before the final -t. Strong verbs which alter their stem vowel in the 3rd person also change it in this 2nd person singular:

   du siehst, du trägst, *etc.*

   In the Imperative, the -st is omitted. Most weak and some strong verbs add -e:

   gehe! sage! komme! sieh! *go! say! come! look!*

 b. Nom.: du; *Acc.:* dich; *Dat.:* dir.
   e.g. ich liebe dich; ich gebe es dir.

2. *Separable Verbs*

a. Er macht die Tür auf. The infinitive is aufmachen.

Paula steht spät auf. The infinitive is aufstehen.

Die Sonne geht früh auf. The infinitive is aufgehen.

A separable verb is a root verb with a particle. From one root verb many separable verbs may be derived.

As in English—

to go **out**, to go **up**, to go **down**, to go **on**, to go **in,**
so in German—

ausgehen, aufgehen, untergehen, vorgehen, hineingehen.

In the infinitive the particle is attached in front.

In a main sentence the particle separates and goes to the end of the sentence:

aufgehen: die Sonne geht früh **auf**.

In a subordinate clause, as the verb is already last, the prefix does not separate:

wenn die Sonne früh **auf**geht;

weil sie schon im Autobus **ein**schläft;

wenn du nicht sogleich **auf**stehst.

b. Most particles (prefixes) are separable:

an, aus**,** ab, ein, herein, herunter, hinüber, mit, zurück, *etc.*

A few prefixes which never separate are be-, er-, ver-. beginnen, er beginnt; erinnern, er erinnert; verstehen, er versteht. **Be-, er-, ver-** are called inseparable prefixes.

Her- means *this way*, towards the speaker; hin- means *that way*, away from the speaker, as in woher, whence; wohin, whither. **Hin-** and **her-** are frequently prefixed to separable verbs of motion, e.g. Kommen Sie herein! *Come in !* Er springt hinüber. *He jumps across.*

c. Note the difference between the following:

Er macht eine Tür. *He is making a door.*

Er macht eine Tür auf. *He is opening a door.*

Er macht eine Tür zu. *He is closing a door.*

Sie zieht den Schuh. *She pulls the shoe.*

Sie zieht den Schuh an. *She puts on the shoe.*

Sie zieht den Schuh aus. *She takes off the shoe.*

As the operative word comes last, it is essential to read to the final word of a sentence before translating.

AUFGABEN

A. Beantworten Sie auf deutsch:

1. Wann geht die Sonne auf?
2. Um wieviel Uhr stehen Sie auf?
3. Was ziehen Sie an, wenn Sie ins Badezimmer gehen?
4. Was ziehen Sie aus, wenn Sie ins Bett gehen?
5. Wer weckt Paula?
6. Wie weckt sie sie?
7. Warum steht Paula spät auf?
8. Warum muss sie früh aufstehen?
9. Was sagt der Vater während des Frühstücks?
10. Wer grüsst Paula im Autobus?
11. Was tut Paula im Autobus?
12. Wann geht die Sonne unter?
13. Warum singt Karl im Badezimmer?
14. Warum hat Paula wenig Zeit zum Frühstück?
15. Um wieviel Uhr sitzt sie im Autobus?

B. Rewrite the following sentences, putting the verb in brackets (the infinitive) into the correct form of the Present Tense and taking care to put the separable prefix in the proper place: (e.g. Er (einschlafen) immer in der Klasse — Er schläft immer in der Klasse ein.)

1. Im Winter (aufgehen) die Sonne spät.
2. Ich (aufstehen) früher im Sommer als im Winter.
3. Mein Hund (aufmachen) die Tür, aber er (zumachen) sie nicht.
4. Sein alter Freund (zurückfahren) morgen nach Deutschland.
5. Warum (weggehen) Sie so früh?
6. (hereinkommen) Sie doch, wenn Sie Zeit haben!
7. Ich (anziehen) den Mantel, weil es kalt ist.
8. Liesel (hinaufgehen) die Treppe.
9. Die Katze (hinauslaufen) aus dem Garten.
10. Paula (zumachen) die Tür des Schlafzimmers.

11. Karl (beginnen) das Brot zu schneiden.
12. Sie (verstehen) mich nicht.

C. Write the following verbs in the **du** form:

(e.g. ich gehe . . . du gehst)

Ich stehe, ich verstehe, er geht, wir sagen, sie machen, ich singe, Sie halten, sie nimmt, ich trage, ich bringe.

D. Taking parts, read the text in this chapter until word-perfect. Then try repeating it without the text.

E. Translate into German:

In the bathroom; during breakfast; they get up early; it is eight o'clock; you must get up; he doesn't go away; she stays in front of the door; the bathroom door; she falls asleep; do you (du) close the window at night?

22

AUS EINER ZEITUNG

Es ist Sonntag Nachmittag: der Tag ist regnerisch: die Familie sitzt vor dem Feuer im Wohnzimmer. Paula strickt sich einen neuen Jumper aus gelber Wolle: Karl liest einen englischen Roman: Anton studiert einen Bericht über die Nachkriegsprobleme in den deutschen Mittelschulen, während die Mutter die Zeitung liest. Sie interessiert sich für das Leben anderer Leute, weil sie sehr sentimental ist. Darum liest sie das Feuilleton. Im Feuilleton erscheint jeden Sonntag ein Artikel vom 'Onkel Konrad.' Er heisst 'Der Ratgeber — unsere Leser fragen, wir antworten.' Marie liest Folgendes:

O.G. schreibt: " Ich kenne einen Mann, der mich liebt, aber ich liebe ihn nicht. Er ist ziemlich alt und sehr klein — viel kleiner als ich. Wenn ich ihn heirate, werde ich reich, weil er viel Geld hat. Aber ich fürchte, unglücklich zu werden. Meine Mutter ist Witwe, und ich bekomme keine Mitgift: aber ich habe eine gute Stellung als Stenotypistin. Meine Mutter will, dass ich diesen Herrn heirate. Ich weiss, dass meine Mutter nur mein Glück will, und nicht will, dass ich arm bleibe. Ich will mich aber nicht verkaufen. Ich weine viel und weiss nicht, was ich machen soll. Ich bin siebzehn Jahre alt. Kann ich mir mit dem Heiraten noch Zeit lassen? "

Onkel Konrad antwortet: " Sie haben mit dem Heiraten bestimmt noch Zeit. Diese Frage können Sie in fünfzehn Jahren stellen. Er liebt Sie, Sie lieben ihn nicht? Das ist traurig, aber nur für ihn. Sie müssen keine Diskussionen mit Ihrer Mutter haben. Sie sind ohne Mitgift? Sie dürfen wegen dieser Sache nicht weinen. Sie haben eine gute Stellung, und das ist auch Kapital. Wenn man siebzehn Jahre alt ist, soll man seine Arbeit machen und im übrigen lachen, singen und tanzen. Noch eins sollen Sie wissen, dass auch viele grosse Männer klein sind."

" Das ist eine recht dumme Frage und eine sehr kluge Antwort," denkt Marie. " Gott sei Dank, dass mein Sohn und meine Tochter nicht so albern sind." Sie sieht Karl und Paula stolz an, und ist glücklich. So sind die Mütter; sie denken viel und sagen wenig.

VOCABULARY

der Artikel(-) *article*

der Bericht(-e) *report*

der Jumper(-) *jumper*

der Ratgeber(-) *adviser*

der Roman(-e) *novel*

die Diskussion(-en) *discussion*

die Mitgift *dowry*

die Mittelschule(-n) *secondary school*

die Sache(-n) *thing, affair*

die Stellung(-en) *post, position*

die Stenotypistin(-nen) *short-hand-typist*

die Witwe(-n) *widow*

das Feuer(-) *fire*

das Feuilleton(-s) *feuilleton*

das Glück *happiness*

das Heiraten *marriage*

das Kapital(-ien) *capital*

das Leben(-) *life*

das Nachkriegsproblem(-e) *post-war problem*

albern *foolish*

gelb *yellow*

regnerisch *rainy*

sentimental *sentimental*

stolz *proud*

traurig *sad*

ziemlich *rather, fairly*

dass *that, so that* ⎫ *put the*

während *while* ⎬ *verb last* ⎭

an-sehen (er sieht an) *to look at*

erscheinen *to appear, seem*

fürchten *to fear*

heiraten *to marry*

stricken *to knit*

weinen *to weep, cry*

er stellt eine Frage *he asks a question*

ein Bericht über *a report about*

ich interessiere mich für Deutsch, *I am interested* IN *German*

ich weiss nicht, was zu machen *I do not know what to do*

im übrigen *for the rest*

kann ich mir mit dem Heiraten Zeit lassen? *can I postpone getting married for a time?*

GRAMMAR

1. *Subordinate Clauses*

. . . während die Mutter die Zeitung liest. . . . *while mother reads the paper.*

Meine Mutter will, dass ich diesen Mann heirate. *My mother wishes me to marry this man.*

Sie sollen wissen, dass viele grosse Männer klein sind. *You must know that many great men are little.*

After dass and während the verb stands at the end of the clause as it does after weil and wenn.

2. *Wissen and Kennen*

   a. **Wissen** means *to know (about), have knowledge of,* whereas **kennen** means *to know (personally), be acquainted with.*

   Ich kenne diesen Engländer. *I know this Englishman.*

   Wir wissen, dass er gut Deutsch spricht. *We know that he speaks good German.*

   The singular of **wissen** is irregular, as follows:

   ich weiss, du weisst, er weiss.

   Plural: wir, Sie, sie wissen.

3. *Modal Verbs*

   The six modal verbs are irregular in the Present Tense.

	können *can, am able to*	wollen *want to, will*	müssen *must, have to*	sollen *shall, am to*	dürfen *may, am allowed to*	mögen *may, like to*
ich	kann	will	muss	soll	darf	mag
du	kannst	willst	musst	sollst	darfst	magst
er	kann	will	muss	soll	darf	mag
wir } Sie } sie }	können	wollen	müssen	sollen	dürfen	mögen

   There is no **zu** with the infinitive governed by a modal verb. Some examples of the uses of these verbs are as follows:

   Er soll Deutsch lernen, aber er will nicht studieren. *He is to (should) learn German but he will not study.*

   Er kann Fussball spielen, aber er darf nicht spielen. *He can play football but he is not allowed to play.*

   Er mag Violine spielen, aber er kann nicht spielen. *He likes playing the violin but he cannot play.*

4. *Infinitives as Nouns*

heiraten *to marry*	das Heiraten *marriage*
leben *to live*	das Leben *life*
essen *to eat*	das Essen *meal*
aufstehen *to get up*	das Aufstehen *rising*

Any infinitive may be used as a noun by giving it a capital letter and making it neuter.

AUFGABEN

A. Beantworten Sie auf deutsch:

1. Warum sitzt die Familie vor dem Feuer?
2. Karl liest einen Roman. Was tut (*a*) Paula, (*b*) der Vater, (*c*) Marie?
3. Wie wissen Sie, dass die Mutter sentimental ist?
4. Wie heisst der Teil der Zeitung, den Marie liest?
5. Wie heisst der Artikel, den sie liest?
6. Was ist das Problem des jungen Mädchens?
7. Geben Sie die Antwort Onkel Konrads.
8. Was denkt Marie von diesem Artikel?
9. Ist es wahr, dass viele grosse Männer klein sind? Geben Sie Beispiele.
10. Was soll man tun, wenn man jung ist?

B. Give the 3rd person singular and the 3rd person plural of:

Ich will nach Hause gehen; wenn ich jung bin, kann ich tanzen; ich mag diese Himbeeren nicht essen; ich habe kein Instrument, so kann ich nicht spielen; ich darf kein Bier trinken; ich weiss, dass ich reich werde, wenn ich ihn heirate.

C. Put the verbs in the correct position in the following:

1. Ich sehe, dass Sie (sind) glücklich.
2. Er weiss, dass dieser Hund (beisst) keine Kinder.
3. Sie schreibt, dass sie (will) uns morgen besuchen.
4. Während Karl (schreibt) in sein Tagebuch, er (denkt) an Leni.
5. Während die Mutter (schneidet) das Brot, Paula (macht) den Kaffee.

6. Weil sie (ist) jung, sie (soll) tanzen und lachen.
7. Ein Mann, der (verkauft) Zucker, heisst ein Kolonial-
warenhändler.

REVISION EXERCISES

A. Geben Sie ein anderes Wort für:

Herr, 100 Pf., Dame, Schlafzimmer, Auto, Doktor, statt,
Saal, Kellner, Mahlzeit, Restaurant, tun, Mensch, Weg,
Heft.

B. Give the correct form of the verb in the following:

1. Meine Mutter (wollen), dass ich ihn (heiraten).
2. Ich (wissen), wo Ihr Roman (liegen).
3. Sie (aufstehen) um sieben Uhr.
4. Wenn es kalt (sein), (zumachen) Sie die Tür.
5. Wenn er das Wort (vergessen), (können) er nichts sagen.
6. (Müssen) Sie schon gehen?
7. Karl (essen) gern Kuchen.
8. Er (schlagen) das Tier, weil es nicht gehen (wollen).
9. Anton (lesen) einen Bericht.
10. Wir (verstehen) kein Wort von dem, was Sie (sagen).
11. Du (wissen), dass ich dich (lieben).
12. Wenn er schnell (laufen), (kommen) er in zehn Minuten
an das Dorf.

C. Was ist das Gegenteil (*opposite*) zu:

gross, kalt, jung, glücklich, albern, weinen, vergessen,
schwarz, aufstehen, spielen, schlecht, wild, die Nacht,
kühl, dumm, der Winter.

D. Fill in the correct endings:

1. D- arm- Mädchen will d- reich- klein- Mann heiraten.
2. Er gibt ein- klug- Antwort auf dies- dumm- Frage.
3. D- müd- Jüngling steht an dies- kalt- Tag spät auf.
4. D- schwarz- Katze läuft aus d- gross- Garten auf d- lang-
Strasse.
5. Jed- gut- Schneider kann schön- Anzüge machen.
6. D- stark- Motor dies- klein- Autos ist besser als mein-
neu- Maschine.

7. Sein schmutzig- Kind geht in unser sauber- Bade-zimmer.

8. D- hungrig- Kinder essen ein gross- Frühstück.

9. D- Bekannten d- durstig- Seemannes geben ihm ein gross- Glas Wein.

10. All- wild- Tiere haben scharf- Zähne und scharf- Ohren.

11. Dies- dick- Wirt hat schlecht- Bier aber ein- sehr gut-Wein.

12. Wie viel- neu- Patienten warten in d- gross- Wartesaal?

E. Give the nominative singular and plural and the genitive singular with the definite article:

Abend, Zeitung, Kirche, Stock, Zahn, Körper, Gewehr, Büro, Ohr, Wand, Lampe, Brief, Stockwerk, Fisch, Führer, Rechnung, Strasse, Kartoffel, Flasche, Karte, Krankenhaus, Minute, Tür, Jahreszeit, Einkauf, Hut, Doktor, Dame, Fenster, Wald, Mark, Amerikaner, Brücke, Zahl, Nacht, Bild, Mädchen.

F. Complete these sentences in German:

1. Wenn man krank ist, . . .
2. Weil Paula nicht aufsteht, . . .
3. Während Karl liest, . . .
4. Marie weiss, dass . . .
5. Dieses Motorrad kann nicht fahren, weil . . .
6. Sobald er nach Hause kommt, . . .
7. Der Seemann kann nichts kaufen, weil . . .
8. Marie denkt, dass . . .
9. Wenn Sie gut Deutsch sprechen wollen, . . .
10. Er will mich heiraten, weil . . .

G. Beantworten Sie auf deutsch:

1. Ein Kellner ist ein Mann, der in einem Restaurant arbeitet. (a) Was ist ein Wirt, (b) ein Schneider, (c) ein Lehrer, (d) ein Arzt, (e) ein Bauer?
2. Nennen Sie fünf Tiere.
3. Wann ist es warm?
4. Was bedeckt die Erde im Winter?
5. Was findet man in einer Garage?
6. Wann stehen Sie auf?

7. Was für Kleider tragen Sie im Herbst?
8. Was trägt man an den Füssen?
9. Was trägt auf dem Kopf?
10. Was trägt man im Badezimmer?
11. Was trägt man, wenn man ausgeht?
12. Was trägt man im Wasser, wenn man schwimmt?
13. Was trinkt man zum Frühstück?
14. Was trinkt man zum Abendessen?
15. Was trinkt man im Wirtshaus?
16. Was trinkt man bei Freunden?
17. Was trinkt man im Restaurant?
18. Was ziehen Sie an, wenn es kalt ist?
19. Wie heisst das Wort Bauchredner auf englisch?
20. Wie viele Kilometer können Sie in einer halben Stunde gehen?
21. Wie viele Stockwerke hat dieses Gebäude?

H. Lesen Sie diese Zahlen und Daten und Zeiten auf deutsch:

2; 6; 21; 98; 736; 1066; 1645; 1714; 1815; 1901.
One third; eleven twelfths; nineteen twentieths.
Twenty to four; a quarter past five; five minutes to three; half past twelve; twenty-five past six; half past nine.
1.2.1950; 6.3.1930; 28.5.1929; 31.9.1919; 26.4.1924.

Translate:

his first mistake; my second wife; his third glass; the eighth book; her twenty-first birthday; a hundred times.

I. Put in the correct gender and case of the relative pronoun and translate:

1. Ein Seemann, — kein Schiff hat, ist unglücklich.
2. Der Bär, — er schlägt, ist müde.
3. Der Student, mit — er spricht, kann gut Deutsch.
4. Die Stadt, in — sie wohnen, heisst Hamburg.
5. Die Kirche, — am Ende der Strasse liegt, ist sehr alt.
6. Das Kind, — man Bonbons gibt, soll "Danke schön" sagen.
7. Das Gebäude, — Fenster so schmutzig sind, ist leer.
8. Die Jahreszeit, — ich am meisten liebe, ist der Herbst.

9. Die Bekannten, — ich gut kenne, werden meine Freunde.
10. Der Komponist, — Lied sie singt, heisst Mozart.
11. Die Lieder, — sie spielt, sind von Wagner.
12. Das Mädel, — Brief in der Zeitung erscheint, ist albern.

J. Give the correct form of the verb and translate the following:

 1. Der Hund (aufwachen), wenn Karl in das Zimmer (hereinkommen).
 2. Der Bauer (ausgehen) nicht, weil er müde (sein).
 3. Der Kellner (anziehen) einen schönen Anzug, wenn er (ausgehen).
 4. Sobald ich (gehen) ins Bett, (einschlafen) ich.
 5. Wann (zurückgehen) Sie?
 6. Liesel (hinaufgehen) die Treppe: sie will ihre Schwester (aufwecken).
 7. Bitte, (zumachen) Sie die Tür!
 8. Ich (können) nicht früh (aufstehen).
 9. Die Katze (sein) jung: sie (hineinspringen) in den Garten.
 10. Er (müssen) die Zeitung vor seiner Frau (lesen).

K. Translate into German:

 I open the door; he can open the door; when I open the door; you close the door; he puts on a dressing-gown; put your hat on; sit down; in winter; in the evening; the tree is in the garden; come with me; do it for him; put the glass on the table; her second husband; the third story; every wise child; the son of clever parents; the teacher is poorer than the doctor; he is not so rich as the farmer; you like reading English books; thank you; good-bye.

L. Schreiben Sie einen kleinen Aufsatz über jedes Mitglied der Familie Schulz (60–90 Worte).

EINE REISE NACH DEUTSCHLAND

[Karl war in London. Jetzt fährt er nach Hause zurück. Mit ihm reist Hilda, die eine englische Freundin von Paula ist. Die zwei jungen Menschen fahren zusammen nach Miesbach, zuerst auf dem Schiff und dann mit dem Zug.]

23

DIE SEEREISE

Hilda: Die See ist ruhig: das Schiff fährt schnell: es ist ein schöner Tag, kein Wind, keine Wolken am Himmel.

Karl: Ja, es wird eine gute Fahrt für alle.

Hilda: Nicht für alle. Sehen Sie doch das Mädchen dort. Es scheint, krank zu sein.

Karl: Nein, es ist nicht krank, es ruht sich nur aus.

Hilda: Vielleicht haben Sie recht. Aber, sagen Sie mal, Karl. Ist das Schiff nicht ziemlich voll besetzt?

Karl: Es sind sehr viele Reisende auf dem Verdeck. Einige stehen vorne, aber es sind sehr viele hinten.

Hilda: Sie fahren dritter Klasse, nicht wahr?

Karl: Ja, und die meisten Reisenden der ersten Klasse sind unten in den Kabinen oder sie nehmen Erfrischungen in dem Speisesaal ein.

Hilda: Was macht der Matrose da, der in der blauen Jacke?

Karl: Er teilt die Landungskarten aus.

Hilda: Landungskarten? Wozu dienen die?

Karl: Die müssen wir abgeben, wenn wir landen. Sonst kommen wir nicht weg vom Schiff.

Hilda: Das wäre schade! Ich will nicht ewig auf der See fahren, wie der Fliegende Holländer. (*Sie geht zum Matrosen und holt die Karten.*) Das Rettungsboot da ist nicht sehr groß, Karl.

Karl: Hoffentlich brauchen wir es nicht. Außerdem sind genügend Rettungsjacken für alle da.

Hilda: Ja, ich kann auch gut schwimmen. Aber, Karl, warum stehen wir hier? Viele andere Passagiere sitzen auf Liegestühlen. Warum setzen wir uns nicht?

Karl: Ich muß auf das Gepäck aufpassen. Aber später bitte ich den Matrosen um zwei Stühle, dann können wir uns setzen.

VOCABULARY

der Liegestuhl(ᐚe) *deck chair*
der Matrose(-n) *sailor*

der Passagier(-e) *passenger*
der Reisende(-n) *traveller*

der Speisesaal(-säle) *dining room*

die Erfrischung(-en) *refreshment*

die Kabine(-n) *cabin*

die Landungskarte(-n) *landing card*

die Reise(-n) *journey*

die Seereise(-n) *sea trip*

die Rettungsjacke(-n) *life belt*

das Gepäck(-e) *luggage*

das Rettungsboot(-e) *life boat*

das Verdeck(-e) *deck*

ab-geben *to hand in*

auf-passen *to look out, see to*

aus-ruhen, sich *to rest*

aus-teilen *to distribute, give out*

brauchen *to need*

dienen *to serve*

landen *to land*

zurück-kehren *to return*

außerdem *besides*

besetzt *occupied, engaged*

hoffentlich *it is to be hoped that*

mal (einmal) *just*

ewig *eternal(ly), for ever*

genügend *sufficient*

hinten *behind, aft*

sonst *otherwise, or else*

unten *below, down below*

vorne *in front, forward*

auf dem Schiff *on the boat*
der Fliegende Holländer *the Flying Dutchman*
das wäre schade! *that would be a pity!*
mit dem Zug *by train*
recht haben *to BE right*
Wozu dient es? *What's the use of it?*

AUFGABEN

A. Fragen

1. Wie ist das Wetter für die Seereise?
2. Wo stehen die Passagiere dritter Klasse?
3. Wo sind die Reisenden erster Klasse?
4. Wer trägt eine blaue Jacke?
5. Was gibt jeder Reisende ab, bevor er landet?
6. Wer ist der Fliegende Holländer?
7. Wozu dient ein Rettungsboot?
8. Warum setzt sich Karl nicht?
9. Wo sitzen viele Passagiere?
10. Warum braucht Hilda keine Rettungsjacke?

B. Translate into German:

It is a fine day. There are no clouds in the sky and the boat sails for Germany. It is rather full. Most of the first class passengers are down below in their cabins, but many people are on deck. They stand around the life boat when the sailor gives them their landing tickets. Karl does not sit down. He keeps his eye on the baggage.

C. Beschreiben Sie die Szene auf dem Schiff.

24

ANKUNFT IM HAFEN

Hilda: Stehen Sie doch auf, Karl. Das Schiff kommt ans Land.

Karl: Sind wir schon im Hafen? Ich will unser Gepäck holen.

Hilda: Das ist nicht nötig. Sehen Sie doch die Gepäckträger. Sie laufen schon auf das Schiff.

Karl: Ja, hier ist schon einer. (*Zum Gepäckträger*) Gepäckträger! Diese vier Koffer, die braunen, aus Leder! Bringen Sie die an den

Zug nach Köln! Wir sehen Sie wieder auf dem Kai. Welche Nummer haben Sie? Ach so, 123!

Hilda: Es geht viel besser so. Die Koffer sind schwer zu tragen. Wollen wir nicht auch landen? Der Landungssteg ist schon bereit.

Karl: Aber die Beamten sind es nicht. Es geht so langsam. So viele Reisende warten vor uns.

Hilda: Haben Sie den Paß bereit?

Karl: Nein, wir brauchen ihn nicht. Paßkontrolle und Gepäck-untersuchung finden im Zug statt. Dort steht die Bekanntmach-ung auf französisch.

Hilda: Sie wissen, Karl, ich verstehe nicht Französisch. Aber ich habe die Landungskarten. Wo gebe ich sie ab?

Karl: Unten am Landungssteg.

VOCABULARY

der Beamte(-n) *official*
der Gepäckträger(-) *porter*
der Hafen(-̈) *port, harbour*
der Kai(-s) *quay, dock*
der Koffer(-) *bag, suit-case*
der Landungssteg(-e) *gangway*
der Paß(-̈e) *passport*
der Zug(-̈e) *train*
die Ankunft (-̈e) *arrival*
die Bekanntmachung(-en) *notice*

die Kontrolle(-n) *control, check*
die Untersuchung(-en) *examination*
das Leder(-) *leather*

statt-finden *to take place*

bereit *ready*
nötig *necessary*
aus Leder *made of leather*

AUFGABEN

A. Fragen

1. Warum muß Karl aufstehen?
2. Was sieht man in einem Hafen?
3. Wie bringt Karl die Koffer an den Zug?
4. Mit welchem Zug fahren sie?
5. Wozu dient ein Landungssteg?
6. Warum landen sie nicht sogleich?
7. Wo findet die Paßkontrolle statt?
8. In welcher Sprache ist die Bekanntmachung?
9. Wo gibt man die Landungskarten ab?
10. Was für Koffer hat Karl und wie viele?

B. Translate into German:

When the ship arrives, Karl gets up and collects the luggage. He has four suit-cases. The porter takes these to the train for Köln, while the young people wait on the deck. Many passengers stand by the gangway but the officials are not yet ready. Karl sees a notice in French, but Hilda cannot read it. She only understands German.

C. Beschreiben Sie die Ankunft des Schiffes im Hafen.

25

EINSTEIGEN

Hilda: Dort ist ein Zeitungskiosk. Warten Sie mal! Ich will eine deutsche Zeitung kaufen.

Karl: Aber, schnell, Hilda! Da steht schon der Zug. (*Hilda kommt bald zurück.*) Dort ist unser Wagen, und hier sind unsere Plätze — reserviert.

Hilda: Wie schön sind die Sitze und wie breit die Fenster. (*Zwei Damen sitzen schon im Abteil. Die eine sitzt in der Ecke und liest ein Buch. Die andere scheint, müde zu sein, und schläft. Karl bezahlt den Gepäckträger. Das Gepäck liegt schon im Netz. Jetzt schreibt er eine Postkarte: Hilda ißt ein Stück Schokolade.*) Achtung! Der Zug fährt jetzt ab.

Karl: Jetzt kann ich nicht mehr schreiben. Wollen Sie rauchen?

Hilda: Nehmen Sie doch eine von meinen Zigaretten.

Karl: Französische! Wo haben Sie das Päckchen her?

Hilda: Gleich hier am Kiosk. Zwanzig Stück für hundert Frank.

Karl: Darf ich um Feuer bitten?

Hilda: Natürlich! Ich will mal sehen, ob mein Feuerzeug funktioniert. Ja! Alles in Ordnung!

Karl: Hier kommt der Schaffner.

Schaffner: Fahrkarten, bitte! Danke schön! Nach Lippstadt? Also, in Köln umsteigen!

Hilda: Um wieviel Uhr kommen wir an?

Schaffner: Um sieben Uhr zwanzig.

Hilda: Wir haben keine Verspätung? Gut! Vielen Dank, Herr Schaffner!

Schaffner: Auf Wiedersehen, meine Herrschaften! Die Paßkontrolle kommt gleich hinter mir her.

VOCABULARY

der Bahnhof(⸚e) *station*
der Kiosk(-s) *stall*
der Schaffner(-) *guard*
die Ecke(-n) *corner*

die Fahrkarte(-n) *ticket*
die Herrschaft(-en) *lady or gentleman*
die Lokomotive(-n) *engine*

die Postkarte(-n) *post card*
die Verspätung(-en) *lateness*
das Abteil(-e) *compartment*
das Feuerzeug(-e) *lighter*
das Netz(-e) *net, rack*

Achtung! *look out!*
ab-fahren *to leave, depart, start*

aus-steigen *to get out, descend, alight*
ein-steigen *to get in, mount, board*
funktionieren *to function, work*
um-steigen *to change*
reserviert *reserved*

alles in Ordnung *all is well (O.K.)*
gleich *immediately*
darf ich um Feuer bitten? *may I have a light, please?*
er kommt gleich hinter mir her *he is right behind me*
er scheint müde zu sein *he seems to be tired*
wir haben Verspätung *we are late*
wo haben Sie es her? *where did you get it from?*

AUFGABEN

A. Fragen
   1. Was kauft Hilda am Kiosk?
   2. Was tun die zwei Damen im Abteil?
   3. Wo liegt das Gepäck?
   4. Was schreibt Karl?
   5. Was will der Schaffner?
   6. Wo müssen sie umsteigen?
   7. Wie viele Minuten Verspätung hat der Zug?
   8. Um wieviel Uhr kommen sie in Köln an?
   9. Was sieht man an einem Bahnhof?
   10. Nennen Sie drei Teile eines Zugs.

B. Translate into German:
   A. The train is twenty minutes late. I will buy a newspaper at the stall.
   B. Please buy me a packet of cigarettes as well.
   A. Will you have a cigarette?
   B. Thank you. Can you give me a light, please?
   A. I will just see if my lighter is working.
   B. Here comes the train. Get in, please, it is starting now.

C. Man steigt in den Zug ein. Beschreiben Sie die Szene am Bahnhof.

26

IM ZUG

Beamter: Bitte, meine Herrschaften. Pässe vorzeigen.

Hilda: Moment, bitte. Mein Paß ist im Koffer . . . Nein, er ist nicht dort.

Beamter: Vielleicht ist er hier auf dem Sitz unter dieser Zeitung?

Hilda: Nein, ich habe ihn hier in der Handtasche. So, bitte!

Beamter: Dies ist das erste Mal, daß Sie nach Deutschland kommen? Ja, Sie sprechen sehr gut Deutsch. Ich wünsche Ihnen viel Vergnügen auf der Reise. (*Er stempelt die Pässe und geht weiter. Jetzt beginnt die Zollrevision.*)

Der Beamte: Haben Sie etwas zu verzollen? Nein? Keine Zigaretten, keinen Apparat, keinen Schnaps? Öffnen Sie bitte diesen Koffer! (*Er sieht Hildas Wäsche und schließt den Koffer gleich wieder.*)

Hilda: Das ist auch unser Gepäck im Netz.

Der Beamte: Wieviel Stück haben Sie?

Hilda: Vier Stück, alles in allem.

Der Beamte: Wo steigen Sie aus? In Köln? Schon gut' Alles in Ordnung.

Der Zug fährt schnell durch die belgische Landschaft. Die zwei Freunde gehen den Korridor entlang zum Speisewagen. Dort trinken sie eine Tasse Tee. Dieser ist ziemlich schwach. Nach zwei Stunden sitzen sie wieder in ihrem Abteil, schauen durch die breiten Fenster und bewundern die schöne Landschaft. Sie sind jetzt in Deutschland.

VOCABULARY

der Apparat(-e) *camera*
der Korridor(-e) *corridor*
der Moment(-e) *moment*
der Schnaps *brandy*
der Sitz(-e) *seat*
der Speisewagen *dining-car*
die Handtasche(-n) *hand-bag*
die Landschaft(-) *scenery*
die Wäsche(-n) *underclothes*
die Zollrevision *customs inspection*

bewundern *to admire*
schauen *to look, see*
stempeln *to stamp*
verzollen *to declare, pay duty on*
vor-zeigen *to show, produce*

belgisch *Belgian*
Moment, bitte! *Just a moment, please*
ich wünsche Ihnen viel Vergnügen! *Have a nice time!*

AUFGABEN

A. Fragen
  1. Was will der erste Beamte?
  2. Wo hat Hilda ihren Paß?
  3. Was tut der Beamte mit jedem Paß?
  4. Was fragt der Zollbeamte?
  5. Was für Sachen muß man verzollen?
  6. Was muß Hilda öffnen?
  7. Was liegt darin?
  8. Durch welches Land fährt der Zug?
  9. Wie kommt man vom Abteil zum Speisewagen?
  10. Was kann man im Speisewagen haben?

B. Translate into German:
  Hilda must show her passport to the official. She cannot find it at first, but it is in her hand-bag. She has nothing to declare— no camera, no brandy and only a few cigarettes. When the official goes out, she closes her bag. Then she goes with Karl through the corridor to the dining-car, where they drink a cup of coffee.

C. Was passiert im Zug während der Zollrevision? Beschreiben Sie die Szene.

27

ANKUNFT IN KÖLN

Hilda: Es ist sieben Uhr, Karl. Wir kommen bald in Köln an.

Karl: Ja. Ich glaube, das Beste ist, wir nehmen eine Taxe gleich zum Hotel, nicht wahr?

Hilda: Richtig. Aber wie heißt denn unser Hotel?

Karl: Es heißt Hotel zum Dom. Aber, passen Sie auf! Dort ist die Rheinbrücke und dahinter der Kölner Dom.

Hilda: Wunderbar! Aber die Stadt sieht nicht zu sehr beschädigt aus.

Karl: Hier und da findet man Ruinen und Trümmer.

Hilda: Aber man beginnt schon, alles wieder aufzubauen. Wir sind jetzt am Bahnhof. Wir müssen aussteigen.

Karl: Was für ein Gedränge! Sehr viele Menschen warten auf den Zug.

Hilda: Und fast keine Gepäckträger!

Karl: Ich steige zuerst aus, und Sie geben mir die Koffer durch das Fenster. Geht das? . . .

Hilda: Dort ist der Ausgang und auch die Gepäckaufbewahrung.

Karl: Aber wir wollen unser Gepäck mitnehmen. Hallo! Gepäckträger! Stellen Sie unser Gepäck—die vier Stück dort—auf Ihren Karren und bringen Sie es zum Ausgang! Rufen Sie auch, bitte, eine Taxe! (*Die Taxe bringt die Freunde zum Hotel. Hier wartet der Hoteldiener vor der Tür und öffnet höflich die Tür der Taxe.*)

VOCABULARY

der Ausgang(⁔e) *exit*	das Gedränge *crowd*
der Diener(-) *servant*	das Hotel(-s) *hotel*
der Karren(-) *barrow*	
die Gepäckaufbewahrung, *left-luggage office*	auf-bauen *to reconstruct, build up*
die Ruine(-n) *ruins*	mit-nehmen *to take with one*
die Taxe(-n) *taxi*	
die Trümmer (*pl.*) *wreckage*	

L.G. – 8

beschädigt *damaged*   wunderbar *wonderful*
höflich *polite*

> das geht *that will do*
> er wartet auf den Zug *he waits* FOR *the train*
> sie sieht krank aus, *she looks ill*

AUFGABEN

A. Fragen
  1. Wie weiß Hilda, daß sie in Köln ankommen?
  2. Wie weiß es Karl?
  3. Wie kommen sie zum Hotel?
  4. Erklären Sie die Wörter "beschädigt", 5) "das Gedränge",
     6) "der Karren".
  7. Wie bringt Karl das Gepäck aus dem Abteil?
  8. Wie bringt der Gepäckträger das Gepäck zum Ausgang?
  9. Wozu dient eine Gepäckaufbewahrung?
  10. Warum steigen die Freunde in Köln aus?

B. Translate into German:
  When one arrives in a strange town, the best thing is to take
a taxi to a hotel. You call a porter and he puts your luggage
on his barrow and takes it to the exit. There he calls a taxi, puts
the suit-cases in the taxi and waits until you arrive. If you give
him two marks he is very happy.

C. Wie bringt man das Gepäck vom Zug zum Hotelzimmer?
Beschreiben Sie alles genau (Abteil — Bahnsteig — Taxe — Hotel
— Zimmer).

28

IM HOTEL

Die Freunde steigen aus, treten ins Hotel und warten im Empfangszimmer. Dort schreiben sie ihre Namen auf einen Zettel. Der Beamte sagt ihnen ihre Zimmernummern: zwei Einzelzimmer, mit fließendem Wasser und Privatbad. Der Boy bringt sie im Fahrstuhl zum ersten Stock, und der Hausdiener trägt die Koffer in die Zimmer.

Hilda ist sehr schmutzig von der Reise. Sie wirft den Hut und den Mantel auf einen Stuhl, zieht sich aus und nimmt sogleich ein Bad. Wie schön ist das warme, reine Wasser! Dann zieht sie rasch die Kleider wieder an, und bald sitzt sie vor dem Spiegel und schminkt sich. Dann geht sie nach unten, und der Kellner führt sie zu einem Tisch. Dieser ist schon gedeckt. Das Besteck — Löffel, Messer, Gabeln, sowie Teller — alles ist schon auf dem Tisch und eine Karaffe mit einem Viertel Rheinwein neben einem Glas. Die Blumen auf dem Tisch sind schön. Auf einem Seitentisch steht eine Flasche Moselwein.

Was tut Karl inzwischen? Er bleibt auf seinem Zimmer. Er ist sehr müde und gar nicht hungrig. Also schreibt er eine Postkarte und telefoniert nach dem Hausdienst. Ein Kellner bringt ihm eine Portion Tee auf einem Tablett. Nach dem Teetrinken wird er bald wieder erfrischt und geht nach unten, um Hilda zu suchen. Zuerst aber schließt er die Tür seines Schlafzimmers und gibt den Schlüssel im Büro ab.

Am nächsten Tag fahren unsere Freunde mit dem Zug nach Lippstadt weiter und kommen in Miesbach an.

VOCABULARY

der Boy(-s) *page*
der Dienst(-e) *service*
der Fahrstuhl("-e) *lift*
der Löffel(-) *spoon*
der Schlüssel(-) *key*
der Spiegel(-) *mirror*
der Teller(-) *plate*

der Zettel(-) *chit, form*
die Gabel(-n) *fork*
die Karaffe(-n) *carafe*
das Besteck(-e) *knife, fork and spoon*
das Einzelzimmer(-) *single room*

das Empfangszimmer(-) *reception room*
das Tablett(-e) *tray*
das Viertel(liter)(-) *quarter (of a litre)*

schließen *to lock, close*
schminken *to powder*
telefonieren *to telephone*
erfrischt *refreshed*
schmutzig *dirty*

sowie *and, as well as*
auf seinem Zimmer IN *his room*
der Tisch ist gedeckt *the table is laid*

AUFGABEN

A. Fragen
  1. Wer öffnet die Tür der Taxe?
  2. Wo warten die Freunde?
  3. Worauf schreibt man seinen Namen im Hotel?
  4. Was für ein Zimmer bekommt Karl?
  5. Wie kommen sie zum ersten Stockwerk?
  6. Warum nimmt Hilda ein Bad?
  7. Was tut sie nach dem Bad?
  8. Wozu dient ein Tablett?
  9. Warum bleibt Karl auf seinem Zimmer?
  10. Was tut er mit dem Schlüssel, wenn er nach unten geht?

B. Translate into German:
  A. May I have a single room, please, with running water?
  B. Yes. Will you please write your name on this form?
  A. On which floor is the room, and what is the number?
  B. 231 on the second floor! Here is your key, sir. Please hand it in at the office when you go out.
  A. I am very tired from my journey. I am not going out.
  B. The waiter can bring you a cup of tea on a tray. Please telephone the room-service if you want anything.

C. Was tut Hilda im Hotel?

PART TWO

29

IM BÜRO

Paula kommt um neun Uhr in der Fabrik an. Das ist nicht zu spät. Sie ist Stenotypistin und Privatsekretärin des Herrn Direktor. Natürlich ist der Direktor schon dort. Er ist ein sehr netter Herr.

" Guten Morgen, Fräulein Paula," grüßt er sie, " Haben Sie gut geschlafen?" " Ja, danke, und Sie, Herr Direktor?" " Ich habe sehr gut geschlafen, aber nicht lange genug. Meine Frau und ich, wir haben gestern abend bis zwei Uhr getanzt."

" Oh, wie schön!" erwidert Paula. " Ja, es war ihr Geburtstag, und wir haben gefeiert. Wir haben sehr gut gegessen und vielleicht zu viel getrunken. Darum habe ich einen echten Katzenjammer."

" Oh, wie schade! Warum nehmen Sie nicht zwei Aspirintabletten?" " Das habe ich schon getan und es geht etwas besser. Nun dann! Haben wir ein großes Programm für heute?" Paula sieht in ihren Schreibblock. "Nicht besonders viel! Ausschuß der Direktoren um zehn Uhr. Besuch des Herrn Doktor Ganns vom Arbeitsamt um halb zwölf. Sie haben auch versprochen, die neue Kantine zu besuchen."

" Ich habe schon Samstag früh die Kantine besucht. Das wissen Sie nicht, weil Sie Samstag frei gehabt haben, nicht wahr? Ist sonst etwas los?" " Der schwedische Konsul hat wegen Ihres Passes telephoniert. Sie haben es nicht vergessen — Sie fahren Mittwoch nach Schweden?"

" Ich habe es ganz vergessen. Haben Sie die Karten besorgt?" "Natürlich! Es ist alles in Ordnung. Ich habe sie unserem Auslandskorrespondenten, Herrn Weiß, gegeben, der mit Ihnen fährt. Ist er schon angekommen?" " Ja, er ist vor fünf Minuten hier gewesen aber ist dann wieder weggegangen. Er hat mir nichts von unserer Reise gesagt. Vielleicht . . . " Das Telefon klingelt.

" Herr Schwarz am Apparat! . . . Was? . . . Ich kann Sie nicht gut hören. Bitte lauter sprechen!" Inzwischen ist Alfred, der Laufbursche eingetreten. Er trägt einen großen Korb voller Briefe. Paula beginnt, die Briefe zu lesen. Sie legt alle Fakturen beiseite, um sie zum Buchführer zu schicken. Am Ende des Morgens hat sie alle gelesen und auch ein paar Antworten geschrieben. Als sie endlich die Kantine besucht, ist sie wirklich hungrig.

VOCABULARY

der Apparat(-e) *the telephone*
der Auslandskorrespondent
  (-en) *foreign correspondent*
der Ausschuß(-̈e) *committee*
der Besuch(-e) *visit*
der Buchführer(-) *accountant*
der Direktor(-en) *manager*
der Katzenjammer *"hang-over"*
der Konsul(-en) *consul*
der Laufbursche(-n) *messenger-boy*
der Schreibblock(-s *or* -̈e)
  writing pad
die Aspirintablette(-n) *aspirin*
die Fabrik(-en) *factory*
die Faktur(-en) *invoice bill*
die Kantine(-n) *canteen, mess*
die Sekretärin(-nen) *secretary*
die Stenotypistin(-nen) *short-hand-typist*

das Arbeitsamt(-̈er) *Employ-ment Exchange*
das Programm(-e) *programme*
(das) Schweden *Sweden*

ein paar *a few*
beiseite *aside*
echt *genuine, real*
schwedisch *Swedish*
wirklich *real(ly)*

besorgen *to see to, order*
ein-treten *to enter*
versprechen *to promise*

Samstag früh *Saturday morning*
voller Briefe *full of letters*
wie schade! *what a pity!*
sonst etwas? *anything else?*

am Apparat *on the 'phone, speaking*
bitte, lauter sprechen! *please speak up!*
es geht etwas besser *things are improving*
ist etwas los? *is there anything the matter? is anything on?*

GRAMMAR

Perfect Tense

gesagt	*said*	gegeben	*given*
gehabt	*had*	gegessen	*eaten*
getanzt	*danced*	getrunken	*drunk*
gefeiert	*celebrated*	geschlafen	*slept*
gemacht	*made*	gelesen	*read*
besucht	*visited*	versprochen	*promised*
besorgt	*ordered*	vergessen	*forgotten*
telefoniert	*telephoned*	gewesen	*been*
geklingelt	*" tinkled "* (*rung*)	angekommen	*arrived*
		eingetreten	*entered, come in*

1. These past participles are weak in German as in English. The English weak ending is -d.

The German weak ending is -t.

2. These past participles are strong in German. Their ending is -en. The stem vowel changes from the infinitive as it often does in English strong verbs, e.g. Begin, begun: **beginnen, begonnen**; speak, spoken: **sprechen, gesprochen.**

3. The German past participle prefixes **ge-**, except to verbs beginning with **be-, er-, ver-** and those ending in **-ieren.**

4. Separable verbs are split by the **ge-** in their past participle, an**ge**kommen, aus**ge**gangen, auf**ge**macht, zu**ge**macht.

5. All verbs are either strong or weak. Most verbs which are weak in English (those whose past participle ends in **-d**) are also weak in German. Most English strong verbs (those which change their vowel, like **sing, sung: drink, drunk**) are also strong in German. But there are many exceptions and it is recommended that all strong verbs' parts should be learnt, because of their vowel change in the past participle. The change of vowel is indicated in the vocabulary and in the list of strong verbs. Any verbs not in this list are weak.

6. The perfect tense is formed by compounding the present tense of **haben** with the past participle.

ich habe gemacht	*I have made, I made, I did make, I have been making.*
du hast gehabt	*thou hast had, etc.*
er, sie, es hat gesagt	*he, she, it said, etc.*
wir haben gesungen	*we have been singing, etc.*
Sie haben gegeben	*you did give, etc.*
sie haben geschlafen	*they have slept, etc.*

7. Intransitive verbs of motion and a few others (notably **sein, werden, bleiben**) conjugate with **sein** instead of **haben**.

ich bin gekommen	*I have come, I have been coming, I did come, I came.*
du bist gegangen	*thou hast gone; etc.*
er, sie ist gewesen	*he, she, it has been, etc.*

wir sind geblieben	*we did stay, etc.*
Sie sind geworden	*you became, etc.*
sie sind eingetreten	*they came in, have entered, etc.*

8. The past participle comes at the end of the main sentence.

Er hat uns gestern **besucht.**

Ich bin nie in Deutschland **gewesen.**

Karl hat den Hund mit seinem Stock **geschlagen.**

9. The past participle comes immediately before the auxiliary verb in a subordinate clause.

Weil er uns gestern besucht hat, . . .

Karl ist der Mann, der den Hund mit einem Stock geschlagen hat.

Das Büro, in dem die Sekretärin gearbeitet hat, . . .

AUFGABEN

A. Beantworten Sie folgende Fragen:

1. Was für eine Arbeit macht Paula in der Fabrik?
2. Um wieviel Uhr kommt sie in der Fabrik an?
3. Wer ist vor ihr angekommen?
4. Warum hat der Herr Direktor nicht lange genug geschlafen?
5. Wann hat er die neue Kantine besucht?
6. Wo war Paula?
7. Warum hat der schwedische Konsul telefoniert?
8. Was hat Paula besorgt?
9. Wem hat sie die Karten gegeben?
10. Wie heißt der Laufbursche?
11. Was hat er in das Büro getragen?
12. Was macht Paula den ganzen Morgen?

B. Fill in with a suitable past participle:

1. Das Telefon hat —.
2. Der Direktor und seine Frau haben im Hotel —.
3. Die Sängerin hat drei Lieder —.
4. Der Violinist hat ein schönes Stück —.
5. Der Vater hat die Zeitung —.
6. Der Arzt hat den Bauer gesund —.
7. Leni hat dem Jüngling ein Zigarettenetui —.

8. Wir haben in der Nacht im Bett —.
9. Der Student ist nach Schweden —.
10. Sie sind zwei Wochen in Schweden —.
11. Der Laufbursche ist in das Zimmer —.
12. Paula hat kein Frühstück —.

C. Give the Perfect Tense of the following:
1. Ich lese ein deutsches Buch.
2. Du hast einen Katzenjammer.
3. Er macht eine Reise nach England.
4. Sie tanzt mit ihrem Mann.
5. Wir spielen Karten am Abend.
6. Er kriegt ein Wörterbuch.
7. Sie geht nach Deutschland.
8. Sie vergessen das Wort.
9. Was verspricht der Direktor?
10. Sie sieht in ihren Schreibblock.
11. Wenn er nach Hause kommt, repariert er sein Motorrad.
12. Weil ich keine Zeit habe, mache ich keine Aufgaben.

D. Deutsch ist eine Sprache. England ist ein Land.
Was ist 1) Englisch, 2) Schweden, 3) eine Violine, 4) ein Hund, 5) Mittwoch, 6) August, 7) sieben, 8) Paula, 9) das Frühstück, 10) ein Kapitän?

E. What verbs are connected with the following nouns? (e.g. Telefon — telefonieren) Studentin, Arbeit, Spiel, Gabe, Führer, Gang, Stand, Teil, Küche, Bad, Anzug, Antwort. Give the definite article with each noun.

F. Translate into German:
A. I did not see you last Wednesday. Did you forget to telephone me?
B. Yes. I celebrated my birthday. My wife had some friends in the house and we danced until midnight. I got up late the next morning and arrived late at the office. Fortunately, the manager is a very nice man. He did not say anything, but I had a real hangover.
A. I hope you are better now!
B. Yes, everything is in order.

30

DAS RADIO

Nachdem Anton, Karl und Paula am Morgen ausgegangen sind, ist das Haus ganz still. Selbst der Hund schläft ruhig im Garten, wo Liesel ihr Buch liest. Marie atmet auf und beginnt, das Haus sauber zu machen. Da Anton ihr letztes Jahr einen neuen Staubsauger gekauft hat, findet sie die Arbeit weniger schwer.

Sie hat heute dem Dienstmädchen, Anna, freigegeben, damit diese ihre kranke Mutter besuchen kann. Jetzt muß sie selber alle Hausarbeit machen. Zuerst trägt sie das schmutzige Geschirr in die Küche, um es abzuspülen. Sobald sie die Küche und das Eßzimmer besorgt hat, geht sie nach oben, um alle Betten zu machen.

Während sie die Betten macht, kommt Liesel in das Haus herein und sagt, " Mutti, ich bin hungrig." " Warte nur fünf Minuten, bis ich wieder hinunterkomme," ruft die Mutter. Sie hat bemerkt, daß Paulas Kammer in großer Unordnung war. Als sie alles im Schlafzimmer zurechtgelegt hat, geht sie zur Küche hinab, um ein Butterbrot für Liesel und zugleich eine Tasse Kaffee für sich zu machen.

Nachdem sie den Kaffee getrunken hat, fühlt sie sich wieder er-

frischt. Sobald sie die Kartoffeln geschält hat, wäscht sie das Gemüse und macht einen Salat für das Abendessen. Sie kocht auch eine Suppe für das Mittagessen.

Während des Mittagessens hören sie im Radio einem Programm vom Nordwestdeutschen Rundfunk zu. Dies ist eine Sondersendung für Kinder: man spielt nur Salonmusik. Wenn um ein Uhr der Ansager die Nachrichten liest, schaltet Marie gleich ab. " Man kann zu viel zu-hören: auch hat heute der Apparat nicht gut funktioniert." " Ich weiß nicht, was los ist!" sagt die kleine Liesel. " Karl muß doch nachsehen. Vielleicht ist eine Schraube am Lautsprecher los, oder eine neue Röhre nötig!"

Als Karl am Abend nach Hause kommt, sieht er sogleich, daß die Antenne nicht eingeschaltet ist. Er steckt den Stecker an. Aber da er ein vorsichtiger Junge ist, prüft er alles andere — Erde, Verbindungen, Röhren. Er schaltet an, um Kurz-, Lang- und Mittelwellen zu prüfen, bis er guten Empfang, besonders von der Londoner Station, bekommt. Es ist jetzt alles in Ordnung.

VOCABULARY

der Ansager(-) *announcer*
der Empfang(-̈e) *reception*
der Lautsprecher(-) *loudspeaker*
der Rundfunk *wireless*
der Salat(-e) *salad*
der Staubsauger(-) *vacuum cleaner*
der Stecker(-) *plug*
die Kammer(-n) *bedroom*
die Nachrichten (*pl.*) *news*
die Röhre(-n) *tube, valve*
die Antenne(-n) *aerial*
die Kurz-, Lang- und Mittelwelle(-n) *short, long and medium wave*
die Schraube(-n) *screw*
die Sendung(-en) *transmission*
die Sondersendung *special broadcast*
die Station(-en) *station*
die Unordnung(-en) *disorder*
die Verbindung(-en) *connection*
das Butterbrot(-e) *bread and butter*

das Gemüse(-) *vegetable*
das Geschirr(-e) *crockery*
das Radio(-s) *radio*

ab-spülen *to rinse, wash up*
auf-atmen *to breathe a sigh of relief*
ab-schalten *to switch off*
an-schalten *to switch on*
an-stecken *to stick in*
bemerken *to notice*
ein-schalten *to switch on*
frei-geben(a.e.) *to release*
fühlen, sich *to feel*
schälen *to peel, skin*
zu-hören (+ dat.) *to listen to*
nach-sehen *to look at, inspect*
zurecht-legen *to put straight*

selbst *even, self*
sie selber *she herself*
tüchtig *thorough(-ly)*
vorsichtig *careful(-ly)*
alles andere *everything else*
warte nur *just wait*

GRAMMAR

1. *Subordinate Clauses*

als	*when*	nachdem	*after*
bevor	*before*	ob	*if, whether*
bis	*until*	sobald	*as soon as*
da	*as, since*	während	*while*
daß	*that, so that*	weil	*because*
damit	*so that*	wenn	*when, if*
indem	*while*		

The above conjunctions introduce subordinate clauses. In a subordinate clause the verb comes at the end (as in relative clauses). There must be commas round the subordinate clause, and if this precedes the main clause, the main verb will come immediately after the subordinate clause, inverting subject and verb in the main clause.

Nachdem Anton ausgegangen ist, ist das Haus ruhig.
After Anton has gone out, the house is quiet.
Sobald sie die Betten gemacht hat, kommt sie herunter.
When she has made the beds, she comes down.
Sie bemerkt, daß Paula nicht gut geschlafen hat.
She notices that Paula has not slept well.
Wenn er zurückkommt, spielt er Klavier.
When he comes back, he plays the piano.
Wahrend sie die Betten macht, singt sie ein Lied.
While she makes the beds, she sings a song.
Bevor sie mich besuchen, kaufen sie immer Bonbons.
Before they visit me, they always buy sweets.
Sie arbeiten in dieser Klasse, damit Sie Deutsch lernen.
You work in this class, so as to learn German.
Weil er mein Freund ist, liebt er mich.
Because he is my friend, he loves me.

THE VERB STANDS AT THE END OF THE CLAUSE AFTER als, bevor, bis, da, daß, damit, indem, nachdem, ob, sobald, während, weil, wenn.

IF A SUBORDINATE CLAUSE PRECEDES A MAIN CLAUSE, THE MAIN CLAUSE BEGINS WITH THE VERB.

IN COMPOUND TENSES THE OPERATIVE VERB IS THE AUXILIARY VERB.

2. **Um ... zu** *plus the infinitive.* ... , **um die Betten zu machen,** to make the beds.

In this construction, **um** is at the beginning of the phrase, and **zu** with the infinitive at the end. **Um** is preceded by a comma. A separable verb is split by **zu**.

Sie geht in die Küche, um das Geschirr abzuspülen.
She goes into the kitchen, to wash the dishes.
Er geht nach Deutschland, um die Sprache zu lernen.
He goes to Germany to learn the language.
Karl kommt früh nach Hause, um das Radio zu reparieren.
Karl comes home early, to mend the radio set.

3. *Emphatic Pronoun*

Sie selber, *she herself.* **Selber** is indeclinable and is used as an emphatic with all the personal pronouns as also is **selbst**.

Ich selber (selbst), *I myself*: er selber (selbst), *he himself*: wir selber (selbst), *we ourselves*: sie selber (selbst), *they themselves*.

Notice the difference between Sie selber macht den Kaffee (*She makes the coffee herself*) and Sie macht den Kaffee für sich (*She makes the coffee for herself*).

Sich is a reflexive pronoun. **Selber (selbst)** is an emphatic pronoun.

The word order of selbst must be carefully noted. Ich selbst, *I myself*; but selbst ich, *even I*.

AUFGABEN

A. Beantworten Sie folgende Fragen:
   1. Warum muß Marie heute arbeiten?
   2. Wie ist das Haus, nachdem alle ausgegangen sind?
   3. Was liest Liesel und wo?
   4. Was trägt Marie in die Küche?
   5. Warum geht sie nach oben?
   6. Was macht sie für das Abendessen?
   7. Was essen sie zu Mittag?
   8. Was ist im Radio los?
   9. Nennen Sie drei Teile eines Radioapparats.
   10. Welchem Programm hören Sie am liebsten zu?

B. Geben sie ein anderes Wort für:

still, Kammer, Essen, Auto, putzen, Frau, antworten, Rundfunk.

C. Complete the following sentences with an infinitive phrase: (e.g., Sie geht hinauf, um ... *add* die Betten zu machen).
1. Karl geht in die Garage, um ...
2. Marie geht in das Dorf, um ...
3. Wir gehen zu Bett, um ...
4. Er fährt nach Schweden, um ...
5. Das Dienstmädchen hat den Tag frei, um ...
6. Liesel kommt in die Küche, um ...
7. Wir gehen in ein Restaurant, um ...
8. Paula geht in die Fabrik, um ...
9. Karl kommt am Abend zurück, um ...
10. Man geht zum Möhnesee, um ...

D. Translate the following:
1. ... , weil er hungrig ist.
2. ... , wenn er nach Hause kommt.
3. ... , sobald er den Wagen geputzt hat.
4. ... , nachdem sie die Betten gemacht hat.
5. ... , bevor sie nach Hause geht.
6. ... , bis er genug Geld hat.
7. ... , bevor man sein Frühstück ißt.

E. The above phrases make incomplete sense, as they are subordinate clauses. Complete them by adding a suitable main clause in German.

F. Repeat the above putting the subordinate clause first and beginning the main clause with the verb.

G. Translate into German:
1. After he has gone out, I wash the dishes.
2. He bought a vacuum cleaner to make the work easier.
3. The young man came home early to mend the radio set.
4. During the meal they listened to the wireless.
5. She turned off because the set was not working too well.
6. Marie gave the servant a day off.
7. He needs a new battery to mend his car.

31

EIN BESUCH IM KINO

Jedermann liebt einen guten Film. Letzte Woche lief ein sehr guter Film im Kino in Lippstadt. Marie las davon in der Zeitung. Sie sah die Anzeige — "Erstaufführung! Hamlet, von William Shakespeare! Farbfilm mit englischem Dialog!"

Das Lichtspielhaus in Lippstadt scheint ein gutes Programm zu haben," sagte Marie. "Was gibt's?" fragte Paula. "Hamlet," antwortete die Mutter. "Es ist ja ein wunderschöner Film!" rief Paula aus. "Ich habe ihn voriges Jahr in Hamburg gesehen. Unsere Eltern müssen den Film sehen, nicht wahr, Karl?"

Karl saß in der Ecke und reparierte das Radio. Er sah auf und lachte. "Du bist doch dumm, Paula. Ich sah den Film vor zwei Jahren in England und fand ihn scheußlich." "Dann bist du ein Esel . . . du . . . du Dummkopf!" antwortete Paula hitzig. Karl lachte, denn er verstand Paula gut. Aber sie sprach so laut, daß sie Liesel weckte, die oben schlief. Die Mutter mußte hinaufgehen und bei ihr bleiben, bis das Kind wieder einschlief.

Als sie wieder in die Stube zurückkam, sprachen sie wieder über den Film. Inzwischen las Paula selber die Anzeige in der Zeitung. "Du mußt doch gehen, Papa," sagte sie. "Man gibt nicht nur Hamlet als Hauptfilm, sondern auch eine wunderschöne Wochenschau und als Beifilm gibt's Charlie Chaplin." Also versprach Anton, mit seiner Frau ins Kino zu gehen.

Am nächsten Tag kam er früh nach Hause, und sie fuhren zusammen nach Lippstadt. Bevor sie das Kino besuchten, gingen sie in ein Restaurant, wo sie zu Abend aßen. Sie tranken auch eine Flasche Wein dazu.

Dann gingen sie um halb neun zu Fuß ins Kino. Unterwegs sagte die Mutter: "Du hast doch die Plätze reserviert, Anton?" Dieser sah verlegen aus. "Nein," antwortete er. "Ich habe es nicht vergessen. Aber, als ich heute früh telefonierte, bekam ich keine Antwort. Die Nummer war besetzt." Marie verstand ihren Mann und gab keine Antwort.

Nach fünf Minuten standen sie vor dem Schalter an der Kasse des Lichtspielhauses. Es war spät, und die letzte Aufführung hatte schon um halb acht begonnen. Darum wartete niemand. Alle

Plätze im Parterre und in den Logen waren besetzt, aber es waren noch zwei Sitze im Balkon frei. Anton mußte zehn Mark bezahlen. Nach der Vorstellung sagte er: " Es war nicht teuer, denn die Aufführung war gut."

VOCABULARY

der Balkon(-e) *balcony, circle*
der Beifilm(-e) *supporting film*
der Dialog(-e) *dialogue*
der Dummkopf(¨e) *blockhead*
der Esel(-) *ass*
der Farbfilm(-e) *coloured film*
der Film(-e) *film*
der Hauptfilm(-e) *main film*
der Schalter(-) *counter*
die Anzeige(-n) *advertisement*
die Aufführung(-en) *per-formance*
die Kasse(-n) *cash desk, box-office*
die Loge(-n) *box*
die Stube(-n) *room*
die Vorstellung(-en) *per-formance*
die Wochenschau(-en) *news-reel*
das Kino(-s) *cinema*
das Lichtspielhaus(¨er) *cinema*
das Parterre(-s) *pit*

aus-rufen *to exclaim*

aus-sehen *to look, seem*
laufen *to run, to be showing (of a film)*

besetzt *occupied, engaged*
hitzig *heated*
laut *loud(-ly)*
scheußlich *dreadful*
verlegen *embarrassed*
vorig *previous, last*
wunderschön *marvellous*

darum *therefore*
ins Kino gehen *to go to the cinema*
ins Theater gehen *to go to the theatre*
in die Kirche gehen *to go to church*
in die Schule gehen *to go to school*
in die Stadt gehen *to go to town*
zu Abend essen *to dine*
zu Fuß gehen *to walk*

GRAMMAR

Imperfect Tense

1. In the above text the following verbs occurred:

war	*was*	sah	*saw*
las	*read*	sah . . . aus	*seemed*
rief . . . aus	*exclaimed*	gingen	*went*
saß	*sat*	tranken	*drank*

fand	*found*	hatte	*had*
stand	*stood*	sagte	*said*
verstand	*understood*	fragte	*asked*
sprach	*spoke*	antwortete	*answered*
versprach	*promised*	reparierte	*repaired*
schlief	*slept*	lachte	*laughed*
schlief . . . ein	*went to sleep*	weckte	*wakened*
kam	*came*	besuchte	*visited*
kam . . . zurück	*returned*	telefonierte	*telephoned*
bekam	*got*	machte	*made, did*
fuhr	*drove*	wartete	*waited*
vergaß	*forgot*	mußte	*had to*
aßen	*ate*		

2. The above verbs are all in the simple past tense, called the Imperfect. The last twelve are weak; all the others are strong. The construction is very similar in both languages. English weak verbs add -d, German -te. Most English and German strong verbs add nothing to their stem in the 1st and 3rd person singular, but alter the vowel from the infinitive, cf.

English:	*Infinitive*	*Imperfect*	German:	*Infinitive*	*Imperfect*
	find	*found*		finden	fand
	drink	*drank*		trinken	trank
	see	*saw*		sehen	sah
	speak	*spoke*		sprechen	sprach

3. Weak verbs regularly form their Imperfect Tense by adding to their stem -te (-ten in the plural, -test in the 2nd person singular):

Infinitive	*Stem*	*Imperfect*	*Meaning*
sagen	sag-	ich sagte	*I said, was saying, used to say*
lachen	lach-	ich lachte	*I laughed, was laughing*
lieben	lieb-	du liebtest	*you loved, used to love*
machen	mach-	er machte	*he made, was making*
zeigen	zeig-	wir zeigten	*we showed, were showing*
besuchen	besuch-	sie besuchten	*they visited, were visiting*
antworten	antwort-	Sie antworteten	*you answered*

If the verb stem already ends in -t or -d, -ete must be added.

| warten | wart- | er wartete | *he was waiting* |
| baden | bad- | sie badete | *she used to bathe* |

There are only a few irregular verbs in German. These can be learnt as they occur. Here for instance we have six: **er hatte** (NOT habte) and **er mußte** (NO modification), **er stand, er ging, er kam, er war.**

4. *Model Weak Verb, Imperfect Tense*

Sagen *to say.*
ich sagte *I said, was saying, used to say.*
du sagtest *thou saidst, thou wast saying, thou used to say.*

er ⎫   he ⎫
sie ⎬ sagte she ⎬ *said, was saying, used to say.*
es ⎭   it ⎭

wir ⎫   we ⎫
Sie ⎬ sagten you ⎬ *said, were saying, used to say.*
sie ⎭   they ⎭

5. Strong verbs form their Imperfect Tense by altering the stem vowel. There is no ending in the 1st and 3rd person singular, the 2nd person singular adds (-e)st and the plural adds -en.

geben	*to give*	ich gab	*I gave*	wir gaben	*we gave*
sehen	*to see*	du sahst	*thou sawest*	Sie sahen	*you saw*
singen	*to sing*	er sang	*he sang*	wir sangen	*we sang*
kommen	*to come*	sie kam	*she came*	sie kamen	*they came*
sprechen	*to speak*	er sprach	*he spoke*	sie sprachen	*they spoke*
stehen	*to stand*	er stand	*he stood*	sie standen	*they stood*
gehen	*to go*	er ging	*he went*	sie gingen	*they went*

6. A few strong verbs change more than the vowel, e.g. **stehen, stand; gehen, ging; kommen, kam.** These are irregular.

7. This vowel gradation (Ablaut) can be classified into nine different types. The best way to learn the vowel gradation is, when learning a new infinitive, to learn at the same time the Imperfect and the past participle. Thus **schwimmen, schwamm, geschwommen.**

There is a list of strong and irregular verbs on pages 289—292. Look up the new verbs you learn in this list. If they are in the list, learn their Imperfect and past participles. If they are not in the list, you know that they are weak.

8. Compound verbs conjugate like their stem verbs, e.g. stehen, stand, gestanden; verstehen, verstand, verstanden; rufen, rief, gerufen; ausrufen, rief aus, ausgerufen.

9. Separable verbs separate in the Imperfect exactly as they do in the Present Tense, i.e. in main clauses only.

> Das Kind schlief ein. Als das Kind einschlief, . . .
> Wir gingen gestern nicht aus. Als wir gestern ausgingen, . . .

10. The words **ja, nein, denn, und, aber, doch, sondern** do not affect the order of words.

> c.f. Denn er verstand Paula. Weil er Paula verstand.

Find examples from the text to illustrate this.

AUFGABEN

A. Beantworten Sie auf deutsch:

1. Gehen Sie oft ins Kino?
2. Haben Sie je (ever) einen Chaplin-Film gesehen?
3. Was für einen Film haben Sie gesehen, als Sie zum letzten Mal das Kino besuchten?
4. Wo liest man Anzeigen?
5. Welche Filme sieht man im Programm außer dem Hauptfilm?
6. Was las Marie in der Zeitung?
7. Was machte Karl mit dem Radio? Warum?
8. Warum wachte das Kind auf?
9. Was machten Anton und Marie, bevor sie ins Kino gingen?
10. Warum tranken sie eine Flasche Wein?
11. Warum hatte Anton die Plätze nicht bestellt?
12. Wieviel mußten sie für die Plätze bezahlen?
13. Welches sind die besten Plätze 1) im Kino, 2) im Theater?
14. Um wieviel Uhr begann die letzte Aufführung?
15. Geben Sie ein anderes Wort für 1) Kino, 2) wunderschön, 3) Vorstellung, 4) Sitz, 5) scheußlich.
16. Nennen Sie die verschiedenen (different) Filme, die es gibt.
17. Nennen Sie die verschiedenen Plätze im Kino.

18. Was muß man haben, bevor man ins Kino geht?
19. Wo kauft man seine Karte?
20. Man darf in Deutschland nicht im Kino rauchen. Darf man im englischen Kino rauchen?
21. Lieben Sie es, wenn Ihr Nachbar im Kino eine Pfeife raucht?

B. Give the Imperfect Tense of the following verbs, rewriting the whole sentence:

1. Ich finde meinen Hut nicht.
2. Er schläft unter dem Baum.
3. Der Jüngling repariert das Radio.
4. Wir lesen es in der Zeitung.
5. Warum lachen Sie?
6. Der Arzt geht niemals zu Fuß, weil er keine Zeit hat.
7. Sie kommen zur rechten Zeit.
8. Was machen Sie heute?
9. Er spricht gut Deutsch.
10. Ich verstehe Sie nicht.

C. Repeat Exercise B using the Perfect Tense.

D. Translate into German:

I understood you. I did not understand you. Did you understand me? He read the paper before he went out. Why do you laugh? Why did you laugh? He always walks. I was walking to work. You are right. You are not right. He was right.

E. Schreiben Sie einen kurzen Aufsatz über "Ein Besuch im Kino".

[Die Antworten auf die folgenden Fragen bilden den Stoff Ihres Aufsatzes:

Gehen Sie einmal die Woche ins Kino, oder nur wenn es einen guten Film gibt?

Gingen Sie allein oder mit einem Freund? Warum?

In welchem Teil des Kinos saßen Sie?

Sahen Sie das ganze Programm oder nur den Hauptfilm? Warum?

Wie hieß der Film? Farbfilm? Tonfilm (*sound film*)? Komisch? Ernst? Haben Sie gelacht?

Wer spielte die Hauptrolle? Musik gut? Dialog klug?

War es besser als im Theater? Warum?
Gehen Sie nächste Woche wieder ins Kino? Warum?]

F. Make a list of all the verbs you know in three columns giving
the Infinitive, 3rd person singular, Imperfect and Perfect Tenses,
e.g.:

lesen	las	hat gelesen
singen	sang	hat gesungen
spielen	spielte	hat gespielt

32

JUST UND DER PUDEL

" Nun, Vater, und wie war es im Kino?" fragte Paula, als ihre Eltern nach Hause zurückkamen.

" Nicht schlecht, aber du weißt, ich gehe viel lieber ins Theater."

" Ja, Vater, das weiß ich, aber man spielt heutzutage so viel 'Kitsch'."

" Es sind nicht alle Schauspiele 'Minna von Barnhelm,'" lachte Karl.

" Du brauchst nicht über den alten Lessing zu spotten." Paula verteidigte ihren Helden.

" Kennst du eine bessere Komödie als die Minna?"

" Du hast recht," sagte die Mutter, "und es ist so schön am Ende, wenn Minna weiß, daß Tellheim sie liebt."

Obgleich Paula, die sehr modern war, diese sentimentalen Stellen nicht gern hatte, nickte sie, als der Vater hinzusetzte: " Liebe, Humor, Tugend in jeder Szene. Was will man mehr? Und die Treue! Diese alte, deutsche Treue, die heutzutage so sehr fehlt! Na, Karl, du hast gut lachen! Bringe mir mal mein Exemplar vom Bücherschrank, und ich lese dir eine Stelle vor."

" Ich brauche nicht zu gehen," sagte Karl. " Ich weiß von welcher Stelle du sprichst, und ich kenne sie auswendig. Die muß jeder in der Schule lernen."

" Du meinst die Stelle, wo der Major von Tellheim seinen Diener Just entlassen hat, und dieser von seinem Posten nicht abtreten will?" fragte Paula.

"Ja, natürlich: sie lautet wie folgt: Just sagt, 'Machen Sie mich so schlimm wie Sie wollen, ich will darum doch nicht schlechter von mir denken, als von meinem Hunde. Vorigen Winter ging ich in der Dämmerung an dem Kanale und hörte etwas winseln. Ich stieg hinab und griff nach der Stimme und glaubte ein Kind zu retten, und zog einen Pudel aus dem Wasser. Auch gut, dachte ich. Der Pudel kam mir nach, aber ich bin kein Liebhaber von Pudeln. Ich jagte ihn fort, umsonst; ich prügelte ihn von mir, umsonst. Ich ließ ihn des Nachts nicht in meine Kammer; er blieb vor der Tür auf der Schwelle. Wo er mir zu nahe kam, stieß ich ihn mit dem Fuße; er schrie, sah mich an und wedelte mit dem Schwanze. Noch hat er keinen Bissen Brot aus meiner Hand bekommen, und doch bin ich der einzige, auf den er hört, und der ihn anrühren darf. Er springt vor mir her und macht mir seine Künste unbefohlen vor. Es ist ein häßlicher Pudel, aber ein gar zu guter Hund. Wenn er es länger treibt, so höre ich endlich auf, den Pudeln gram zu sein.' Und Tellheim antwortet, 'So wie ich ihm!' Und er will Just behalten, so wie Just den Pudel behalten hat."

"Bravo, Karl! Das hast du sehr gut gemacht. Aber jetzt fällt der Vorhang. Schluß! Wir gehen ins Bett."

(Lessing ist einer der größten deutschen Schriftsteller. Er schrieb "Minna von Barnhelm" im Jahre 1767. Es ist noch immer die beste deutsche klassische Komödie, und vielleicht die einzige.)

VOCABULARY

der Bissen(-) *bite, morsel*
der Bücherschrank("e) *bookcase*
der Held(-en) *hero*
der Humor *humour*
der Kanal("e) *canal*
der Kitsch *rubbish, junk*
der Liebhaber(-) *amateur, lover*
der Posten(-) *position*
der Pudel(-) *poodle*
der Schluß("e) *end, finish*
der Schmerz(-en) *pain*
der Schriftsteller(-) *writer*
der Schwanz("e) *tail*
der Vorhang("e) *the curtain*
die Dämmerung *dark, dusk*
die Komödie(-n) *comedy*
die Kunst("e) *art, trick*
die Schwelle(-n) *threshold*
die Stelle(-n) *passage, place*
die Tugend(-en) *virtue*
die Treue *loyalty*
das Exemplar(-e) *copy*
das Schauspiel(-e) *play*

auswendig *by heart*
einzig *only, sole*
häßlich *ugly*
heutzutage *nowadays*
umsonst *in vain*
unbefohlen *without being told*

ab-treten, trat . . . ab, abgetreten *to resign*
an-rühren (*wk.*) *to touch*
auf-hören (*wk.*) *to cease*
behalten, behielt, behalten *to keep, retain*
bleiben, blieb, geblieben *to stay, remain*
bringen, brachte, gebracht *to bring*
denken, dachte, gedacht *to think*
entlassen, entließ, entlassen *to dismiss*
fehlen (*wk.*) *to fail, be absent*
greifen, griff, gegriffen (nach) *to grasp, feel for*

hinab-steigen, stieg . . . hinab, hinabgestiegen *to climb down*

hinzu-setzen (*wk.*) *to add*

lassen, ließ, gelassen *to let, leave*

lauten (*wk.*) *to sound, run,*

meinen (*wk.*) *to mean, think*

nicken (*wk.*) *to nod*

prügeln (*wk.*) *to chastise, beat*

retten (*wk.*) *to save*

schreiben, schrieb, geschrieben *to write*

schreien, schrie, geschrieen *to shout*

spotten (*wk.*) *to mock, jest*

stoßen, stieß, gestoßen *to push*

treiben, trieb, getrieben *to drive, do*

verteidigen (*wk.*) *to defend*

vor-lesen, las . . . vor, vorgelesen *to read out*

wedeln (*wk.*) *to wag*

winseln (*wk.*) *to whine*

ziehen, zog, gezogen *to pull, drag, draw*

des Nachts *at night*

du hast gut lachen *it is all very well for you to laugh*

es lautet, wie folgt *it goes as follows*

ich bin ihm gram *I don't like him*

ich gehe lieber ins Theater *I prefer to go to the theatre*

ich stieß ihn mit dem Fuß *I kicked him*

mit dem Schwanz wedeln *to wag the tail*

GRAMMAR

Revise the Imperfect and Perfect Tenses, relative pronouns and the declension of adjectives.

AUFGABEN

A. Beantworten Sie auf deutsch:

1. Was hat Anton lieber als das Kino?
2. Spielt man viel Kitsch hier im Kino?
3. Ist "Minna von Barnhelm" eine Tragödie?
4. Was war Lessing?
5. Wann schrieb er dieses Schauspiel?
6. Warum hat die Mutter diese Komödie so gern?
7. Welche Tugenden findet Anton in diesem Schauspiel?
8. Wo liegt Antons Exemplar von "Minna von Barnhelm"?
9. Warum braucht Karl das Buch nicht zu holen?
10. Wie kommt es, daß Karl diese Stelle auswendig kann?

B. Read the passage "Just und der Pudel" in the Perfect Tense.

C. Read the following sentences in *a*) the Imperfect, *b*) the Perfect Tense, and translate:

1. Ihre Mutter wohnt in Miesbach.
2. Sie arbeitet 48 Stunden in der Woche.
3. Der Bankangestellte hat ein schönes Haus.
4. Die Mutter besucht das Kino alle zwei Wochen.
5. Karl sitzt in der Ecke und liest.
6. Der Film ist scheußlich.
7. Das Kind schläft ruhig im Bett.
8. Ich verstehe ihn nicht, weil er so schnell spricht.
9. Er trinkt nur klares Wasser.
10. Der Direktor fährt nach Schweden.
11. Wir essen Wurst mit Apfelmus.
12. Der Arzt geht jeden Tag in die Stadt.

D. Insert the relative pronoun in the correct case:

1. Karl, —— in der Ecke saß, reparierte das Radio.
2. Eine Röhre, —— kaputt war, funktionierte nicht.
3. Das Kino, —— in der Hauptstraße liegt, hat immer die besten Filme.
4. Die Komödie, —— Anton am meisten liebt, heißt " Minna von Barnhelm ".
5. Die Szene, in —— Tellheim seinen Diener Just entläßt, hat viel Humor.
6. Der Pudel, —— Stimme Just hörte, war sehr treu.
7. Im Bücherschrank waren viele Bücher, —— ich nie gelesen habe.
8. Das Schauspiel, aus —— wir hier eine Stelle geben, ist sehr amüsant.
9. Heutzutage spielt man keine Komödien, in —— man Humor findet.
10. Der Vorhang fällt nach der Szene, —— Sie soeben gesehen haben.

E. Insert the correct adjectival endings and translate:

Lessing war ein groß— deutsch— Schriftsteller. Er schrieb klassisch— Werke, die man noch immer spielt. Als er zuerst schrieb, hatte das deutsch— Theater kein— echt— deutsch—

Werke. Man spielte nur französisch— Komödien. Lessing bewunderte die best— Stücke des englisch—Theaters, besonders d— großartig— Werke von Shakespeare: jede Woche schrieb er scharf—, kritisch— Artikel in der Hamburg— Zeitung und endlich gab er d— deutsch— Theater sein— eigen— Schauspiele. In dies— groß— Schriften fand Goethe ein Beispiel für sein— erst— Dramen.

F. Erzählen Sie in eigenen Worten die Geschichte "Just und der Pudel".

G. Give the Imperfect and Perfect Tenses of:

ich sage; er macht; wir holen; Sie reparieren; sie zeigen; ich stehe auf; er geht aus; wir halten; Sie beginnen; sie bekommen.

H. Übersetzen Sie ins Deutsche:

1. She goes to the cinema twice a week.
2. They go to church to hear the lovely singing.
3. He is at the theatre this evening.
4. He felt for his hat, which was lying on the floor.
5. I prefer the theatre to the cinema.
6. The dog wagged his tail because he saw his master.
7. It is all very well for you to laugh.
8. He kicked the dog, because it bit him.
9. I know this piece by heart.
10. As I am no dog-lover, I chased the animal away.

33

DIE DORFBEWOHNER

Die Schulzes hatten Besuch von einem Bekannten. Dieser Bekannte war Engländer. Er hatte Anton befreundet, als dieser in England war. Er wollte seinen alten Freund sehen, und zu gleicher Zeit sein Deutsch üben. Er sprach ein sehr gutes Deutsch, aber machte von Zeit zu Zeit Fehler in der Aussprache, die dann Anton korrigierte.

Herr Jones interessierte sich sehr für das Leben im Dorfe und stellte allerlei Fragen. "Sie müssen furchtbar einsam hier wohnen!" sagte er. "Wieso?" fragte Karl. "Sind nicht alle anderen Einwohner des Dorfes Bauern?" fragte er. Karl mußte lachen. "Das gerade nicht! Nichts Interessantes passiert hier zwar, aber nur wenige von unseren Nachbarn arbeiten auf dem Lande. Sie haben viele andere Berufe. Herr Abt ist Bankangestellter, und Herr Bunk ist Bahnbeamter; Herr Koch ist Reisender für eine Automobilfabrik. Dann gibt's den Arzt und den Geistlichen."

"Ja, ich verstehe, daß ein Arzt und ein Geistlicher hier wohnen —die sind überall. Aber es gibt keine Bank, keine Fabrik und keine Bahn in Miesbach. Warum haben Sie dann hier einen Bankangestellten, einen Bahnbeamten und einen Handelsreisenden?"

"Die Antwort ist ja einfach. Sie wohnen hier, aber sie arbeiten anderswo — meistens in Lippstadt. Es gibt hier auf dem Lande viel mehr zu essen, als in der Stadt. Auch herrscht in der Stadt ein Mangel an Häusern. Während des Krieges haben amerikanische Flugzeuge Lippstadt oft mit Bomben belegt und die Stadt ist noch sehr beschädigt." Anton machte alles klar.

"Sind denn viele Arme und Arbeitslose in der Gegend?" fragte der Engländer.

"Arm sind wir fast alle. Aber wir können auskommen. Die hier wohnenden Arbeitslosen sind meistens die Alten. Aber die Lage ist jetzt besser als sie war, und wir können auf noch Besseres hoffen. Die ewig bei uns bleibenden Ostflüchtlinge sind unser größtes Problem. Doch jetzt im Sommer finden sie Arbeit auf den in der Nähe liegenden Bauernhöfen."

"Was sind eigentlich die Ostflüchtlinge?" fragte Herr Jones. Das war für ihn ein neues Wort.

"Das sind die vom Osten hergekommenen Deutschen: das heißt die Deutschen, die man während des Krieges hierher evakuierte und die, wegen der in der Ostzone herrschenden Politik, keine Heimat mehr haben." Anton vergaß, daß sein Freund Engländer war, und brauchte immer schwierige Worte.

"Es tut mir leid um die Heimatlosen," sagte Herr Jones: "Aber tut man hier im Westen nicht alles Nötige für sie?" "Der Deutsche soll nicht immer der beste Freund von anderen Deutschen sein: auch fehlt es an Geld. Aber man beginnt zu organisieren."

"Also, alles in allem: wenn sie hier nichts Gutes finden, so finden sie auch nichts Schlechtes?"

"Wir besuchen sie morgen in der Siedlung, wo die meisten von ihnen wohnen. Dann können Sie selber sehen, wie es ihnen geht. Wie gefällt Ihnen das?" schlug Anton vor.

"Das mache ich furchtbar gern," antwortete der Engländer.

VOCABULARY

From now onwards the principal parts of the strong verbs will be indicated by the stem vowels only. Separable verbs are indicated by a hyphen between the prefix and stem in the infinitive.

der Alte(-n) *old man*
der Angestellte(-n) *employee*
der Arme(-n) *poor man*
der Arbeitslose(-n) *unemployed*
der Bahnbeamte(-n) *railway worker*
der Bauernhof(-̈e) *farm*
der Beruf(-e) *profession*
der Dorfbewohner(-) *person who lives in a village*
der Einwohner(-) *inhabitant*
der Geistliche(-n) *parson*
der Handel *commerce, trade*
der Heimatlose(-n) *man without a country*
der Handelsreisende(-n) *commercial traveller*
der Mangel (an + *dat.*) *lack (of)*
der Osten *east*
der Ostflüchtling(-e) *refugee from the East*
der Westen *west*
die Bahn(-en) *railway*
die Bank(-en) *bank*
die Bombe(-n) *bomb*
die Gegend(-en) *district*
die Heimat *home, native land*
die Lage(-n) *position*
die Politik *politics*

die Siedlung(-en) *settlement*
die Zone(-n) *zone*
das Leben *life*
das Leid(-en) *suffering*

aus-kommen (a. o.) *to get along*
befreunden (*wk.*) *to befriend*
belegen (*wk.*) *to cover*
   mit Bomben belegen *to bomb*
evakuieren (*wk.*) *to evacuate*
gefallen (ie. a.) (*with subject* es
   and dat. of person) *to please,*
   like
herrschen (*wk.*) *to rule, prevail*

hoffen (*wk.*) *to hope*
korrigieren (*wk.*) *to correct*
leid-tun (tat, getan) *to be*
   sorry
organisieren (*wk.*) *to organise*
üben (*wk.*) *to practise*
vor-schlagen (u. a.) *to propose*

anderswo *elsewhere*
eigentlich *real(-ly)*
einsam *lone(-ly)*
furchtbar *fearful(-ly)*
gerade *straight, just*
gleich *like, similar, same*

allerlei Fragen *all sorts of questions* (allerlei *does not decline*)
er mußte lachen *he could not help laughing*
er soll mein Freund sein *he is supposed to be my friend*
er stellt Fragen *he asks questions*
es gefällt mir in Deutschland *I like Germany*
es tut mir leid *I am sorry*
es tat Ihnen leid *you were sorry*
von Zeit zu Zeit *from time to time*
zu gleicher Zeit *at the same time*

GRAMMAR

Adjectives used as nouns

1. Any adjective may be used as a noun. It then has gender and a capital letter, thus:

> alt *old*
> der Alte *the old man*
> die Alte *the old woman*
> das Alte *the old, that which is old*
> geistlich *spiritual*
> der Geistliche *the parson*
> ein Geistlicher *a parson*
> Geistliche *parsons*

2. An adjective used as a noun declines like an adjective.

	the good man	*the good woman*	*the good thing*
nom.:	der Gute	} die Gute	} das Gute
acc.:	den Guten		
gen.:	des Guten	} der Guten	des Guten
dat.:	dem Guten		dem Guten

pl.:   *the good men* (*women or things*)   *no good men* (*women or things*)

nom.:	} die Guten	} keine Guten
acc.:		
gen.:	der Guten	keiner Guten
dat.:	den Guten	keinen Guten

	a male acquaintance	*a female acquaintance*	*acquaintances* (*both sexes*)
nom.:	ein Bekannter	} eine Bekannte	} Bekannte
acc.:	einen Bekannten		
gen.:	eines Bekannten	} einer Bekannten	Bekannter
dat.:	einem Bekannten		Bekannten

3. The gender chosen is obvious: masculine for males, feminine for females and neuter for neither. Thus the neuter form is commonly used in such set expressions as:

nichts Neues, *nothing new*; alles Gute, *all the good, everything good*; wenig Besseres, *little that is better*; das Beste, *the best*; sein Bestes, *his best*; viel Schlechtes, *a lot of bad*; im Freien, *in the open*; ins Deutsche, *into German*.

4. Verbal participles are used as adjectives. Therefore the past participle of a verb is often used as a noun and is declined like an adjective.

fangen, *to catch*; gefangen, *caught*.
der Gefangene, *the prisoner*; *gen.* des Gefangenen; *pl.* die Gefangenen.
ein Gefangener, *a prisoner*; *gen.* eines Gefangenen; *pl.* Gefangene.

anstellen, *to employ*; angestellt, *employed*.
der Angestellte, *the employee*; *gen.* des Angestellten; *pl.* die Angestellten.

die Angestellte, *the female employee*; *gen.* der Angestellten; *pl.* die Angestellten.

ein Angestellter, *an employee* ⎱ *pl.* Angestellte.
eine Angestellte, *a female employee* ⎰

senden, *to send*; gesandt, *sent*.
der Gesandte, *the ambassador*; *pl.* die Gesandten.
ein Gesandter, *an ambassador*; *pl.* Gesandte.

5. Present participles are used in the same way.

By adding **-end** to any verbal stem, the present participle is made.

reisen, *to travel*; reisend, *travelling*; der Reisende, *the traveller*.
sprechen, *to speak*; sprechend, *speaking*; der Sprechende, *the man who is speaking*.
arbeiten, *to work*; arbeitend, *working*; ein Arbeitender, *a man who is at work*.

6. Participles used in this way may be put at the end of *phrases* which in English are rendered by relative sentences.

bleiben, *to stay*; bleibend, *staying*; die Bleibenden, *those who stay*.
Die im Westen Bleibenden. *Those who stay in the west.*
Die zu Hause Bleibenden. *Those who stay at home.*
schwimmen, *to swim*; schwimmend, *swimming*; der Schwimmende, *the man swimming*.
Der im Wasser Schwimmende. *The man swimming in the water.*

The participle can be used in this way, whether it is a noun or a simple adjective:

Der im Wasser schwimmende Fisch. Der Fisch, der im Wasser schwimmt.
Die in der Fabrik arbeitenden Frauen. Die Frauen, die in der Fabrik arbeiten.
Das von Lessing im Jahre 1767 geschriebene Schauspiel. Das Schauspiel, das Lessing im Jahre 1767 schrieb.
Die von uns in der Schule auswendig gelernte Stelle. Die Stelle, die wir in der Schule auswendig gelernt haben.

This is a useful, condensed construction, called Einschachtlung (boxing-in). The chief point to remember is that though the participle is a long way away from the the article (die . . . gelernte Stelle) it declines in agreement with it.

This construction, though used frequently in literature and in scientific texts, is too stylised to be used much in conversation.

It can usually be spotted in this way. If der, die, das, etc. are not immediately followed by a noun or adjective and are not used as relative pronouns, you can expect the participial construction.

Wegen der in der Ostzone herrschenden Politik =
    Wegen der Politik, die in der Ostzone herrscht.
Die ewig bei uns bleibenden Ostflüchtlinge =
    Die Ostflüchtlinge, die ewig bei uns bleiben.

AUFGABEN

A. Beantworten Sie auf deutsch:

1. Von wem hatten die Schulzes Besuch?
2. Sind alle Einwohner des Dorfes Bauern?
3. Welche anderen Berufe finden Sie in dem Dorfe?
4. Wie heißt eine Dame die 1) in einer Bank, 2) bei der Bahn arbeitet?
5. Wie heißen in einem Wort, Leute, die 1) krank, 2) arm, 3) reich sind?
6. Warum wohnten viele Lippstädter Arbeiter außerhalb der Stadt?
7. Was war das größte Problem der Dörfer in West-Deutschland?
8. Was sind eigentlich Ostflüchtlinge?
9. Warum ist ihre Lage jetzt besser?
10. Welche Berufe findet man in jedem Dorfe?

B. Ein Lehrer ist ein Mann, der in einer Schule lehrt. Was ist — 1) ein Arzt? 2) ein Geistlicher? 3) ein Bahnbeamter? 4) eine Stenotypistin? 5) ein Hausmädchen? 6) ein Bauer? 7) ein Mechaniker? 8) ein Handelsreisender? 9) ein Kellner? 10) eine Bankangestellte?

C. Using the adjective as a noun, translate the following, giving the nominative and genitive singular and the nominative plural of the first six:

A poor man, the rich woman, a German, a lady commercial traveller, an old man, an acquaintance, all the best, much that is interesting, nothing new, in the open.

D. *a*) Give the present participle of these verbs: trinken, lesen, sitzen, schneiden, gehen.

    b) Give the past participles of these verbs: geben, sterben, fallen, schreiben, retten.

    c) Make up one noun from each of the participles and translate it.

E. Make relative sentences from the participial phrases in the following and translate:

   1. Der von der Mutter gekochte Kaffee ist noch ganz warm = Der Kaffee, den die Mutter gekocht hat, ist noch ganz warm.

   2. Das von Karl reparierte Motorrad stand auf der Straße.

   3. Das auf der Straße stehende Motorrad war sehr alt.

   4. Die im Dorfe wohnenden Leute heißen Miesbacher.

   5. Die von ihm gerauchte Pfeife riecht schlecht.

   6. Dieses fünfundzwanzig Zigaretten enthaltende Etui ist aus Gold.

   7. Das von dem Schneider getragene Paket enthält Tuch.

   8. Die Deutsch lernenden Studenten arbeiten fleißig.

   9. Das von der Mutter gesungene Lied ist von Schubert.

  10. Der nach Lippstadt fahrende Wagen gehört dem Doktor.

34

FERNSEHEN

Herr Jones: Wann wird man das Fernsehen in Lippstadt haben?

Anton: Wie ich neulich in der Zeitung gelesen habe, hat man begonnen, einen Fernsehsender in Hamburg zu bauen.

Karl: Noch nicht begonnen, Vater. Man spricht davon. Man wird ihn bauen. Es ist ja auch höchste Zeit.

Herr Jones: In England haben wir schon mehrere Sender und etwa zehn Millionen Abonnenten.

Karl: Muß man bei dem beschränkten Frequenzband nicht in der Nähe des Senders wohnen, wenn man ein klares Bild empfangen will? Wie ist Ihre Erfahrung in London, Herr Jones?

Herr Jones: Man hat einen guten Empfang im Umkreis von fünfzig Meilen: das heißt achtzig Kilometer.

Karl: Hier werden wir viele Relaisstationen bauen müssen.

Paula: Ich werde froh sein, wenn wir einen Fernsehempfänger im Hause haben. Wir werden so viele gute Schauspiele sehen, ohne aus dem Hause zu gehen.

Karl: Wirst du dann niemals mehr abends ausgehen?

Marie: Dann werden wir einen Apparat kaufen, Anton.

Anton: Man wird nicht nur Schauspiele geben, Mutti. Willst du Boxkämpfe, Fußball, Tennis, Jazzkapellen jeden Abend ansehen?

Paula: Sei doch vernünftig, Vater. Man kann das Programm wählen. Du wirst sehen: das Fernsehen wird einen großen Einfluß auf unser Leben ausüben.

Karl: Wir werden nicht mehr Zeitungen lesen oder ins Kino gehen; auch die Politiker werden vor das Mikrophon treten. Man wird ruhig zu Hause bleiben, vor dem Fernsehapparat sitzen, bloß anschalten, dann wird man alles auf dem Schirm sehen.

Paula: Mindestens für das Theater wird im Fernsehen eine neue Technik nötig werden.

Karl: Du denkst immer an die Bühne. Wie ich es sehe, bildet es eine neue Zukunft für die Radioingenieure und für alle Techniker: Verbesserung in Apparat und Sendung, eine neue Baukunst, Häuser mit größeren Zimmern und neue Möbelstücke.

Marie: Wird das aber nicht viel Geld kosten?

Herr Jones: Aber Sie geben um so weniger für andere Unterhaltung aus. Schließlich wird es billiger werden.

Anton: Wollen wir rechnen? Zuerst ein Empfänger, sagen wir tausend Mark. Antenne mit Leitungsdraht, hundert Mark. Abonnement, wieder hundert Mark. Ersatzröhren, Reparatur . . .

Marie: Und Kaffee und Wein für die Gäste, die uns besuchen werden, weil sie selber keinen Apparat besitzen!

Paula: (hat immer das letzte Wort): Aber wenn du willst, daß wir abends zu Hause bleiben, so wirst du einen kaufen müssen.

VOCABULARY

der Abonnent(-en) *subscriber, licence-holder*
der Boxkampf("-e) *boxing-match*
der Draht("-e) *wire*
der Einfluß("-e) *influence*
der Empfänger(-) *receiver*
der Ersatz *substitute*
der Gast("-e) *guest*
der Ingenieur(-e) *engineer*
der Schirm(-e) *screen*
der Techniker(-) *technician*
der Umkreis(-e) *radius*
die Baukunst *architecture*
die Bühne(-n) *stage*
die Erfahrung(-en) *experience*
die Leitung(-en) *lead, circuit*
die Reparatur(-en) *repair*
die Relaisstation(-en) *relay station*
die Technik(-en) *technique*
die Unterhaltung(-en) *entertainment*
die Verbesserung(-en) *correction, improvement*

die Zukunft *future*
das Abonnement(-s) *subscription*
das Fernsehen *television*
das Frequenzband *frequency*
das Mikrophon(-e) *microphone*
das Möbelstück(-e) *piece of furniture*

beschränkt *limited*

aus-geben (a. e.) *to spend*
aus-üben *to exercise*
bauen *to build*
besitzen, besaß, besessen *to possess*
empfangen (i. a.) *to receive*
wählen *to choose*

neulich *recently*
schließlich *in the end*
vernünftig *reasonable*
mindestens *at least*
es ist höchste Zeit *it is high time*

GRAMMAR

1. *Future Tense*

Man wird einen Sender bauen.

   They will build a station.

Wir werden viele Schauspiele zu Hause sehen.

   We shall see many plays at home.

The Future Tense is made with the Present Tense of **werden** plus the infinitive. The infinitive is at the end of the clause. Werden occupies the normal verbal position, i.e. first in questions, second in main clauses and last in subordinate clauses.

Man wird alles auf dem Schirm sehen.

   One will see everything on the screen.

Wird das nicht viel Geld kosten?

   Will that not cost a lot of money?

Wir werden viele Gäste haben, die uns besuchen werden.

   We shall have a lot of guests, who will visit us.

Model Conjugation, Future Tense

Ich werde . . . sein, *I shall be.*

du wirst . . . sehen, *thou wilt see, wilt be seeing.*

er, sie, es wird . . . bauen, *he, she, it will build, will be building.*

wir werden . . . wählen, *we shall choose, shall be choosing.*

Sie werden . . . kaufen, *you will buy, will be buying.*

sie werden . . . empfangen, *they will receive, will be receiving.*

2. The Present Tense is frequently used for the Future Tense as it is in English, where there is definite intention.

Ich fahre heute nachmittag zur Stadt =

Ich werde heute nachmittag zur Stadt fahren.

Kommen Sie nicht mit uns ins Theater? =

Werden Sie nicht mit uns ins Theater kommen?

3. Do not confuse the simple verb **werden** with the auxiliary verb **werden**. With no infinitive after it, werden = *to become, grow.*

Er wird reich. *He is getting rich.*

Er wird reich werden. *He will get rich.*

4. Note the difference between **wollen** (to wish) and **werden**.

Er will einen Apparat kaufen.

   He will (wants to) buy a set.

Er wird einen Apparat kaufen.
He will (in the future) buy a set.
Willst du Boxkämpfe sehen?
Do you want to see boxing matches?
Wirst du den Boxkampf sehen?
Will you be going to see the boxing match?

AUFGABEN

A. Beantworten Sie auf deutsch:
1. Nennen Sie drei Teile eines Fernsehapparats.
2. Was sehen Sie am liebsten im Fernsehen?
3. Was denken Sie von der Zukunft des Fernsehens?
4. Warum will Anton keinen Apparat kaufen?
5. Warum will Marie einen Apparat haben?
6. Wann schaltet man den Apparat an? . . . ab?
7. Wird das Fernsehen einen Einfluß auf unser Leben ausüben?
8. Wo hat man guten Empfang?
9. Wann werden die Schulzes viele Gäste haben?
10. Nennen Sie drei Möbelstücke.

B. Give the Future Tense of the following:
1. Er hat begonnen.
2. Man hat einen neuen Sender gebaut.
3. Wir brauchen eine große Antenne.
4. Ich bin froh, Sie zu sehen.
5. Sie haben ein gutes Schauspiel gesehen.
6. Kostet dieser Wagen viel Geld?
7. Ich warte hier, bis er ankommt.

C. Put the above into the Imperfect Tense.

D. Machen Sie einen Vergleich zwischen dem Radio und dem Fernsehen.

35

VOR DEM GERICHT

Am nächsten Tag wollte der Engländer die Siedlung besuchen, von der Anton am vorigen Tag gesprochen hatte. Aber Anton hatte wieder vergessen, zu telefonieren. Er entschuldigte sich und sagte: "Es macht aber gar nichts aus. Heute findet eine Sitzung des Gerichts in Lippstadt statt. Wir werden dorthin fahren. Es ist immer interessant im Gerichtshof und dabei kann man auch viel Deutsch lernen." So führte Anton seinen englischen Freund nach Lippstadt, um ihm zu zeigen, wie die deutsche Justiz funktioniert.

Vor dem Richter sahen sie zwei Knaben: Horst, achtzehn Jahre alt, im dunkelblauen Anzug, schwarzhaarig und braungebrannt: neben ihm seinen Bruder, Wilhelm, blond, breitschultrig und zwanzig Jahre alt.

Der Richter betrachtete sie nachdenklich und überlegte, ob die beiden Jungen, die ihn mit unschuldigen Augen ansahen, böse Buben sind.

Die Anklage sah unangenehm aus — versuchter Automatendiebstahl und Gefangenenbefreiung. Auf dem Gerichtstisch lag ein großes Messer. Das hatte Wilhelm in der Tasche gehabt.

Die ganze Geschichte kam von einer Feier her. Sie hatten eine Flasche Schnaps getrunken, und der Alkohol war den Jungen zu Kopf gestiegen. Sie hatten sich wohl und sehr stark gefühlt. So hatte Wilhelm am Bahnhof seine Muskeln an einem Automaten ausprobiert. Er hatte sogar die Maschine kaputt gemacht und auf den Boden geworfen.

Ein Polizist hatte den Lärm gehört, kam herbeigelaufen und hatte versucht, Wilhelm gefangen zu nehmen. Wilhelm hatte dem Polizisten widerstanden. Als Horst seinen Bruder in den Händen des Beamten gesehen hatte, hatte er versucht, ihn zu befreien. Aber der Polizist hatte gesiegt und hatte sie beide zur Wache gebracht.

Den Richter interessierte nicht so sehr der Fall, als die Geschichte der beiden Jungen. Durch kluge Fragen stellte er Folgendes fest: — Die Jungen wohnten zusammen in einem Keller im Armenviertel; sie hatten keine Eltern; der Vater war im Kriege gefallen, und die Mutter war in einem Bombenangriff ums Leben gekommen. In der schweren Nachkriegszeit hatten sie sich zusammen durchgeschlagen. Eine traurige Geschichte!

"Warum gingen Sie mit diesem großen Messer umher?" fragte plötzlich der Richter. "Ach, das habe ich immer bei mir. Ich bin ja Handwerker." Der Richter war nicht ganz zufrieden und verurteilte Horst zu zwanzig Tagen Gefängnis wegen versuchter Gefangenenbefreiung und Wilhelm zu zwei Wochen, Widerstands und Trunkenheit wegen.

Dann trat Wilhelm wieder vor: "Können wir nicht dieselbe Strafe bekommen?" fragte er. "Wir haben ja die Sache zusammen gemacht, und außerdem sind wir immer beisammen." Der Richter überlegte und verurteilte die beiden zu siebzehn Tagen.

Als die zwei Freunde den Gerichtssaal verlassen hatten, fragte Anton: "Haben Sie das Urteil nicht gerecht gefunden?" Der Engländer lächelte: "Ich habe nicht alles verstanden: aber ich glaube, man kann die moderne Jugend zu streng behandeln."

VOCABULARY

der Alkohol *alcohol*
der Automat(-en) *slot-machine*
der Bombenangriff(-e) *air-raid*
der Bube(-n) *lad*
der Diebstahl(ᴗe) *theft*
der Fall(ᴗe) *case*
der Gerichtshof(ᴗe) *law-court*
der Handwerker(-) *manual worker*
der Keller(-) *cellar*
der Knabe(-n) *boy*
der Polizist(-en) *policeman*
der Richter(-) *judge*
der Versuch(-e) *attempt*
der Widerstand *resistance*
die Anklage(-n) *charge, complaint*
die Befreiung(-en) *liberation*
die Feier(-n) *celebration*
die Hand(ᴗe) *hand*

die Justiz *justice*
die (*or* der) Muskel(-n) *muscle*
die Strafe(-n) *punishment*
die Trunkenheit *drunkenness*
die Wache(-n) *guard room, H.Q.*
das Armenviertel(-) *slum*
das Auge(-n) *eye*
das Gefängnis(-se) *prison*
das Gericht(-e) *court*
das Urteil(-e) *judgment*

aus-probieren *to try out*
befreien *to liberate*
behandeln *to treat*
betrachten *to watch, look at*
brechen (a. o.) *to break*
durch-schlagen (u. a.), sich *to make a way*
fest-stellen *to confirm, establish*

gefangen-nehmen(a. o.) *to take prisoner*

herbei-laufen (ie. au.) *to run along*

handeln *to act, deal*

lächeln *to smile*

siegen *to win, conquer*

überlegen *to reflect*

verlassen (ie. a.) *to leave*

verurteilen *to condemn*

widerstehen, widerstand, widerstanden (*with dat.*) *to resist*

werfen (a. o.) *to throw*

braungebrannt *tanned*

breitschultrig *broad-shouldered*

gerecht *just*

nachdenklich *thoughtful*

schwarzhaarig *black-haired*

unangenehm *unpleasant*

unschuldig *innocent*

der Wein steigt ihm zu Kopf *the wine goes to his head*

er fühlt sich wohl *he feels fine*

er sieht mich an *he looks at me*

es sieht schlecht aus *it looks bad*

sie kam ums Leben *she died*

sie kamen herbeigelaufen *they came running along*

GRAMMAR

1. *Pluperfect Tense*

> Er hatte gesprochen. *He had spoken.*
> Er hatte vergessen. *He had forgotten.*

The Pluperfect Tense is made by conjugating **hatte** (Imperfect of haben) with the past participle of the verb. Intransitive verbs of motion and a few others conjugate with **war** instead of hatte. The past participle comes at the end of the clause. The Pluperfect Tense is very similar to the Perfect, only **hatte** substitutes hat and **war**, ist: and the meaning is one step further back in time.

Model Conjugation, Pluperfect Tense

> ich hatte gemacht, *I had made, had been making.*
> du hattest gefunden, *thou hadst found.*
> er ⎫
> sie ⎬ hatte gesiegt, *he, she, it* ⎬ *had won.*
> es ⎭
> wir hatten gefangen, *we had caught, had been catching.*
> Sie hatten verurteilt, *you had condemned.*
> sie hatten festgestellt, *they had confirmed.*

$$\left.\begin{array}{l}\text{ich}\\\text{er}\\\text{sie}\\\text{es}\end{array}\right\}\text{war gekommen,}\left.\begin{array}{l}I\\he\\she\\it\end{array}\right\}\textit{had come.}$$

$$\left.\begin{array}{l}\text{wir}\\\text{Sie}\\\text{sie}\end{array}\right\}\text{waren herbeigelaufen,}\left.\begin{array}{l}we\\you\\they\end{array}\right\}\textit{had run along.}$$

du warst geblieben, *thou hadst stayed.*
er war gewesen, *he had been.*
wir waren geworden, *we had become.*

2. *Inseparable Verbs*

er hatte vergessen: er hatte widerstanden;
ich habe ihn besucht: sie hat es erklärt.

In these verbs there is no ge- in the past participle.

Any verb beginning with the unaccented prefix **be-, ge-, er-, ver-, zer-, ent-, emp-, miß-** has no ge- in the past participle. These prefixes are inseparable and never separate from their stems, e.g. er betrat das Zimmer: er hat das Zimmer betreten. cf. er trat in das Zimmer **hinein**: er ist in das Zimmer hineingetreten. Both phrases mean the same, but the separable prefix separates and the unaccented prefix is inseparable. Further examples are:

Befreien, *to free.* Er befreite seinen Bruder, er hat seinen Bruder befreit. *He set his brother free.*

Gefallen, *to please.* Das hat mir nicht gefallen. *I didn't like it.*

Erklären, *to explain.* Der Lehrer hat das Problem erklärt. *The teacher explained the problem.*

Verurteilen, *to condemn.* Der Richter hat ihn verurteilt. *The judge condemned him.*

Zerbrechen, *to smash.* Der Junge zerbrach den Automaten. Der Junge hat den Automaten zerbrochen. *The boy smashed the slot-machine.*

Enthalten, *to contain.* Das Glas enthielt Wasser. Das Glas hat Wasser enthalten. *The glass contained water.*

Empfangen, *to receive.* Die Großmutter empfängt einen Brief. *The grandmother receives a letter.*

3. There are some prefixes which are used separably with some verbs and inseparably with others. These should be learnt

individually. But a very good rule can be followed: **um-, wider-, über-, unter-, hinter-, durch-** are inseparable and unaccented when they have an applied meaning; they are separable and accented when they have their literal meaning.

Hínter-gehen, prefix accented, separable, literal meaning, to go behind. **Hintergéhen**, prefix unaccented, inseparable and metaphorical meaning, to go behind somebody's back, to deceive. **Wiéder-holen**, prefix accented, separable, literal meaning, to fetch back; past participle, **wiedergeholt. Wiederhólen**, prefix unaccented, inseparable, applied meaning, to repeat; past participle, **wiederholt.**

> Der Hund holte den Stock wieder. *The dog brought back the stick.*
>
> Er wiederholte das Wort. *He repeated the word.*
>
> Der Fährmann hat mich übergesetzt. *The ferryman put me across (the river).*
>
> Schlegel hat Shakespeare übersetzt. *Schlegel translated Shakespeare.*

Überlegen means *to consider*. This is an applied meaning, therefore the prefix is inseparable and the past participle is **überlegt.**

4. Apart from the inseparable prefixes mentioned above, all prefixes are separable.

5. As well as inseparable prefixes, verbs that end in **-ieren** have no **ge-** in their past participle:

> reparieren, *past participle* repariert.
> ausprobieren, ausprobiert.
> funktionieren, funktioniert.

6. Er hat keine Zeit auszugehen. *He has no time to go out.*
Er hatte keine Zeit **zu** verlieren. *He had no time to lose.*
Er vergaß auszusteigen. *He forgot to get out.*
Er vergaß **zu** überlegen. *He forgot to reflect.*

Separable prefixes are split from their stem by the infinitival **zu.** Inseparable prefixes are never separated from their stem, not even by the infinitival **zu.**

AUFGABEN

A. Beantworten Sie auf deutsch:
 1. Wen sieht man in einem Gerichtshof?
 2. Warum betrachtete der Richter die Jungen?
 3. Wie lautete die Anklage?
 4. Was hatte Wilhelm in der Tasche gehabt?
 5. Wo lag es jetzt?
 6. Was hatten die Jungen getrunken?
 7. Was hatte Wilhelm mit dem Automaten getan?
 8. Wer hatte den Lärm gehört?
 9. Woher wissen Sie, daß Wilhelm nicht ruhig war?
 10. Was hatte Horst getan, als er seinen Bruder in den Händen des Polizisten gesehen hatte?
 11. Wo wohnten diese Jungen?
 12. Warum hatten sie keine Eltern mehr?
 13. Wie war das Urteil des Richters?
 14. Warum trug Wilhelm ein Messer in der Tasche?
 15. Tragen Sie ein Messer umher?

B. Some words derived from nehmen are annehmen, unternehmen, angenehm, unangenehm, gefangennehmen.

Name some words derived from or connected with: 1) fangen, 2) Richter, 3) sehen, 4) brechen, 5) stellen, 6) legen, 7) trinken, 8) frei, 9) Schuld, 10) folgen.

C. Put the verb in brackets in the Pluperfect Tense and in the right place.
 1. Der Richter verurteilte die beiden, denn sie (machen) Böses.
 2. Er verurteilte Horst, weil er (versuchen), seinen Bruder zu befreien.
 3. Der Vater (fallen) im Krieg.
 4. Ein Polizist (hören) den Lärm und (herbeieilen).
 5. Sobald er ins Bett (gehen), schlief er ein.
 6. Nachdem wir den Film (sehen), gingen wir nach Hause.
 7. Bevor er nach Deutschland (fahren), (studieren) er die Sprache.
 8. Als er den Brief (lesen), gab er ihn der Mutter.
 9. Nachdem ihn seine Mutter dreimal (rufen), kam er herein.
 10. Die anderen (trinken) den Schnaps, bevor wir ankamen.

D. Translate, paying particular attention to the past participles and using the verbs given in brackets in the Perfect Tense:

1. (betrachten) I watched him. 2. (auf-machen) He opened the door. 3. (gefallen) I liked it. 4. (aus-sehen) She looked ill. 5. (bekommen) Have you got it? 6. (verstehen) Did you understand him? 7. (mißverstehen) She misunderstood me. 8. (zerbrechen) They smashed the table. 9. (überlegen) She thought it over for a long time. 10. (unter-gehen) The sun set very early last night.

E. Insert a zu where necessary:

1. Er ist bereit den Brief —— übersetzen.
2. Sie war bereit —— aus-gehen.
3. Er kann nicht —— kommen.
4. Es ist Zeit —— ein-schlafen.
5. Ich versuchte, ihn —— befreien.
6. Wollen Sie sich nicht die Sache —— überlegen?
7. Er hat versucht, mich gefangen —— nehmen.
8. Es ist nicht recht, einem Polizisten —— widerstehen.
9. Es war nicht angenehm, die Buben —— betrachten.
10. Der Polizist ist gekommen, um uns —— untersuchen.
11. Sie verließen uns, ohne ein Wort —— sagen.
12. Er sprach weiter, ohne mir —— antworten.

F. Give the Future Tense and meaning of:

1. Er schläft ein.
2. Sie schreibt ihrer Mutter.
3. Die anderen trinken den Schnaps.
4. Wir versuchen, die Aufgabe zu lernen.
5. Sie gehen morgen nach Hause.
6. Wo wohnen Sie eigentlich?
7. Er trägt ein Messer in der Hosentasche.

G. Translate into German:

1. I have translated this letter into German.
2. He has considered the matter.
3. They had not heard from him.
4. We had not visited Germany before the war.
5. Do you feel well?

6. The policeman had found a knife.
7. The boys had lived together in a slum.
8. The boy was broad-shouldered and fair-haired.
9. My little boy will be ten years old to-morrow.
10. She looked very ill.

H. Geben Sie einen kurzen Bericht von dem Gerichtsfall (Give a summary of the case before the court), oder Beschreiben Sie einen Fall, den Sie selber gesehen haben (or describe a case you have seen yourself).

36

BEIM ZAHNARZT

Das Frühstück wird gewöhnlich um acht Uhr gegessen. Die Kinder werden um halb acht geweckt, und Paula muß dann oft auch um acht Uhr wieder geweckt werden. Aber heute steht Paula früher als gewöhnlich auf. Jedermann ist überrascht, sie um acht Uhr schon unten am Frühstückstisch zu sehen.

"Was fehlt dir denn?" fragt Karl. "Ich habe die ganze Nacht kein Auge zugemacht. Ach, ich habe furchtbares Zahnweh!" Das arme Mädchen weint. "Nimm zwei Aspirintabletten, und es wird schnell wieder besser," schlägt Karl vor. Karl hat niemals in seinem Leben Zahnweh gehabt und zeigt außerdem wenig Mitleid mit seiner Schwester.

"Sie muß gleich zum Zahnarzt," sagt die Mutter. "Es ist gut, daß der Vater heute frei hat. Er wird dich zum Zahnarzt fahren." So wird der Vater aus dem Studierzimmer gerufen, und es wird ihm erklärt, was los ist. "Natürlich muß sie zum Zahnarzt," tröstet er sie. "Unser Kind soll nicht umsonst leiden. Wir werden sogleich abfahren."

Der Wagen wird aus der Garage geholt, und Paula wird von der Mutter in eine große Decke gewickelt. Die Strecke nach Lippstadt wird in zwanzig Minuten zurückgelegt. Unterwegs wird wenig gesprochen, weil Paula wegen der Schmerzen den Mund nicht öffnen darf.

Beim Zahnarzt werden sie sogleich ins Wartezimmer und nach fünf Minuten ins Sprechzimmer zugelassen, wo Paula von Herrn Doktor Kahn untersucht wird. Der Zahn kann gerettet werden. Er wird nicht gezogen, sondern plombiert. Nach dieser Operation fängt der Zahnarzt an, Paula zu tadeln.

"Sie haben diese Schmerzen schon eine Woche, nicht wahr?" Paula nickt traurig. "Warum sind Sie dann nicht früher gekommen?" fragt er. "Gestern wurde ich erst um acht Uhr abends aus der Fabrik entlassen — es wurde so viel gearbeitet. Und vorgestern wurde ich von einem Freund zum Abendessen eingeladen. Ich hatte wirklich keine Zeit, Herr Doktor."

"Schon gut! Es geht jetzt besser, nicht wahr? Also, meine

anderen Patienten warten und müssen auch untersucht werden. Auf Wiedersehen, und kommen Sie bald wieder!" "Hoffentlich," antwortete Paula, "aber am liebsten nicht während der Sprechstunden."

Als Paula von ihrem Vater weggefahren wurde, fragte er: "Hat's wehgetan?" "Ach, nein, Papa! Herr Doktor Kahn ist so nett. Er ist der beste Zahnarzt der Welt. Er hat mir zuerst ein wenig Kokain gegeben, und dann wurde der Zahn plombiert, ohne daß ich etwas fühlte." In Miesbach wurde Paula von der Mutter empfangen und sogleich ins Bett geschickt.

VOCABULARY

der Zahnarzt("e) *dentist*
die Decke(-n) *rug, blanket*
die Sprechstunde(-n) *consulting hour*
die Strecke(-n) *stretch, distance*
das Mitleid *sympathy*
das Sprechzimmer(-) *consulting room*
das Studierzimmer(-) *study*
das Wartezimmer(-) *waiting room*
das Zahnweh *tooth-ache*

gewöhnlich *usual*
überrascht *surprised*

an-fangen (i. a.) *to begin*
ein-laden (u. a.) *to invite*
entlassen (ie. a.) *to let out*
leiden, litt, gelitten *to suffer*
plombieren *to fill*
tadeln *to blame, find fault*
trösten *to comfort*
untersuchen *to examine*
weh-tun (tat, getan) *to hurt, ache*
wickeln *to wrap*
zu-lassen (ie. a.) *to admit*
zurück-legen *to cover (a distance)*
ich legte die Strecke zurück *I covered the distance*

Was ist los? *What is up?*
er wartet **auf** mich *he waits for me*
es tut mir weh *it hurts me*

GRAMMAR

1. *Passive Voice*
   a) Das Wasser wird kalt. *The water is getting cold (becomes cold).*
   b) Das Wasser wird kochen. *The water will boil.*
   c) Das Wasser wird getrunken. *The water is (is being) drunk.*

The verb **wird** (**werden**) has three uses:

a) a simple verb in its own right meaning **to become, grow, get.**

b) the future-forming auxiliary, meaning **will**, followed by the infinitive.

c) the passive-forming auxiliary, meaning **is** (**is being**), followed by a past participle.

2. *Model Conjugation, Passive Voice*

Present Tense

ich werde geliebt	*I am (being) loved.*
du wirst gesehen	*thou art (being) seen.*
er wird gefunden	*he is (being) found.*
wir werden gerettet	*we are (being) saved.*
Sie werden getadelt	*you are (being) blamed.*
sie werden verstanden	*they are (being) understood.*

Imperfect Tense

ich wurde bemerkt	*I was (being) noticed.*
du wurdest gehört	*thou wast (being) heard.*
es wurde zerbrochen	*it was (being) broken.*
wir ⎫ Sie ⎬ wurden geweckt sie ⎭	*we* ⎫ *you* ⎬ *were (being) wakened.* *they* ⎭

3. Die Maschine wurde **von** dem Jungen zerbrochen. *The machine was broken by the boy.*

The past participle goes to the end of the clause. *By* is translated by **von** with the dative case.

4. Als die Maschine von dem Jungen zerbrochen wurde, . . . In a subordinate clause **wurde** comes last, immediately after the past participle.

5. Further examples of the use of the Passive:

Das Lied wurde von der Mutter gesungen.
> *The song was sung by the mother.*

Das Wasser wird von dem Hund getrunken.
> *The water is (being) drunk by the dog.*

Meine Zähne werden von dem Zahnarzt plombiert.
> *My teeth are being filled by the dentist.*

Diese bösen Buben werden von niemandem geliebt.
These bad boys are not liked by anybody.
Sobald der Hund aus dem Wasser gezogen wurde, wurde er
von Just nach Hause geführt.
*When the dog was pulled out of the water, he was taken home
by Just.*

6. When speaking German or translating into the language, use
the Passive as little as possible: it is awkward. For instance, there
are many verbs in English which cannot be used in the Passive.
I am spoken, he is being been, make nonsense. In German there
are many more verbs which may not be used in the Passive. Only
transitive verbs can be used in the Passive.

It is easy to avoid the Passive by using **man** with the Active
Voice or turning the sentence into an active sentence.

Die Maschine wurde von dem Jungen zerbrochen (passive).
Der Junge zerbrach die Maschine (active).
Das Lied wird von der Mutter gesungen (passive).
Die Mutter singt das Lied (active).
Sie werden nicht verstanden (passive).
Man versteht Sie nicht (active).
Es wird gesagt (passive).
Man sagt (active).

7. When translating from German the Passive is easily recog-
nised. Wird (werden, wurde, etc.) followed by a past participle
MUST be passive and should be translated by *is, is being (are, are
being: was, was being*, etc.). If followed by an infinitive, wird must
be Future Tense.

8. If *is, was*, etc. are not followed by a verbal past participle
they are not Passive.
The man was drunk (adj.). Der Mann **war** betrunken.
The wine was drunk (past part.). Der Wein **wurde** getrunken.
The machine is broken (i.e. won't go) (adj. describing state).
Die Maschine **ist** kaputt.
The machine is being broken (i.e. somebody is smashing it).
Die Maschine **wird** zerbrochen.

9. There is a common use of the dative of the person in the Passive with **es** as the grammatical subject.

Es wurde mir bezahlt. *I was paid (it was paid to me).*

He is shown the book. Das Buch wird ihm gezeigt.

It is not *he* who is shown, but *the book*. The dative is used to show the receiver of the object.

He is given a book. Ihm wird ein Buch gegeben (es wird ihm ein Buch gegeben).

If es does not begin the sentence, it should usually be omitted.

AUFGABEN

A. Beantworten Sie diese Fragen:

1. Um wieviel Uhr werden die Kinder geweckt?
2. Wann wird das Frühstück gegessen?
3. Warum hat Paula nicht geschlafen?
4. Wer wird sie zum Zahnarzt fahren?
5. Was wird aus der Garage geholt?
6. Von wem wird Paula in eine Decke gewickelt?
7. Warum durfte Paula den Mund nicht öffnen?
8. Wie lange schon hatte Paula Zahnschmerzen?
9. Warum hatte sie den Zahnarzt nicht besucht?
10. Was tat der Arzt mit dem Zahn?
11. Was tut Anton, während Paula im Sprechzimmer ist?
12. Wann wird ein Zahnarzt gewöhnlich besucht?

B. Give the Present and Imperfect Passive, in full, of the following verbs: schlagen, verstehen, heiraten, machen, tragen.

C. The following Passive sentences should be first translated, then turned into their active equivalents. (e.g., Das Kind wird von der Mutter gewaschen. The child is being washed by its mother — Die Mutter wäscht das Kind. Das Buch wurde auf den Tisch gelegt. The book was put on the table — Man legte das Buch auf den Tisch.)

1. Das Tier wird von dem Jäger getötet.
2. Das Frühstück wird von der Familie gegessen.
3. Der Wagen wurde aus der Garage geholt.
4. Die Tür wird von dem Kind geöffnet.

5. Diese Schule wird um neun Uhr abends geschlossen.
6. Deutsch wird von uns gesprochen.
7. Ich wurde ins Sprechzimmer geführt.
8. Alle Bücher wurden von der Mutter gelesen.
9. Keine Maschinen werden hier repariert.
10. Wir wurden von dem Dienstmädchen geweckt.

D. Rewrite sentences 1 to 5 of Exercise C in the plural.

E. Translate into German, using **wird** — *is*, **wurde** — *was*:
   1. Breakfast is eaten at eight o'clock.
   2. German is spoken here.
   3. This newspaper was found under the chair.
   4. The sentence was given by the judge.
   5. The judge was heard by all the people in the court.
   6. The theatre was opened at 7.30 every evening.
   7. The brandy was drunk by the dentist.

F. Translate into German Exercise E using the Active Voice, i.e. 'One eats breakfast at eight o'clock,' etc.

G. Schreiben Sie einen kurzen Aufsatz über 'Beim Zahnarzt.' (First collect all the words belonging to dentistry — Sprechzimmer, Mund, Zahn, weh tun, ziehen, plombieren, etc. You do not know the word for 'drill.' But you do know the word Instrument.)

37

EIN AUSFLUG WIRD GEPLANT

Paula hatte voriges Jahr ihre Ferien im Tirol verbracht, und dort hat sie einen jungen Mann kennengelernt, mit dem sie seither viel umhergegangen ist. Gerhard kommt jetzt öfters in seinem Wagen von Frankfurt her, wo sein Geschäft ist, um ein paar Stunden mit Paula zu verbringen. Dieser junge Mann treibt sehr gern Sport und macht sehr gern Wanderungen, besonders mit Paula. Darum bat er einmal Karl, ihm einen schönen Spaziergang zu empfehlen.

" Kennen Sie schon das Forsthaus? Nein! Dann kann ich Ihnen raten. Sie müssen bereit sein, drei Stunden zu laufen. Geht das? Gut! Also, Sie fahren zuerst mit der Bahn. Die Abfahrtszeit des Zuges ist 8.30 Uhr. Reservieren Sie sich einen Eckplatz an der rechten Seite des Abteils, denn die Landschaft an der rechten Hand ist sehr malerisch. Nach viertelstündiger Fahrt steigen Sie in Altwald aus."

Gerhard nahm sein Taschenbuch aus der Tasche und notierte ausführlich. " Na! Ich reserviere einen Eckplatz, acht Uhr dreißig, dritter Klasse, in Altwald aussteigen."

"Richtig!" fuhr Karl fort. " Von Altwald gehen Sie zu Fuß, immer gerade aus, bis Sie das Dorf verlassen und den Wald betreten. Dort finden Sie einen Waldweg, der etwa drei Kilometer lang ist. Dieser Weg führt durch herrlichen hohen Eichenwald. Hier sind die schönsten eßbaren Pilze. Nachdem Sie für uns ein paar Pilze gesammelt haben, gehen Sie weiter und nach einer Stunde kommen Sie auf eine Wegbiegung mit einem Gatter an der linken Seite."

" Halt!" Gerhard schrieb alles auf. " Zuerst von Altwald immer gerade aus: dann durch den Eichenwald, wo Pilze wachsen: endlich wird ein Gatter an der linken Seite bemerkt . . ." " Ja, an einer Biegung am Weg. Dieser führt zu einem Wirtshaus, wo frische Milch getrunken wird. Während Sie dort im Garten sitzen und sich ausruhen, werden allerlei Tiere kommen und um Brot oder Obst bitten: Schafe, Gänse und auch Hirsche und allerlei Vögel. Ein kleiner Goldfink wurde letzte Woche von uns gesehen."

Gerhard schrieb alles auf: " Gasthaus, Tiere, Goldfink . . ." " Nach den Erfrischungen halten Sie sich immer rechts vom Gatter auf der

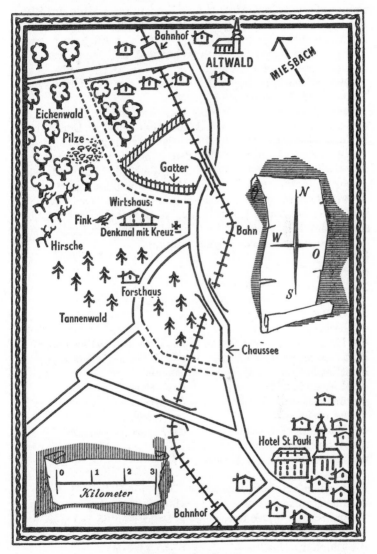

Plan des Ausflugs

Fahrstraße und biegen Sie später nach rechts in den Wald ein! Hier ist ein Denkmal mit hölzernem Kreuz. Dieser Weg führt zum Forsthaus durch einen herrlichen Tannenwald. Nach noch einer Viertelstunde biegen Sie nach rechts und nach einer weiteren halben Stunde nach links ab."

Gerhard wiederholte, "Nach rechts in den Wald einbiegen: Tannenwald: Denkmal mit Kreuz!"

"Nachdem Sie die Bahnstrecke überschritten haben, werden Sie sich auf der Landstraße nach Sankt Pauli befinden. Dort haben wir vorigen Sonntag im Hotel ein Glas Bier bis zur Abfahrt des Zuges getrunken. Das Hotel liegt dem Bahnhof gleich gegenüber," "Wann fährt der Zug zurück?" fragte Gerhard. "Ich weiß nicht genau. Ungefähr um sechs Uhr." Nachdem er alles notiert hatte, dankte Gerhard seinem Freund, indem er sagte: "Das wird eine schöne Überraschung für Paula sein, nicht wahr?" Karl lächelte, aber er gab keine Antwort. Denn es fiel ihm ein, daß Paula diesen Waldweg ebensogut wie er selber kannte.

VOCABULARY

der Eckplatz(ẅe) *corner seat*
der Goldfink (-en) *gold finch*
der Hirsch(-e) *stag, deer*
der Pilz(-e) *mushroom*
der Spaziergang(ẅe) *walk*
der Sport(-e) *sport*
der Waldweg(-e) *woodland path*
die Abfahrt(-en) *departure*
die Bahnstrecke(-n) *permanent way*
die Biegung(-en) *bend, turning*
die Eiche(-n) *oak tree*
die Fahrstraße(-n) *roadway*
die Gans(ẅe) *goose*
die Tanne(-n) *pine tree*
die Überraschung(-en) *surprise*

das Denkmal(ẅer) *monument*
das Forsthaus(ẅer) *forester's house*
das Gatter(-) *fence*
das Kreuz(-e) *cross*
das Schaf(-e) *sheep*
die Ferien (*pl.*) *holidays*

seither *since*
trotzdem *nevertheless*
umgekehrt *vice-versa*

ab-biegen (o. o.) *to turn off*
auf-schreiben (ie. ie.) *to copy*
begegnen (*with dat.*) *to meet*
bilden *to form*
ein-biegen (o. o.) *to turn*

empfehlen (a. o.) *to recommend*
notieren *to make notes*
raten (ie. a.) (*with dat.*) *to advise*
überschreiten (i. i.) *to stride across*
verbringen, verbrachte, verbracht *to spend (of time)*

wachsen (u. a.) (+ sein) *to grow*

ausführlich *in detail, detailed*
eßbar *edible*
hölzern *wooden*
link *left*, links *on the left*
malerisch *picturesque*
rech, *right*, rechts *on the right*

das Gasthaus liegt dem Bahnhof gleich gegenüber
  the inn is right opposite the station
eine Wanderung machen *to go on a hike, to ramble*
er treibt viel Sport *he goes in for a lot of sport*
es fällt mir ein *it occurs to me*
es führt zu einem Wirtshaus *it leads to an inn*
immer gerade aus *keep straight on*
kennen-lernen *to get to know*
nach rechts einbiegen *to turn right*
mit der Bahn fahren *to go by rail*

GRAMMAR

Verbs governing the Dative Case

1. Er sagt mir etwas.
   Sie dankte ihrem Freund.
   Ich empfehle Ihnen dieses Buch.

It is understandable that a dative (receiver of the object) should be used after the above verbs. You say something to a person, give thanks to somebody, recommend to somebody. Similarly a dative is used after **raten**, *to advise* (*give advice to somebody*); **zeigen**, *to show* (*to somebody*); **schreiben**, *to write* (*to somebody*); **einfallen**, *to occur* (*to somebody*).

In addition to the above there are some verbs followed quite arbitrarily by a dative. These must be learnt as a grammatical peculiarity: **folgen, begegnen, dienen, glauben, passen, helfen, gefallen, schaden, leid tun, gelingen.** Mein Hund folgt mir: er diente seinem Lande: glauben Sie mir: es tut mir leid: der Anzug paßt ihm nicht, etc.

2. When any one of the above verbs is used in the Passive, the dative of the active remains a dative in the Passive: *He was recommended*, **ihm** wurde empfohlen; *he was told*, **ihm** wurde gesagt; *she is being followed*, **ihr** wird gefolgt; *they were thanked*, **ihnen** wurde gedankt. The subject understood is **es**, which can be inserted. Es wurde ihnen gedankt, *they were thanked. They are shown*, es wird ihnen gezeigt. If this **es** does not appear at the beginning, it is omitted. Es wird einem hier nichts gegeben, *one is given nothing here*: einem wird hier nichts gegeben — hier wird einem nichts gegeben.

AUFGABEN

A. Beantworten Sie auf deutsch:

1. Wo hatte Paula voriges Jahr ihre Ferien verbracht?
2. Wen hatte sie dort kennengelernt?
3. Wo wohnt Gerhard?
4. Wie kam er von Frankfurt her?
5. Warum kam er nach Miesbach?
6. Worum bat er Karl?
7. Wie lange dauert der Ausflug?
8. Um wieviel Uhr fährt der Zug ab?
9. Wo sollte Gerhard aussteigen?
10. Was ist ein Eckplatz?
11. Ist jede Landschaft malerisch?
12. Warum nahm Gerhard sein Taschenbuch aus der Tasche?
13. Was für ein Wald war nicht weit von Altwald?
14. Sind alle Pilze eßbar?
15. Warum stand ein Gatter am Weg?
16. Was tut man in einem Wirtshaus?
17. Was für Tiere fand man hinter dem Gatter?
18. Wie heißt der Vogel, der von Karl gesehen wurde?
19. Was tut man immer, bevor man eine Bahnstrecke überschreitet?
20. Warum wird dieser Ausflug keine Überraschung für Paula?

B. Gerhard scheint nicht besonders intelligent zu sein. Woher wissen Sie dies?

C. Put the correct case endings on the following:

1. Er schreibt sein— Mutter ein— lang— Brief.
2. Dies— Anzug paßt d— Jüngling nicht.
3. D— gut— Geistlich— glaubt (ich) nicht.
4. D— entlassene Just will d— Major immer noch dienen.
5. Es tut (ich) leid.
6. Folgen Sie dies— Weg bis zu— Forsthaus.
7. Zeigen Sie d— Lehrer Ihr— letzt— Aufgabe.
8. Ich kann (Sie) dies— rot— Wein empfehlen.
9. Was fällt d— Jungen ein?
10. Er hilft sein— Bruder bei d— Arbeit in d— Fabrik.

D. Change into the Imperfect Tense and translate:

1. Diese Strecke wird **in zehn Minuten** zurückgelegt.
2. Der gelbe Vogel wird **mit Brot** gefüttert.
3. Ihm wird nicht geschadet.
4. Uns wird gesagt, was wir machen sollen.
5. Es wird **Ihnen** empfohlen, diesen Roman zu lesen.
6. Im Garten des Wirtshauses werden **viele Tiere** gesehen.
7. Viel Milch wird **im Bauernhof** getrunken.
8. Das Forsthaus wird **in anderthalb Stunden** erreicht.
9. In England wird viel Sport getrieben.
10. Zwei Plätze werden **für uns** reserviert.

E. Rewrite Exercise D, putting the words in bold type first and observing the rules of word order. In Nos. 3, 4, 9 insert es and rewrite.

F. Erklären Sie auf deutsch mit Hilfe des nebenstehenden Planes die Route von Miesbach nach Sankt Pauli,

1) zu Fuß,
2) mit dem Auto,
3) mit der Bahn.

G. Am folgenden Sonntag machen Gerhard und Paula den Ausflug, den Karl geplant hat. Um sieben Uhr abends sitzen sie im Garten des Hotels in Sankt Pauli und trinken ein Glas Bier, während sie auf den Zug warten. Was sagen sie? Schreiben Sie ein kurzes Gespräch.

38

DEUTSCHER SPORT

"Was für Sport wird hier in Miesbach getrieben?" fragte Herr Jones. "Ich habe keinen einzigen Sportplatz im Dorfe gesehen." Karl lachte. "Richtig gesprochen gibt es keinen im Dorfe, aber draußen am Fluß befindet sich eine Wiese, wo aller Sport getrieben wird. Im Winter, Eislauf und Skifahrt, wenn Schnee und Eis den Boden bedecken!"

"Auf dieser Wiese wird auch Fußball gespielt," fuhr Paula fort. "Wir haben zwei Mannschaften — die Elf in der Kreisliga und unsere Jungen. Handball ist auch früher viel gespielt worden, besonders von den Schuljungen."

"Wird auch Tennis gespielt?" fragte Herr Jones. "Es sind zwei harte Tennisplätze da. Sie sind kurz vor dem Krieg gebaut worden, aber bis jetzt ist nur wenig Tennis gespielt worden, weil Bälle und Schläger so viel Geld kosten."

"Nicht auf der Wiese sondern gleich daneben im Fluß treibt unsere Jugend ihren beliebtesten Sport — das Schwimmen und die Schiffahrt — die kosten nur wenig Geld," erklärte Paula. "Das Schwimmen ist frei für alle, die einen Badeanzug haben," antwortete Herr Jones. "Aber man kriegt keine Kanus und Boote ohne Geld."

Paula lächelte stolz. "Wissen Sie, was mein Vater voriges Jahr gemacht hat? Er hatte die Idee, ein Boot zu bauen — natürlich mit Hilfe der Jungen. Der Plan ist von den Schülern mit Begeisterung angenommen worden. Sie wollten alle helfen. Das Werk mußte in der Freizeit gemacht werden."

"Aber das Holz, die Werkzeuge, das Geld?" fragte Herr Jones. "Zuerst ist das nötige Kapital gesammelt worden. Eine Kanusportgruppe ist gegründet worden. Spenden sind von dieser Gruppe im Kreis der Eltern organisiert worden. Mit diesem Geld ist das gute, harte Holz gekauft worden. Werkzeuge haben wir in der Schule. Es wurde wochenlang gehämmert und gesägt, bis endlich das erste Kanu ins Wasser kam. Es war von rund fünfzig Schülern im Alter von 14-17 Jahren gebaut worden. Sie hatten in Schichten gearbeitet: wer vormittags Unterricht hatte, kam nachmittags zum Bauen."

"Wunderbar!" bemerkte Herr Jones. "Und war das Boot seefest?" "Das war nur das erste. Seit der Zeit sind fünf Kanus und eine Jacht auf unserer 'Werft' gebaut worden. Sie müssen mal eine Fahrt mitmachen!"

Herr Jones begann, größere Achtung vor Anton zu haben. "Hier," sagte er, "sind Sie richtige Sportsmänner: alle Teilnehmer und keine Zuschauer! Ich komme gerne mit — wenn das Wetter wärmer wird."

VOCABULARY

der Badeanzug(⸚e) *bathing suit*
der Eislauf *skating*
der Fluß(⸚e) *river*
der Fußball(⸚e) *football*
der Kreis(-e) *circle, district*
der Plan(⸚e) *plan, project*
der Schläger(-) *bat, racket*
der Sportplatz(⸚e) *playing field*
der Teilnehmer(-) *participator*
der Tennisplatz(⸚e) *tennis court*
der Unterricht(-e) *instruction*
der Zuschauer(-) *spectator*
die Achtung *heed, respect*
die Begeisterung *enthusiasm*
die Freizeit *leisure*
die Gruppe(-n) *group, team*
die Hilfe(-n) *help*
die Jacht(-en) *yacht*
die Liga(-en) *league*
die Mannschaft(-en) *crew, team*
die Schicht(-en) *shift*
die Schiffahrt *boating*
die Skifahrt *skiing*

die Spende(-n) *donation, gift*
die Werft(-en) *ship-yard*
die Wiese(-n) *field, meadow*
das Alter(-) *age*
das Holz(⸚er) *wood*
das Kanu(-s) *canoe*
das Kapital(-ien) *capital*
das Werkzeug(-e) *tool*

an-nehmen (a. o.) *to accept*
gründen *to found*
hämmern *to hammer*
sägen *to saw*

begeistert *enthusiastic*
seefest *seaworthy*
stolz *proud*

Sport treiben (ie. ie.) *to go in for sport*
wochenlang *for weeks on end*
bis jetzt *until now*

GRAMMAR

1. *Passive Voice, Compound Tenses*

es ist kalt geworden	*it has become cold.*
es ist gekauft worden	*it has been bought.*
er ist besucht worden	*he has been visited.*

The ordinary past participle of werden is geworden, but in the Passive, the past participle of werden is **worden.** Worden comes after the other past participle.

2. *Perfect Tense, Passive*

ich bin geliebt worden	*I have been loved, was loved.*
du bist entlassen worden	*thou hast been dismissed.*
er ist freigelassen worden	*he has been let out, was let out.*
wir sind vergessen worden	*we have been forgotten.*
Sie sind geführt worden	*you have been led, were led.*
sie sind genommen worden	*they have been taken.*

3. *Pluperfect, Passive*

ich war gefangen worden	*I had been caught.*
du warst empfangen worden	*thou hadst been received.*
es war zerbrochen worden	*it had been smashed.*
wir waren befreit worden	*we had been set free.*
Sie waren eingeladen worden	*you had been invited.*
sie waren verurteilt worden	*they had been condemned.*

4. The *Future Passive* is made with the future auxiliary **werden** plus the Passive infinitive (werden plus a past participle).

ich werde geschlagen werden	*I shall be beaten.*
du wirst gelehrt werden	*thou shalt be taught.*
er wird bestraft werden	*he will be punished.*
wir ⎫	*we shall* ⎫
Sie ⎬ werden gehört werden	*you will* ⎬ *be heard.*
sie ⎭	*they will* ⎭

5. The *Future Perfect Passive* (not very often used) is formed thus:

Er wird gefangen worden sein *He will have been caught.*
Wir werden besucht worden sein *We shall have been visited.*

6. In making the Perfect Passive, remember that **ist** = *has,* **worden** = *been* and that **worden** cannot be used without another past participle, cf.:

Die Tür ist offen	*The door is open.*
Die Tür ist offen gewesen	*The door has been open.*
Die Tür ist geöffnet **worden**	*The door has been opened.*
Er ist schon lange tot	*He has been dead a long time.*
Er ist getötet **worden**	*He has been killed.*

7. Another way of avoiding the Passive, besides using the Active voice is to use a reflexive verb, or **lassen** reflexively with another verb:

Es versteht sich = Es läßt sich verstehen = Man versteht es = *It is understood.*

AUFGABEN

A. Beantworten Sie auf deutsch:
1. Welches ist der beliebteste Sport in Deutschland?
2. Was muß man haben, um Tennis zu spielen?
3. Beschreiben Sie ein Kanu, eine Jacht, eine Werft.
4. Was zieht man an, bevor man ins Wasser geht?
5. Was war Antons Plan?
6. Wie ist das Kanu gebaut worden?
7. Wie viele Boote sind von den Jungen gebaut worden?
8. Ist es besser, im Sport Teilnehmer oder Zuschauer zu sein? Warum?
9. Erklären Sie das Wort " seefest ".
10. Aus was für Holz sind die Kanus gemacht worden?

B. Change the Imperfect Passive to the Perfect and vice-versa (the meaning is the same) and translate:
1. Der Plan ist mit Begeisterung von allen Schülern angenommen worden.
2. Das erste Kanu ist in drei Monaten gebaut worden.
3. Diese Aufgabe ist von der ganzen Klasse gelernt worden.
4. Diese alten Häuser sind voriges Jahr verbrannt worden.
5. Der Arbeiter ist sofort vom Herrn Direktor entlassen worden.

6. Derselbe Hut wurde zwei Jahre lang von dieser Dame getragen.
7. Das Klavierstück wurde dreimal gespielt.
8. Die Gefangenen wurden in die Wache geführt.
9. Wurden Sie bemerkt?
10. Ein neuer Versuch wurde von dem Professor gemacht.

C. Give the nominative singular and plural of the following nouns, with definite article: Fluß, Holz, Bewohner, Gasthaus, Zahnarzt, Decke, Wagen, Doktor, Zimmer, Richter, Automat, Geschichte, Muskel, Auge, Messer, Fremde, Besuch, Bank, Bauer, Arbeiter, Wiese, Plan.

D. Geben Sie ein anderes Wort für:
Professor, Bewohner, Schmerz, öffnen, Arbeiter, Volk, zurückkehren, Beamter, Lichtspielhaus, Vorstellung, kriegen, still.

E. Geben Sie das Gegenteil zu:
leer, Erwachsener, Eltern, fangen, allmählich, annehmen, verlieren, Freizeit, der Westen, der Alte, besetzt, warm, teuer, vergessen.

F. Give the 3rd person singular, Imperfect and Perfect Tenses of:
fragen, anziehen, annehmen, zerbrechen, werfen, sich durchschlagen, überlegen, wissen, organisieren, treiben, sägen, verstehen.

G. Form a noun derived from or connected with:
kennen, fehlen, sprechen, studieren, sitzen, richten, fangen, wohnen, besuchen, reisen, deutsch, leben, legen, gut, senden, bauen.

H. Beschreiben Sie in hundert Worten:
1) Einen Sommertag am Flusse,
2) Das Bauen der Kanus von den Dorfschülern.

I. Translate into German:
When ice covers the ground a lot of winter-sport is indulged in. But in summer boys like swimming best. It does not cost much money and is very healthy. Last year a canoe was built by the boys of our school and now they are building a yacht. Cricket has never been played by Germans. It is hard to find a good pitch (Spielplatz). But football has been played in the large towns for many years.

39

DER BRAND

Karl war noch außer Atem, als er eines Abends von der Arbeit nach Hause kam. "Ist etwas passiert?" fragte die Mutter. Da erzählte Karl Folgendes:

"Ich stand an der Ecke der Schillerstraße und wartete auf den Omnibus. Da sah ich einen Herrn, der sehr schnell vorbeirannte. Der Polizist, der dort die Kreuzung kontrolliert, hielt ihn auf, indem er sagte, "Wohin rennen Sie so schnell, mein Herr?" "Ich renne nach Hause," antwortete dieser; "Mein Haus brennt."

"Woher wissen Sie das?" fragte der Schupo, der keine Eile hatte.

"Ein Nachbar hat seinen Jungen geschickt, um es mir zu sagen. Entschuldigen Sie, bitte, Herr Schupo, ich muß mich beeilen."

"Warten Sie mal!" sagte der Polizist. "Ich weiß nichts von einem Brand. Wo wohnen Sie denn eigentlich?" "Friedrichstraße, Nummer siebzehn."

Dann fiel mir ein, daß der Herr mir bekannt war, daher ging ich auf den Schupo zu und sagte: "Ich kenne diesen Herrn." Dann wandte ich mich gegen den Herrn und sagte: "Sie heißen Herr Ganns, nicht wahr?"

"Ja," antwortete er. "Und Sie heißen Schulz. Sie sind mit meinem Sohn bekannt. Der ist auch Student an der Technischen Hochschule."

So hatte ich den Herrn richtig erkannt. "Entschuldigen Sie, bitte," stammelte er, "Mein Haus brennt: ich muß forteilen." Und damit wandte er sich um und lief fort.

Ich folgte ihm: der Schupo auch: zu Fuß, im Dauerlauf. So ging es zehn Minuten lang wie ein Marathonlauf bis zur Friedrichstraße.

Als wir endlich atemlos an seinem Haus ankamen, war keine Spur vom Brand. Aber sein Nachbar stand vor der Tür und wartete auf ihn. Der Schupo war nicht nur atemlos; er war auch erregt. "Wie erklärt sich denn das?" fragte er hitzig, indem er sich an Herrn Ganns wandte.

"Ach, es ist meine Schuld, Herr Wachtmeister," sagte der Nachbar. "Es war ein Brand, aber das Feuer ist jetzt aus. Ich erzähle Ihnen alles. Ich habe durch das Fenster große Flammen bemerkt. Da ich wußte, daß Herr Ganns nicht zu Hause war, habe ich sogleich an das Schlimmste gedacht. So sandte ich meinen kleinen Jungen, um Herrn Ganns zu suchen, während ich selber ein Fenster zerbrach, und ins Haus kletterte . . ."

Herr Ganns nickte zufrieden. Der Polizist dagegen war noch immer erregt und ganz rot im Gesicht. Der Nachbar fuhr fort: " In der Küche sah ich den jungen Ganns. Der ist nämlich Student an der Technischen Hochschule. In der Abwesenheit seines Vaters machte er Experimente mit Magnesiumdraht. Das waren die Flammen, die ich gesehen hatte. Sobald er mir alles erklärt hatte, habe ich gewußt, daß ich mich geirrt hatte." Bevor der Schupo wieder sprechen konnte, sagte Herr Ganns: " Es macht nichts. Sie haben ein wenig rasch aber sehr klug gehandelt. Es ist gut, daß das Feuer aus ist. Aber wo ist mein Sohn?"

" Ihr Sohn ist auch aus," antwortete der Nachbar.

VOCABULARY

der Atem(-)   *breath*
der Brand(¨e) *fire*
der Dauerlauf(¨e) *double*
der Wachtmeister(-) *sergeant*
die Abwesenheit(-en) *absence*
die Eile *hurry, haste*
die Flamme(-n) *flame*
die Kreuzung(-en) *crossing*
die Spur(-en) *trace*
das Experiment(-e) *experiment*
das Gesicht(-er) *face*

atemlos *breathless*
erregt *excited*
nämlich *as a matter of fact*
neulich *recently, a few days ago*

auf-halten (ie. a.) *to hold up, stop*
beeilen, sich *to hurry*
erkennen *to recognise*
erklären *to explain*
fort-eilen *to hurry away*
fort-laufen (ie. au.) *to keep on running*
irren, sich *to make a mistake*
klettern *to climb*
kontrollieren *to control*
stammeln *to stammer*
um-wenden, sich *to turn round*
zu-gehen, ging, gegangen (auf with acc.) *to go up to*

das ist, **das** sind *that is*, THOSE *are*
das waren die Flammen THOSE *were the flames*
er denkt ans Schlimmste *he thinks of the worst*

im Dauerlauf *at the double*
warten Sie **mal** JUST *wait*
Wie erklärt sich denn das? *What is the explanation of that, now?*

GRAMMAR

" Mixed " Verbs

Inf.	Impf.	Perf. Part.	Meaning
rennen	rannte	gerannt	*run*
brennen	brannte	gebrannt	*burn*
nennen	nannte	genannt	*name*
kennen	kannte	gekannt	*know (personally)*
denken	dachte	gedacht	*think*
bringen	brachte	gebracht	*bring*
verbringen	verbrachte	verbracht	*spend (time)*
wissen	wußte	gewußt	*know (about)*
wenden	{ wendete / wandte	gewendet / gewandt }	*turn*
senden	{ sendete / sandte	gesendet / gesandt }	*send*

The above verbs and their compounds are called mixed verbs. They change their vowels like strong verbs, but have weak endings. They are conjugated like weak verbs.

AUFGABEN

A. Beantworten Sie auf deutsch:

1. Wo stand Karl eines Abends?
2. Worauf wartete er?
3. Warum rannte der Mann, den er sah?
4. Wer hielt den Mann auf?
5. Woher hat der Mann gewußt, daß sein Haus brannte?
6. Was fragte ihn der Schupo?
7. Warum ging Karl auf den Herrn zu?
8. Wie heißt der Herr?
9. Wer stand vor der Tür, als sie am Haus ankamen?
10. Wie ist der Nachbar ins Haus gekommen?
11. Warum war der Schupo erregt?
12. Was machte der junge Ganns?

B. Change to the Imperfect Tense:
   1. Er sendet seinen Sohn in die Stadt.
   2. Sie rennt so schnell wie möglich.
   3. Das Haus brennt.
   4. Ich weiß nichts davon.
   5. Woher kennen Sie diesen Herrn?
   6. Ich denke immer an meine Mutter.
   7. Wir bringen das Buch ins Klassenzimmer.
   8. Das Pferd wendet sich schnell um.
   9. Erkennen Sie diesen Hut?
  10. Er weiß, daß es spät ist.

C. Reread Exercise B in the Perfect Tense.

D. Beschreiben Sie auf deutsch einen Brand, den Sie selber gesehen haben (100 Worte ungefähr), oder Beenden Sie auf deutsch die Anekdote in Aufgabe E.

E. Translate into German:
   Just wait a minute and I shall tell you about the fire which I saw yesterday. Many people were running and turned (einbiegen) into a side street. I turned (sich wenden) to a man whom I knew (kennen) but he did not know (wissen) what was happening. So I ran after the other people. They were standing in front of a shop. The crowd was very excited and talked and shouted. At this moment a police sergeant hurried out of the shop. He had sent for the fire brigade (die Feuerwehr).

40

DER BÜRGERMEISTER MACHT EINEN BESUCH

Anton arbeitet im Garten. Er ist in Hemdärmeln und trägt ein altes Paar Schuhe. Ihm gefällt das Gärtnern fast so sehr wie die Musik. Er hat den einzigen Rasenplatz in Miesbach (nach englischem Muster), den er jede Woche walzt und mäht. Es ist spät im September, aber ein paar Rosen blühen noch, und die Nelken und die Dahlien sind jetzt am schönsten. Anton ist im Augenblick im Gemüsegarten beschäftigt, denn seine kleine Ernte muß eingetragen werden — Kartoffeln, rote und gelbe Rüben und die letzten Tomaten — bevor das schlechte Wetter kommt.

Anna kommt zu ihm und meldet, daß der Bürgermeister im Hause sei und mit Anton sprechen wolle. Anton sieht nicht sehr erfreut aus. Der Bürgermeister ist ein eigensüchtiger Herr und nicht besonders beliebt. Anton sagt: "Sagen Sie ihm, ich könne nicht gleich kommen, ich müsse zuerst diese Kartoffeln ausgraben." Er setzt hinzu, wenn der Bürgermeister nichts dagegen habe, könne er in den Garten herauskommen. Anna kehrt ins Haus zurück.

"Na, Anna, und ist Herr Schulz da?" grüßt sie der Bürgermeister. Anna antwortet, er solle entschuldigen, daß Herr Schulz im Garten arbeite und keinen Sonntagsanzug trage: wenn er wolle, so dürfe der Bürgermeister mit ihm im Garten sprechen. "Natürlich, es freut mich!" und der Beamte geht durch die Hintertür, über den Rasen, bis zum Ende der Blumenbeete, wo Antons Gemüsegarten liegt.

Die beiden Männer grüßen sich, und Anton benutzt diese Gelegenheit, ein wenig auszuruhen und seine Pfeife anzuzünden. Er sieht Herrn Krafft ruhig an, obwohl er weiß, daß dieser nur zu Besuch kommt, wenn er eine Bitte hat. "Was bringt Sie hierher?" fragt Anton. "Ich habe gehört, Sie hätten einen Engländer bei sich zu Besuch. Ich habe mir gedacht, dieser könnte uns vielleicht einen Vortrag halten, nicht wahr?"

Dieser Vorschlag gefällt Anton nicht. Er denkt, es müsse etwas dahinter stecken. Aber er antwortet ruhig: "Am besten kommen Sie heute abend wieder, wenn er zu Hause ist." "Ja, gut, Herr Schulz! Das werde ich machen." Nach langem Schweigen nimmt

Anton wieder die Gabel in die Hand. Der Bürgermeister bleibt noch immer da. Es scheint, als ob er nicht gehen wolle. " Ist sonst noch etwas?" fragt Anton.

"Meine Frau läßt Sie grüßen. Sie entschuldigt sich, daß sie selber nicht komme, weil sie Kopfweh habe: aber sie läßt fragen, ob Sie und der Engländer morgen bei uns Kaffee trinken könnten." Anton entschuldigt sich. Er selber hätte für morgen einen Ausflug geplant; er habe frei, und dies wäre eine gute Gelegenheit, dem Engländer etwas von der Umgegend zu zeigen. Es würde ihn freuen, wenn der Bürgermeister und Frau zu ihnen kämen.

Der Bürgermeister sagt, er käme gerne: er wisse nicht, ob seine Frau imstande sei zu kommen. "Auf Wiedersehen!" grüßt Anton und greift wieder nach der Gabel. Der Bürgermeister rührt sich noch immer nicht. " Kann ich Ihnen sonst helfen?" fragt Anton höflich. "Ich will meinen Sohn nach England hinüberschicken. Glauben Sie, dieser Herr Jones hätte ein Zimmer für ihn im Hause?"

Anton erklärte ihm, daß Herr Jones sehr gutherzig sei, aber, daß die Sache ganz unmöglich wäre: Herr Jones wohne in einer kleinen Wohnung in London und hätte kein Dienstmädchen: außerdem wäre er sehr beschäftigt: er selber würde ihn auf diese Weise nicht stören. Anton sah ganz verlegen aus. Selbst der Bürgermeister wurde rot und ging endlich unzufrieden weg.

VOCABULARY

der Bürgermeister(-) *mayor*
der Gemüsegarten(⸚) *vegetable garden*
der Hemdärmel(-) *shirt sleeve*
der Rasen(-) *lawn*
der Rasenplatz(⸚e) *lawn*
der Sonntagsanzug(⸚e) *Sunday suit*
der Vortrag(⸚e) *lecture*
die Bitte(-n) *request*
die Dahlie(-n) *dahlia*
die Gelegenheit(-en) *opportunity*
die Pfeife(-n) *pipe*

die Nelke(-n) *carnation*
die Rose(-n) *rose*
die Rübe(-n) *turnip*
  rote Rübe *beet*
  gelbe Rübe *carrot*
die Umgegend *environs*
die Wohnung(-en) *flat*
das Blumenbeet(-e) *flower bed*
das Gärtnern *gardening*
das Kopfweh *headache*
das Muster(-) *pattern*

dieser *the latter*
jener *the former*

derjenige, welcher *he who*
diejenigen, welche *those who*
beschäftigt *busy, employed*
eigensüchtig *selfish*
gutherzig *kind-hearted*
unmöglich *impossible*
unzufrieden *dissatisfied*

aus-graben (u. a.) *to dig up*
an-zünden *to light*
benutzen *to use*

hinzu-fügen *to add*
imstande-sein (war, gewesen)
   to be able
ein-tragen (u. a.) *to gather*
   (*harvest*)
mähen *to mow*
melden *to report, announce*
schweigen (ie. ie.) *to be silent*
stören *to disturb*
verlangen *to demand, desire*
walzen *to roll*

er läßt Sie grüßen *he sends you his best wishes*
auf diese Weise *in this way*
es steckt etwas dahinter *there is more in it than meets the eye*
ich habe nichts dagegen *I don't mind*
einen Vortrag halten *to give a lecture*

GRAMMAR

Reported Speech, Subjunctive

Er sagte: " Herr Jones wohnt in einem kleinen Haus."
Er sagte, Herr Jones wohne in einem kleinen Haus.
Er sagte, daß Herr Jones in einem kleinen Haus wohne.
Er sagte: " Die Jones haben kein Dienstmädchen."
Er sagte, die Jones hätten kein Dienstmädchen.
Er sagte, daß die Jones kein Dienstmädchen hätten.
Sie meldet: " Der Bürgermeister ist da."
Sie meldet, daß der Bürgermeister da sei.

Subjunctive

1. In Indirect Speech (leaving out the inverted commas), when reporting what anybody says or thinks or believes, the Subjunctive is used.

Der Seemann sagte: " Dieser Hund beißt nicht."
   The sailor said: "This dog does not bite."
Der Seemann sagte, der Hund beiße nicht.
   The sailor said the dog didn't bite.

2. If **daß** is used, put the verb last. Daß is optional and, if omitted, the normal order of words is used.

　　Marie sagte: " Ich will morgen in die Stadt gehen."
　　Marie sagte, sie wolle morgen in die Stadt gehen.
　　Marie sagte, daß sie morgen in die Stadt gehen wolle.

3. The Subjunctive is always regular—except haben and sein—and is formed as follows:

Subjunctive, Present Tense, Model Verbs.

	strong	weak	sein	haben	werden
ich	trage	mache	sei	habe	werde
du	tragest	machest	seiest	habest	werdest
er sie es	trage	mache	sei	habe	werde
wir Sie sie	tragen	machen	seien	haben	werden

Subjunctive, Imperfect Tense

	strong	weak	sein	haben	werden
ich	trüge	machte	wäre	hätte	würde
du	trügest	machtest	wärest	hättest	würdest
er sie es	trüge	machte	wäre	hätte	würde
wir Sie sie	trügen	machten	wären	hätten	würden

Note: 1. The regularity of the stem and endings,
　　　　2. The ubiquity of **e** in the ending.
　　　　3. No change of vowel in the 3rd person singular Present strong verb.
　　　　4. Modification in the Imperfect strong verb.
　　　　5. Imperfect weak Subjunctive exactly like the Indicative.

4. In English Reported (Indirect) Speech, we change the tense. In German Reported Speech, the mood is changed, but the tense need not be changed.

Direct Speech: *He said: " I* AM *ill."*
                    Er sagte: " Ich **bin** krank."

Indirect Speech: He said he *was* ill.
                    Er sagte, er **sei** krank *or*
                    Er sagte, er **wäre** krank.

5. The Subjunctive is a linguistic attempt to convey an impression of non-responsibility. The Indicative is used for facts (e.g. He is a German. The world is round). The Subjunctive is used for non-facts (e.g. He says he is a German, may be a German, might be a German, could be a German. They thought the world *was* round, might be round.) In Reported Speech the speaker does not guarantee the truth of his statement. For this reason, **als ob** is also always followed by the Subjunctive.

Er sieht aus, als ob er arm wäre. *He looks as if he were poor.*
It is not a *fact* that he is poor, he only looks like it.

Es sieht aus, als ob es regnen werde. *It looks as though it might rain.*

Es scheint, als ob der Zug spät ankomme. *It seems as if the train is going to be late (might be late).*

AUFGABEN

A. Beantworten Sie auf deutsch:

1. Was trägt Anton, wenn er im Garten arbeitet?
2. Warum will er den Bürgermeister nicht gerne sehen?
3. Arbeitet er, wenn der Bürgermeister zu ihm in den Garten kommt?
4. In welchem Teil des Gartens liegen die Rüben?
5. Womit gräbt man Kartoffeln aus?
6. Was tut man mit einer Gabel?
7. Warum kommt die Frau des Bürgermeisters nicht mit?
8. Warum konnte Anton den Bürgermeister nicht am nächsten Tag besuchen?
9. Warum sollte der Sohn des Bürgermeisters die Jones nicht besuchen?
10. War der Bürgermeister endlich zufrieden?

B. Give the 3rd person singular and plural, Present and Imperfect, Indicative and Subjunctive, of these verbs:

Finden, bringen, wohnen, stecken, stehen, geben, kommen, fahren, haben, sein, werden, tragen, leben, legen, liegen.

C. Reread the text of Chapter 40 in the light of the grammatical comments. Make each Indirect statement Direct and note how often (or not) the tense is changed as well as the mood, e.g.

Sie meldet, daß der Bürgermeister im Garten sei . . .

Direct—Sie meldet: " Der Bürgermeister ist im Garten (same tense)

Sie meldet, er habe gesagt, er wolle mit ihm sprechen.

Direct—Sie meldet: " Er hat gesagt, 'ich will mit ihm sprechen.' "

D. Rewrite in Reported Speech by prefixing, Der Schupo sagte, or Der Schupo sagte, daß . . . and translate:
1. " Die ganze Geschichte kam von einer Feier her."
2. " Sie hatten eine Flasche Schnaps getrunken."
3. " Der Alkohol war den Jungen zu Kopf gestiegen."
4. " Wilhelm hatte seine Muskeln an einem Automaten ausprobiert."
5. " Er hat sogar die Maschine zerbrochen."
6. " Er warf den Automaten zu Boden."
7. " Ich habe den Lärm gehört."
8. " Ich habe versucht, den Jungen gefangen zu nehmen."
9. " Wir haben sie beide zur Wache geführt."
10. " Ich verlange zwei Monate Gefängnis als Strafe für sie."

E. Translate into German:
1. He has no objection.
2. I don't mind.
3. A good lecture was given by the Englishman.
4. My wife sends her greetings.
5. He ran across the lawn in this way.
6. She looks as though she were ill.
7. He said he was ill.
8. He thought I was wrong.
9. She believed I was right.
10. She announced that the dog was lost.

F. Beschreiben Sie in vierzig Worten:
1. Antons Garten.
2. Den Bürgermeister von Miesbach.

41

EINE WANDERUNG

Am nächsten Tag wurde der Ausflug gemacht. Die Gesellschaft bestand aus Anton, der Mutter, Karl und dem Engländer. Karl trug ein Paar Lederhosen, das er voriges Jahr in Tirol gekauft hatte. Er hatte schöne, kräftige Beine und sah sehr hübsch aus. Die anderen waren normal gekleidet.

Es war ein herrlicher Tag. Sie fuhren langsam, um die schöne Landschaft zu genießen und auch um den alten Motor zu schonen. Sie besuchten zuerst eine Schloßruine, die auf dem Schloßberg lag. Alles stieg aus dem Wagen und ging zu Fuß den Berg hinauf. Die Burg war ganz mit Gras und Pflanzen überwachsen, aber man konnte noch die dicken Mauern sehen. Sie waren fünf Meter breit, und, wo sie nicht zertrümmert waren, noch so stark wie vor tausend Jahren.

" Das ist eine schöne Ruine," sagte Herr Jones. "Ist das Schloß von Napoleon zerstört worden?" Anton erklärte seinem Freund, dieses Schloß sei im zwölften Jahrhundert gebaut und während des Bauernkrieges von den Bauern zerstört worden. Nur so hätten sich diese von der Knechtschaft der Ritter befreit. " Es leben die Bauern! Lang lebe die Freiheit!" rief Karl aus. Herr Jones, der etwas ironisch war, bemerkte, daß die Freiheit sehr oft Ruinen mit sich gebracht habe. Anton gab dies zu, indem er fragte, " Glauben Sie nicht, es wäre besser, die Freiheit unter Ruinen zu genießen, als die Knechtschaft in einem Palast?"

Marie merkte, daß eine politische Diskussion darauf folgen könnte, da wandte sie klug die Rede wieder auf das Schloß: " Man sagt, daß dieser Berg immer noch von den Geistern der getöteten Ritter und Bauern heimgesucht sei." " So ähnlich wie der Brocken im Harz," sagte Karl. Als Herr Jones fragte, was der Brocken sei, erwiderte Karl, er sei der höchste Berg in Mitteldeutschland. Am ersten Mai, in der sogenannten Walpurgisnacht, sollen die Hexen dort mit dem Teufel tanzen.

Herr Jones wollte wissen, wer diese Geister gesehen hätte: er selber hätte niemals an Geister geglaubt. Karl berichtete, daß dies nur so eine Art Legende sei, und daß man davon im "Faust" lesen könnte. Herr Jones mußte gestehen, er hätte das Drama niemals gelesen, aber er möchte es gerne sehen, besonders im Weimarer Festspiel, wenn das nur möglich wäre. Anton nickte mit dem Kopfe. " Es wäre schön, einmal dorthin zu gehen. Sie würden vor dem Krieg eine gute Aufführung dort gesehen haben. Jetzt liegt Weimar in der Russischen Zone."

Indem sie sprachen, waren sie von der Burg heruntergestiegen und wanderten jetzt im Walde, am Abhang des Berges. Karl hatte gesagt, er kenne einen guten Ort, wo sie zu Mittag essen könnten. Marie, die den Proviantkorb trug, wurde etwas müde. " Wäre dies eine gute Stelle für unser Picknick?" fragte sie. Karl sagte ihr, sie solle nur noch fünf Minuten laufen, dann kämen sie zum Ort. Er merkte, daß seine Mutter müde war, deshalb schlug er vor, den Korb selber zu tragen. " Gott behüte!" sagte Marie erregt.

Sie kamen endlich zu einer schönen Lichtung, wo sie ihr Schinkenbrot und Obst aßen. Es war recht friedlich dort zu sitzen, und sie verbrachten den Rest des Tages ruhig im Walde.

VOCABULARY

der Abhang(--e) *slope, side*
der Bauernkrieg(-e) *Peasants' War*
der Geist(-er) *spirit, ghost*
der Ort(-e and --er) *place*
der Proviantkorb(--e) *provision basket*
der Rest(-e) *remainder*
der Ritter(-) *knight*
der Spuk(-e) *ghost, spook*
die Burg(-en) *citadel, castle*
die Diskussion(-en) *discussion*
die Freiheit *freedom*
die Gesellschaft(-en) *company*
die Hexe(-n) *witch*
die Knechtschaft(-en) *servitude*
die Lederhose(-n) *leather shorts*
die Legende(-n) *legend*

die Lichtung(-en) *clearing*
die Mauer(-n) *wall*
das Bein(-e) *leg*
das Festspiel(-e) *festival*
das Jahrhundert(-e) *century*
das Obst *fruit*
das Picknick(-s) *picnic*
das Schloß(--er) *castle*
das Schinkenbrot(-e) *ham sandwich*

ähnlich *similar*
friedlich *peaceful*
ironisch *ironical*
normal *normal(-ly)*
sogenannt *so-named, so-called*
schwierig *difficult*
überwachsen *overgrown*

aus-steigen (ie. ie.) *to get out*
begleiten *to accompany*
berichten *to report, inform*
genießen (o. o.) *to enjoy*
gestehen, gestand, gestanden
  to confess

heim-suchen *to haunt*
kleiden *to clothe*
reiten (ritt, geritten) *to ride*
zerstören *to destroy*
zertrümmern *to ruin*

eine Art Legende *a sort of legend*
ich möchte gerne wissen *I should very much like to know*
Gott sei Dank! *Thank God!*
Gott behüte! *God forbid!*
ich glaube an ihn *I believe in him*
es lebe der König! *Long live the King!*
es wäre schön *it would be nice*

GRAMMAR

1. There are six tenses in all in the Subjunctive, as there are in the Indicative. The Present and Imperfect were treated in the previous chapter. The remaining tenses are made as follows:

Perfect Subjunctive

Normal	Verbs with sein
ich habe getragen	ich sei gewesen
du habest getragen	du seiest gewesen
er habe getragen	er sei gewesen
wir ⎫	wir ⎫
Sie ⎬ haben getragen	Sie ⎬ seien gewesen
sie ⎭	sie ⎭
I have (may have) carried, etc.	*I have (may have) been, etc.*

Pluperfect Subjunctive

ich hätte gesprochen	ich wäre gewesen
du hättest gesprochen	du wärest gewesen
er hätte gesprochen	er wäre gewesen
wir ⎫	wir ⎫
Sie ⎬ hätten gesprochen	Sie ⎬ wären gewesen
sie ⎭	sie ⎭
I had (might have) spoken, etc.	*I had been, etc.*
I might have been (should have been) speaking, etc.	*I might have been, etc.*

Future Subjunctive

> ich werde sprechen
> du werdest sprechen
> er werde sprechen
> wir ⎫
> Sie ⎬ werden sprechen
> sie ⎭
> *I shall speak, shall be speaking,*
>   *may speak, may be speaking, etc.*

Future Perfect Subjunctive

ich werde gesprochen haben	*I may have spoken, shall have spoken*
du werdest gelegt haben	*thou mayest have laid*
er werde gehabt haben	*he will have had, may have had*
wir werden gewesen sein	*we shall have been, may have been*
Sie werden geworden sein	*you will have become, may have become*
sie werden getragen haben	*they will (may) have carried*

2. *Further Uses of the Subjunctive*

Present. In a main clause, where a wish or command is understood. This is a sort of 3rd person imperative.

> Gott sei Dank! *Thank God!*
> Gott behüte! *The Lord forbid!*
> Es lebe die Freiheit! *Long live freedom!*

Past. In a main clause where something, which usually is not immediately possible, is hinted at. This is often represented in English by **might, would, should.**

> Es wäre schön, dorthin zu gehen. *It would be nice to go there.*
> Ich möchte wissen. *I should like to know.*

AUFGABEN

A. Beantworten Sie die folgenden Fragen:
  1. Wer nahm am Ausflug teil?
  2. Was für einen Anzug trug Karl?

3. Wie waren die anderen gekleidet?
4. Warum fuhren sie langsam?
5. Was besuchten sie zuerst?
6. Wie war die Burg zertrümmert worden?
7. Warum waren die Bauern keine Freunde der Ritter?
8. Wo ist der Brocken, und was ist er?
9. Was passiert auf dem Brocken?
10. Was sah man früher im Weimarer Festspiel?
11. Warum wurde Marie müde?
12. Was war im Korbe?

B. Erklären Sie die folgenden Wörter auf Deutsch:
   (Z.B. Ein Palast ist ein sehr großes Haus, wo ein König oder ein
reicher Mann wohnt. Man findet dort viele Diener, einen großen
Garten, gute Möbelstücke.)
   Palast: Proviantkorb: Lederhose: Festspiel: Spuk: Wald:
Bürgermeister: Kopfweh: Sonntagsanzug: unmöglich: Ruine.

C. Give the 3rd person singular, Subjunctive, Present, Imperfect
and Perfect of:
   Laufen, bringen, sprechen, verlieren, tragen, gehen, kommen,
machen, halten, leben, sein.

D. Put into Indirect Speech by prefixing Er sagte (or fragte):
   1. Er hat den Kaffee in eine Thermosflasche gegossen.
   2. Sie hatten in einem Restaurant getanzt.
   3. Sie war in der Klasse eingeschlafen.
   4. Das Kind ist sehr groß geworden.
   5. Wann haben Sie Ihre Aufgabe gemacht?
   6. Sie spielten mit ihren Freunden am Strande.
   7. Der Wagen ist sehr langsam gefahren.
   8. Hat der Bauer seine Ernte eingetragen?
   9. Hat Ihnen das Konzert gefallen?
   10. Wie viele Zigaretten haben wir geraucht?

E. Translate into German:
   A. I am very proud of my house. A few years ago it was com-
      pletely ruined. But we built it and repaired it ourselves.
   B. I should like to buy it. Would you care to sell it?

A. The Lord forbid! It would be nice to have the money. But where should we go?

B. I don't know. My husband has been looking for a house for five years (**schon 5 Jahre** plus Present Tense). I believe he will never find one.

A. Would it be possible to build if you had a piece of land?

B. I don't think so. Thank the Lord, my parents have a big house and we are able to live with them.

F. Beschreiben Sie mit 30-50 Worten: 1) eine Ruine, 2) den Brocken.

42

EINE LEKTÜRE AUS "IMMENSEE"

Es war Donnerstag Abend. Nur Marie war zu Hause geblieben. Der Vater besuchte mit seinem englischen Freund die Siedlung der Ostflüchtlinge. Karl war in Lippstadt, wo er an der Technischen Hochschule seine englischen Studien trieb. Paula war noch nicht nach Hause zurückgekehrt: sie hatte telefoniert, sie werde erst um zehn Uhr ankommen.

Das gefiel der Mutter natürlich nicht, aber was konnte sie machen? Auch das Dienstmädchen war aus. So setzte sich Marie dicht an den Ofen und machte es sich bequem. Sie nahm zuerst ein Buch aus dem Schrank. Sie las gern Liebesromane, besonders die alten. An diesem Abend las sie eine von ihren Lieblingsnovellen — Immensee, von Theodor Storm. Wir wollen ein Stück mitlesen, damit Sie sehen können, daß diese Novelle ganz einfach und nett ist. Dann werden Sie verstehen, warum Marie diese Novelle so gern hatte.

Reinhard, der Held dieser Novelle, wächst als Kind mit seiner kleinen Nachbarin Elisabeth auf. Die zwei lieben einander als Kinder und auch später. Aber Reinhard muß das Dorf verlassen, um auf der Universität zu studieren. Während seiner Abwesenheit heiratet Elisabeth einen reichen Bauern, Erich. Dies tut sie nur ihrer Mutter und Erich zu Gefallen, denn sie ist immer noch in Reinhard verliebt. Nach langjährigem Studieren im Ausland besucht Reinhard, der von Erich eingeladen worden ist, seine alten Freunde auf ihrem Gut " Immensee ". Gleich im ersten Augenblick wird Reinhard gewahr, daß Elisabeth ihren Mann nicht liebt. Sie sieht ihn mit " schwesterlichen Augen " an. So versucht er, seine ehemalige Freundin zu vermeiden . . . jetzt folgt die Stelle:

" Seit dem zweiten Tage seines Hierseins pflegte er abends einen Spaziergang an den Ufern des Sees zu machen. Der Weg führte hart unter dem Garten vorbei. Am Ende desselben, auf einer vorspringenden Bastei, stand eine Bank unter hohen Birken: die Mutter hatte sie die Abendbank getauft, weil der Platz gegen Abend lag und des Sonnenuntergangs halber um diese Zeit am meisten benutzt wurde . . .

Von einem Spaziergang an diesem Wege kehrte Reinhard eines Abends zurück, als er vom Regen überrascht wurde. Er suchte Schutz unter einem am Wasser stehenden Lindenbaum. Aber die schweren Tropfen schlugen bald durch die Blätter. Durchnäßt wie er war, setzte er langsam seinen Rückweg fort.

Es war fast dunkel: der Regen fiel immer dichter. Als er sich der Abendbank näherte, glaubte er zwischen den schimmernden Birkenstämmen eine weiße Frauengestalt zu unterscheiden. Sie stand unbeweglich und, wie er beim Näherkommen zu erkennen meinte, zu ihm hingewandt, als wenn sie jemanden erwarte.

Er glaubte, es sei Elisabeth. Als er aber rascher zutritt, um sie zu erreichen und dann mit ihr zusammen durch den Garten ins Haus zurückzukehren, wandte sie sich langsam ab und verschwand in den dunkeln Seitengängen. Er konnte das nicht reimen; er war aber fast zornig auf Elisabeth, und dennoch zweifelte er, ob sie es gewesen sei; aber er scheute sich, sie darnach zu fragen; ja, er ging bei seiner Rückkehr nicht in den Gartensaal, nur um Elisabeth nicht etwa durch die Gartentür hereintreten zu sehen.''

VOCABULARY

der Gefallen(-) *pleasure*
der Lindenbaum(¨e) *lime tree*
der Ofen(¨) *stove, fire*
der Rückweg(-e) *way back*
der Schutz *protection*
der Seitengang(¨e) *side path*
die Bastei(-en) *bastion*
die Birke(-n) *birch tree*
die Gestalt(-en) *form, figure*
die Lektüre(-n) *reading, extract*
die Nachbarin(-nen) *neighbour*
die Novelle(-n) *short story*
die Rückkehr *return*
das Ausland *abroad*
das Gut(¨er) *estate, farm*
das Hiersein *presence, stay*
das Ufer(-) *bank*

damit *so that*
der (die, das) -selbe *the same, he, it*
halber (*prep. with gen.*) *on account of*
etwa *possibly, about*
Lieblings- *favourite*
bequem *comfortable*
dicht *dense, close*
durchnäßt *saturated, soaked*
ehemalig *former*
schimmernd *shining*
schwesterlich *sisterly*
unbeweglich *motionless*
zornig (auf) *angry (with)*
verliebt in *in love with*

erwarten *to wait, expect*

fort-setzen *to continue*

gewahr-werden (wurde, geworden) *to perceive*

nähern (sich + *dat.*) *to approach*

pflegen *to be in the habit of, to be used to*

scheuen, sich *to avoid, to be shy*

taufen *to baptise*

unterscheiden (ie. ie.) *to distinguish*

vermeiden (ie. ie.) *to avoid*

verschwinden (a. u.) *to disappear*

vor-springen (a. u.) *to project, jut*

zu-treten (a. e.) (auf) *to step up to*

zweifeln *to doubt*

auf der Universität studieren *to study at the University*

die Abendbank *the West seat*

    cf. das Abendland *the West*

das Morgenland *the East*

beim Näherkommen *on approaching*

er macht einen Spaziergang *he takes a walk*

er macht es sich bequem *he makes himself comfortable*

er ist in sie verliebt *he is in love with her*

er wuchs als Kind auf *he grew up as a child*

er tut es mir zu Gefallen *he does it to please me*

gleich im ersten Augenblick *at the very first moment*

jener Weg führt am Berg vorbei *that way leads past the hill*

ich kann das nicht reimen *I can't make head or tail of that*

ich bin es *it is I*

sie war es gewesen *it had been she*

sie ist zornig auf mich *she is angry with me*

immer dichter *thicker and thicker*

GRAMMAR

Revise all tenses, Indicative and Subjunctive, relative pronouns and prepositions.

AUFGABEN

A. Beantworten Sie auf deutsch:

    1. Wer war allein im Hause?

    2. Wo war Anton?

  3. Was trieb Karl?

  4. Warum hatte Paula telefoniert?

  5. Woher nahm Marie das Buch?

  6. Wie heißt das Buch, das sie las?

  7. Wo studierte Reinhard?

  8. Warum heiratete Elisabeth Erich?

  9. Woher wußte Reinhard, daß Elisabeth Erich nicht liebte?

10. Wo pflegte Reinhard einen Spaziergang zu machen?

11. Warum heißt die Bank die Abendbank?

12. Wo suchte Reinhard Schutz und warum?

13. Was glaubte er auf dem Weg nach Hause zu sehen?

14. Warum waren die Seitengänge dunkel?

15. Wie konnte er, da es dunkel war, die Gestalt unterscheiden?

B. Give the Present, Imperfect and Perfect Indicative and Subjunctive of the following verbs:

  1. Er (bleiben) im Ausland.

  2. Sie (springen) aus dem Bett.

  3. Er (treten) in den Wald.

  4. Er (vermeiden) den Schupo.

  5. Er (werden) sie gewahr.

  6. Er (studieren) Chemie.

  7. Er (suchen) eine Pflanze im Walde.

Repeat in *a*) the 1st person singular and in *b*) the 1st person plural.

C. Put the missing article in the correct case:

  1. Der Wind kommt von —— Osten.

  2. Der Junge wirft den Ball gegen —— Wand.

  3. An —— nächsten Tag wurde ein Ausflug gemacht.

  4. Er studiert an —— Hochschule.

  5. Sie tritt durch —— Gartentür herein.

  6. Bei —— Näherkommen erkannte er seine Freundin.

  7. Die Bank stand unter —— hohen Bäumen.

D. Prefix Er sagte . . . or Er glaubte . . . to the sentences in Exercise C and make the necessary alterations.

E. Give the Active equivalents of the following Passive sentences.
(e.g. Er wurde vom Regen überrascht — Der Regen überraschte
ihn.)

1. Die Bücher wurden auf den Tisch gelegt.
2. Die Bank wurde von der Mutter die Abendbank genannt.
3. Der Freund seiner Jugend wurde von Erich eingeladen.
4. Die Gestalt wurde zwischen den Baumstämmen unter-
   schieden.
5. Von wem wurde die Siedlung besucht?
6. Das Schloß wurde von den Franzosen zerstört.
7. Die Lektüre wurde von uns allen genossen.

F. Change the sentences in Exercise E to the Perfect Tense (e.g.
Er ist vom Regen überrascht worden).

G. Insert the correct relative pronoun. (It will agree with its
antecedent in gender and number, but its case will depend on its
function in the sentence.)

1. Die Birken, unter —— er Schutz suchte, ließen den Regen
   durch.
2. Die Frau, —— Gesicht weiß war, trug ein weißes Kleid.
3. Er ging durch den Wald, —— Seitengänge sehr dunkel
   waren.
4. Der junge Mann versuchte, seine Freundin, —— er nicht
   mehr liebte, zu vermeiden.
5. Weimar ist die Stadt, in —— die Festspiele stattfinden.
6. Die Romane, —— sie liest, sind alle Liebesgeschichten.
7. Der Bube, auf —— er zornig war, war ganz unschuldig.

H. Put the verbs in brackets in the correct position:

1. Die Vögel (werden singen) auf den Bäumen.
2. Die Ritter (sind getötet worden) von den Bauern.
3. Am Ende des Gatters (wird gesehen werden) ein Pfad, der
   (führt) zu einem Wirtshaus.
4. Die armen Leute, die (kommen) vom Osten, heißen Ent-
   eignete.
5. Im Garten der Freunde wir (haben getrunken) letzte Woche
   ein Glas Milch.
6. Wenn Sie (vorbeigehen) an meinem Fenster, (aufsehen) Sie
   nicht.

7. Sein Name (wird gelobt worden sein) von allen Zeitungen, wenn er (wird geschrieben haben) seinen neuen Roman.
8. Unter einem am Ufer stehenden Lindenbaum er (suchte) Schutz.

I. Give the definite article and the plural of the following nouns: Anklage, Arm, Feier, Gefängnis, Messer, Schmerz, Mund, Abfahrt, Allee, Kenner, Pilz, Hirsch, Kreuz, Schaf, Erwachsene, Entlassung, Spur, Ecke, Draht, Flamme, Rübe, Rose, Wohnung, Held, Stamm, Birke, Gestalt, Berg, Burg, Gabel.

J. Nennen Sie *a*) drei Bäume, *b*) zwei Vögel, *c*) vier Farben, *d*) drei Länder, *e*) drei Tiere, *f*) vier deutsche Schriftsteller, *g*) drei deutsche Komponisten.

K. Translate into German:
1. He makes himself comfortable, doesn't he?
2. This pleasant old street leads past my window.
3. I am not angry with you.
4. At the moment he is in love with his work.
5. She was a wise girl: she married a rich farmer.
6. He took a walk along the shore of the lake.
7. I can see the birds in the trees.
8. He continued his way home without saying a word.
9. Sit down, please! I want to talk to you.
10. This large room was not used in the evening.

L. Machen Sie einen kurzen Bericht von der Lektüre aus " Immensee " (nicht mehr als 60 Worte).

43

EIN BRIEF AUS FRANKREICH

Es klopft an der Tür: Wotan bellt: der Briefträger ist da. Karl eilt an die Tür, aber Paula kommt ihm zuvor. Es sind fünf Briefe und ein Paket. Paula eilt in das Eßzimmer mit ihrer Beute und verteilt sie.

"Hier, Vater, ist ein eingeschriebener Brief für dich — ich habe schon unterzeichnet — und die Gasrechnung. Für Mutti ist dieses Paket. Es sieht aus, als ob es ein neuer Hut wäre. Ja, ich glaube, es ist ein neuer Hut. Für Karl ist dieser Brief aus England."

Liesel guckt hinein, als Karl den Brief ergreift, und sagt: "Darf ich die Briefmarke haben? Dies ist eine neue." "Du darfst auch diese haben," sagt Paula: "eine schöne französische für deine Sammlung."

Paula hat nämlich zwei Briefe bekommen: ein gedrucktes Rundschreiben von ihrer Theatergruppe und einen Brief von ihrer Freundin, die sich neulich mit einem Franzosen verheiratet hat und jetzt in Paris wohnt. Paula reißt den Brief auf und liest Folgendes:

Paris
den neunten November.

Liebe Paula!

Es freut mich, Dir endlich schreiben zu können. Es gelang uns endlich, hier in Paris eine Wohnung zu finden. Du wirst es kaum glauben, aber die Wohnungsfrage ist noch schwieriger hier als in Lippstadt. Unser Liebesnest ist zwar nur klein, aber mein Mann ist damit sehr zufrieden.

Es ist gut, daß es uns gelungen ist, sogleich in das Haus zu ziehen, da das Wetter in den letzten Tagen sehr schlecht geworden ist. Es regnet fast jeden Tag, und gestern hat es sogar in der Nacht gefroren. Man erwartete nicht, daß es so früh friert. Daher habe ich meinen alten Pelzmantel aus der Rumpelkammer herausgeholt und die Motten herausgebürstet.

Trotz des schlechten Wetters lohnt es sich, hier zu sein. Es gibt überall so viel Neues zu sehen: besonders in den Museen. Es wundert Dich, daß ich die Museen besuche, denn ich war sonst nicht so ernst gesinnt. Aber ich kenne wenige Leute, und da mein

Mann den ganzen Tag im Geschäft arbeitet, wird mir die Zeit etwas lang.

Es freut mich, daß wir ein Dienstmädchen haben: ich kann mit ihr Französisch üben. Sie ist ein ganz nettes Mädchen, und sie verbessert meine Aussprache, wenn ich Fehler mache, was nicht selten vorkommt, kann ich Dir versichern. Es wird mir klar, daß meine Aussprache nicht hundert Prozent fehlerfrei ist. Auch fehlt mir zuweilen der Mut, etwas zu sagen, weil ich nicht gerade auf das richtige Wort komme. Trotzdem gelingt es mir gewöhnlich, mich verständlich zu machen — besonders wenn ich Einkäufe mache.

Es tut mir leid, daß ich nicht fleißiger im Französischen in der Schule war. Wir haben immer so viel Spaß in den französischen Stunden gehabt, nicht wahr? Erinnerst Du Dich an Mademoiselle Dupont und ihren komischen Hut? Ach, das waren schöne Tage, Paula. Und jetzt bin ich verheiratet und noch glücklicher als je — aber auf andere Weise. Ach, ich will niemals alt werden, Paula. Es ist mir so wohl!

Ich werde Dich nicht langweilen: ich spreche immer nur von mir. Wie geht es Dir und der Familie? Schreibe mir einen recht langen Brief, damit ich genau weiß, wie es Dir und Toni und Willi und allen anderen in der Theatergruppe geht. Wir, das heißt mein Mann und ich, denken so oft an alle unsere Freunde in Lippstadt und auch in Miesbach.

Es grüßt Dich,

Deine Gerda.

VOCABULARY

der Briefträger(-) *postman*
der Mut *courage*
der Pelzmantel(⸚) *fur coat*
die Aussprache(-n) *accent*
die Beute(-n) *booty, prey*
die Briefmarke(-n) *stamp*
die Gasrechnung(-en) *gas bill*
die Motte(-n) *moth*
die Rumpelkammer(-n) *lumber room*
die Sammlung(-en) *collection*

die Theatergruppe(-n) *dramatic society*
das Museum (Museen) *museum*
das Nest(-er) *nest*
das Rundschreiben(-) *circular (letter)*

ernst *serious*
ernst gesinnt *serious-minded*
fehlerfrei *faultless*
gedruckt *printed*

auf-reißen (i. i.) *to tear open*
aus-bürsten *to brush out*
bellen *to bark*
ein-schreiben (ie. ie.) *to register*
ergreifen (i. i.) *to take hold of,*
  grasp
fehlen (an) *to be short of, lack*
frieren (o. o.) *to freeze*
gelingen (a. u.) *to succeed*
gucken *to peep*
lohnen *to reward*
lohnen sich *to be worth while*
unterzeichnen *to sign*
verbessern *to improve, correct*
versichern *to assure*
verteilen *to give out, distribute*
verheiraten sich *to marry*
vor-kommen (a. o.) *to occur,*
  happen

wundern sich *to marvel*
zuvor-kommen (a. o.) *to*
  anticipate

auf andere Weise *in a different*
  way
ein eingeschriebener Brief *a*
  registered letter
er macht sich verständlich *he*
  makes himself understood
es gelingt mir *I succeed*
es ist ihm gelungen *he*
  succeeded
die Zeit wird ihm lang *he gets*
  bored
es ist mir wohl *I feel fine*
es war ihm wohl *he felt grand*
hundert Prozent fehlerfrei
  absolutely perfect
sie ist glücklicher als je *she is*
  happier than ever

GRAMMAR

Impersonal Verbs

1. Es ist klar, daß . . . *It is clear that . . .*
   Es ist gut, daß . . . *It is a good thing that . . .*
Impersonal Verbs, i.e. verbs used only in the 3rd person singular neuter, occur in English as in German.

2. Es klopft an der Tür. *There is a knocking at the door.*
   Es kommt jemand. *There is somebody coming.*
   Es wird viel gearbeitet. *There is a lot of work being done.*
An indefinite subject **there** is referred to in German by **es**.

3. Es gibt, *there is, there are.*
   Es ist, *there is* ; Es sind, *there are.*
Es gibt Leute, die kein Fleisch essen. *There are people (existing somewhere or other) who don't eat meat.* Es sind dreißig Personen

in diesem Zimmer. *There are thirty persons in this room (a definite and demonstrable fact).*

Es gibt is used for intangible and remote things. **Es ist (sind)** is used for tangible, definite facts.

4. Es regnet: *It is raining*; es regnete, es hat geregnet.

Es hagelt: *There is hail*; es hagelte, es hat gehagelt.

Es friert: *It is freezing*; es fror, es hat gefroren.

Phenomena of the weather are impersonal in German, as they are in English.

5. Es freut mich. *I am glad.*

Es gelingt mir. *I am successful, I succeed.*

Some English personal verbs have impersonal equivalents in German. These must be learnt. Their subject is the impersonal **es**, and the person affected is in the accusative or dative case according to the verb.

Impersonal Verb governing the Accusative of the Person

Es freut mich: *I am glad*; es freute mich, es hat mich gefreut.

Es wundert sie: *She is surprised.*

Impersonal Verb governing the Dative of the Person

Es gelingt mir: *I succeed*; es gelang mir, es ist mir gelungen.

Es fehlt mir (an Brot): *I lack (bread)*; es fehlte mir, es hat mir gefehlt.

Es fällt mir ein, daß . . .: *It occurs to me, that* . . . ; es fiel mir ein, es ist mir eingefallen.

Es gefällt mir hier: *I like it here*; es gefiel mir, es hat mir gefallen.

Es geht mir gut: *I am well*; es ging mir gut, es ist mir gut gegangen.

Es ist mir, als ob . . . : *I feel, as if* . . . ; es war mir, es ist mir gewesen.

Es tut ihm leid: *He is sorry*; es tat Ihnen leid: *you were sorry*; es hat mir leid getan: *I was sorry.*

Es schadet nichts: *It doesn't matter*; es schadete nichts, es hat nichts geschadet.

6. Some verbs have an impersonal use side by side with the personal form.

Es grüßt Sie — Ich grüße Sie.

Es freut mich — Ich freue mich.

7. Du, Dich, Dir, Dein — observe the capital letter, used *in letters* only.

8. Ich glaube, es ist ein neuer Hut. The Subjunctive is only used for non-facts. By using the Indicative, Paula makes the new hat a fact.

AUFGABEN

A. Beantworten Sie die folgenden Fragen:
1. Wer klopft an der Tür?
2. Was bringt der Briefträger mit?
3. Für wen sind die Briefe?
4. Was verlangt Liesel und warum?
5. Warum wohnt Paulas Freundin in Frankreich?
6. Warum ist sie froh, eine Wohnung zu haben?
7. Warum besucht sie die Museen?
8. Woher wissen wir, daß ihr Französisch fehlerhaft ist?
9. Was hatte Gerda in den französischen Stunden gemacht?
10. An wen denkt Gerda oft?

B. Use an Impersonal verb instead of the following expressions:
1. Ich freue mich.
2. Wir freuen uns.
3. Reinhard grüßte sie.
4. Er hat sich wohl gefühlt.
5. Wie befinden Sie sich?
6. Wie haben sie sich befunden?
7. Man klopft an der Tür.
8. Sie ist froh, daß der Regen kommt.
9. Sie wundern sich.
10. Er hat sich gewundert.

C. Give the German for:
1) A registered letter. 2) The gas bill. 3) A printed circular. 4) A stamp collection. 5) It is raining. 6) It was freezing. 7) You are surprised. 8) Are you glad? 9) They do not succeed. 10) They have at last succeeded.

D. Schreiben Sie Paulas Antwort an ihre Freundin.

44

EIN BRIEF AUS ENGLAND

Während Paula ihren Brief las, musterte Karl den Umschlag seines Briefes. "Die Handschrift ist mir bekannt," sagte er. "Es ist unser alter Freund Bill Wilkins. Er muß es dringend eilig haben, denn der Brief ist mit Luftpost gekommen. Na, Liesel, hier sind deine Marken. Wollen wir sehen, was er schreibt?"

London
den achten November.

Lieber Karl!

Ich habe Ihnen lange nicht geschrieben, weil ich nichts Neues zu berichten hatte. Das Leben ist ganz einförmig — Essen, Schlafen und Arbeiten. Ich vermute aus Ihrem langen Schweigen, daß dies auch bei Ihnen der Fall ist. Aber in der letzten Zeit habe ich die Ausstellung in Earls Court besucht. Ich habe mir gedacht, Sie würden sich freuen zu hören, was wir dort gesehen haben.

Ich ging mit einigen von meinen Mitstudenten (Sie erinnern sich wohl an Tom Williams? Er war auch dabei). Wir mußten je zwei Schilling Eintrittsgeld bezahlen. Es gibt dort so viel zu sehen, daß wir nicht wußten, wo anzufangen. Wir haben zuerst viel Zeit verloren, weil wir uns nicht gleich entschließen konnten, was wir sehen wollten.

Gleich beim Eingang aber stand ein Beamter, der uns fragte, was wir uns gerne ansehen möchten. "An Ihrer Stelle," schlug er vor, würde ich den neuen Sonnenscheinwagen besichtigen. Er ist sehr empfehlenswert." "Das würde sicher sehr interessant sein," stimmte ich zu. "Aber wenn er so beliebt ist, dann werden sich sehr viele Leute um den Wagen drängen, und wir würden ihn nicht sehen können." "Augenblicklich müßte viel mehr Platz geben, als später am Tag," entgegnete der Beamte.

Tom Williams unterbrach ihn: "Wenn wir Zeit hätten, so würden wir gerne überall umherwandern und alles ansehen. Aber das geht nicht. Was würden Sie als besonders sehenswert empfehlen, wenn Sie nur ein paar Stunden Zeit hätten?"

"Es kommt darauf an, was Sie interessiert," antwortete der Beamte. "Ich würde selber gerne die Radioapparate besichtigen," sagte Tom. "Aber vielleicht hätte das wenig Interesse für meine Freunde."

"Sie haben recht, Tom," sagte Fred. "Ich halte Ihren Vorschlag für dumm. Ich bin gekommen, um die medizinische Abteilung zu besichtigen. Das Radio geht mich nichts an."

"Also," schlug ich vor, "wie wäre es, wenn wir uns trennen. Und wir treffen uns um ein Uhr im Restaurant?" "Abgemacht!" stimmten alle zu.

Das taten wir, und nach einer kurzen Pause für das Mittagessen verbrachten wir auch den ganzen Nachmittag dort. Wenn wir mehr Zeit gehabt hätten, so würden wir viel mehr gesehen haben. Aber, Gott sei Dank, war das nicht möglich. Wenn wir noch länger geblieben wären, hätte ich dort schlafen müssen — ich wurde so schrecklich müde.

Dieser "Sonnenschein" ist ein herrliches Auto. Es würde Ihnen gefallen. Ich selber würde gerne eins kaufen. Aber, wie Sie wissen, habe ich leider kein Geld. Und auch wenn ich Geld hätte, wäre es unmöglich, eins zu kaufen. Denn man läßt seinen Namen auf eine Anwärterliste schreiben. Ein Beamter der Firma hat geäußert, ich würde wenigstens vier Jahre auf eine Lieferung warten müssen.

Sie würden viel Freude an einem Gegenstand gehabt haben, Karl. Das war das Modell eines Motorrads, Marke "Schwarzvogel". Es stammte aus dem Jahre 1901. Als ich es sah, mußte ich gleich an Ihr Rad denken: es sah so ähnlich aus: nur mit diesem Unterschied — dieses Modell war in guter Ordnung.

Es ist mir sogleich eingefallen, was Sie brauchen könnten, sei keine neue Batterie, sondern ein neuer Akkumulator. Was meinen Sie? Ich schließe hiermit einen Prospekt von diesem Akkumulator bei. Falls Sie sich dafür interessieren, würde ich gern bereit sein, Ihnen Näheres darüber zu berichten.

Inzwischen wünsche ich Ihnen alles Gute,

und verbleibe

Ihr Freund,

Bill.

VOCABULARY

der Akkumulator(-en) *acccumulator*

der Gegenstand("-e) *object*

der Mitstudent(-en) *fellow student*

der Prospekt(-e) *prospectus*

der Platz(⸗e) *room, space*
der Unterschied(-e) *difference*
die Abteilung(-en) *section*
die Anwärterliste(-n) *waiting list*
die Ausstellung(-en) *exhibition*
die Firma (Firmen) *firm*
die Freude(-n) *joy, pleasure*
die Handschrift(-en) *writing*
die Lieferung(-en) *delivery*
die Luftpost *air-mail*
die Marke(-n) *model, stamp*
die Ordnung(-en) *order*
das Eintrittsgeld *admission fee*
das Modell(-e) *model*

augenblicklich *immediately, for the moment*
einförmig *monotonous*
empfehlenswert *worth recommending*
dringend *urgent*

sehenswert *worth seeing*
abgemacht *agreed*
falls, im Falle daß *in case of*
leider *unfortunately*

äußern *to express (an opinion), comment*
bei-schließen (o. o.) *to enclose*
besichtigen *to inspect, look at*
drängen, sich *to crowd*
entschließen, sich (o. o.) *to decide*
entgegnen *to rejoin, retort*
mustern *to examine*
stammen *to come from, originate*
trennen *to separate*
unterbrechen (a. o.) *to interrupt*
verbleiben (ie. ie.) *to remain*
verlieren (o. o.) *to lose*
vermuten *to suspect, surmise*
zu-stimmen *to agree*

an Ihrer Stelle *in your place*
das geht mich nichts an *that has nothing to do with me*
er hat es eilig *he is in a hurry*
er war dabei *he was there*
es kommt darauf an *it all depends*
es sah so ähnlich aus *it looked something like that*
ich halte ihn für dumm *I think he is stupid*
ich werde Ihnen Näheres darüber schreiben
   I shall send you more details about it
Was möchten Sie sehen? *What would you like to see?*

GRAMMAR

Conditional Tense

   1. *Present*

ich würde schreiben	*I should write*
du würdest sagen	*thou wouldst say*
er würde sein	*he would be*
wir würden haben	*we should have*
Sie würden werden	*you would become*
sie würden gehen	*they would go*

   Past Conditional

ich würde geschrieben haben	*I should have written*
du würdest gesagt haben	*thou wouldst have said*
er würde gehabt haben	*he would have had*
wir würden gewesen sein	*we should have been*
Sie würden geworden sein	*you would have become*
sie würden getragen haben	*they would have worn*

2. The Conditional is a form of the Subjunctive. It is only used for suppositions, possibilities or improbabilities.

   Wenn ich Geld habe, trinke ich Wein. *When I have money, I drink wine.*

This is a statement of fact, so the Indicative is used.

   Wenn ich Geld hätte, würde ich Wein trinken. *If I had money, I should drink wine.*

Here the Subjunctive and Conditional are used to show that this is *not* a fact but only a hypothetical case.

   Wenn er Zeit hat, liest er Romane. *When he has time, he reads novels.*

It is a fact that he reads novels—certainly not all day long but only when he has time.

   Wenn er Zeit hätte, würde er Romane lesen. *If he had time, he would read novels.*

But he has no time, therefore we are outside the realm of fact.

3. Instead of the Conditional Tense, the Imperfect Subjunctive may be used with strong verbs.

   Ich würde geben or Ich gäbe. *I should give.*

   Ich würde gerne mitkommen or Ich käme gerne mit. *I should like to come with you.*

Er würde reich sein or Er wäre reich. *He would be rich.*

Sie würden es verlieren or Sie verlören es. *They would lose it.*

Instead of the Past Conditional, the Pluperfect Subjunctive is often used.

> Ich würde gesungen haben *or* Ich hätte gesungen. *I should have sung.*
>
> Er würde bald gekommen sein *or* Er wäre bald gekommen. *He would soon have come.*
>
> Wir würden es gemacht haben *or* Wir hätten es gemacht. *We should have done it.*
>
> Sie würden Deutschland besucht haben *or* Sie hätten Deutschland besucht. *They would have visited Germany.*

4. The above forms are particularly useful with modal verbs, which would otherwise be so clumsy.

> *He would have had to go.* Er hätte gehen müssen is much simpler than er würde haben gehen müssen.
>
> Er hätte gehen sollen. *He ought to have gone.*
>
> Ich hätte schweigen dürfen. *I should have been allowed to keep quiet.*
>
> Wir hätten bleiben können. *We could have stayed.*
>
> Sie hätten kommen mögen. *They would have liked to come.*

Note the order of words in such a sentence when subordinate.

> Weil sie hätten singen sollen. *Because they should have sung.*
>
> Wenn er hätte gehen müssen. *If he had had to go.*

With the three verbs together, the order is tense word, Infinitive, modal verb (T.I.M.).

5. **would** and **should** are general service words in English and are not confined to the Conditional.

> Er würde eins kaufen, wenn er das Geld hätte. *He would buy one, if he had the money. (Conditional.)*
>
> Er wollte nicht versprechen, den Wagen zu kaufen. *He WOULD not promise to buy the car. (i.e. refused, did not wish.)*
>
> Sie sollten einen Akkumulator probieren. *You SHOULD try an accumulator. (Ought to, feel an obligation to.)*
>
> Er pflegte von Morgen bis Mitternacht zu singen. *He WOULD sing from morn to midnight. (Used to, was wont to.)*

AUFGABEN

A. Beantworten Sie die folgenden Fragen:
1. Was für Gegenstände waren in dieser Ausstellung zu sehen?
2. Ist Bill allein gegangen?
3. Wieviel Eintrittsgeld mußte er bezahlen?
4. Was war besonders sehenswert?
5. Was wollte Tom ansehen?
6. Wo würden sie sich um ein Uhr treffen?
7. Warum konnte Bill kein Auto kaufen?
8. Was schloß Bill im Brief bei?
9. Warum?
10. Nennen Sie vier Teile eines Autos.
11. Nennen Sie fünf Gegenstände mit Rädern.
12. Nennen Sie drei öffentliche Gebäude.

B. Give the Conditional, Present and Past, 3rd person singular and plural of:

Verkaufen, bringen, singen, legen, lesen, fahren, bieten, schreiben, machen, bezahlen.

C. Rewrite the following sentences with the Subjunctive equivalent for the Conditional and translate:
1. Wenn ich Zeit hätte, würde ich nach Deutschland fahren.
2. Wenn ich Zeit hätte, würde ich ins Kino gehen.
3. Wenn ich Zeit hätte, würde ich eine Zigarette nehmen.
4. Wenn ich Zeit hätte, würde ich viele Bücher lesen.
5. Wenn ich Zeit hätte, würde ich Sport treiben.
6. Wenn er uns gesehen hätte, würde er uns gegrüßt haben.
7. Wenn er uns gesehen hätte, würde er nicht fortgelaufen sein.
8. Wenn er uns gesehen hätte, würde er den Hut aufgesetzt haben.
9. Wenn er uns gesehen hätte, würde er mit uns gesprochen haben.
10. Wenn er uns gesehen hätte, würde er uns haben grüßen müssen.
11. Wenn sie reich wären, würden sie bessere Kleider tragen.
12. Wenn wir krank wären, würden wir den Arzt anrufen.

D. Complete the following with a main clause (in the Conditional, if hypothetical; Indicative, if a fact):

   1. Wenn ich einen großen Garten hätte, . . .
   2. Wenn wir in Deutschland wären, . . .
   3. Als ich in Deutschland war, . . .
   4. Wenn er blind wäre, . . .
   5. Wenn Sie schnell laufen, . . .
   6. Wenn Sie schnell liefen, . . .
   7. Wenn sie Wein trank, . . .
   8. Wenn sie Wein tränke, . . .
   9. Wenn er viel Geld gehabt hätte, . . .
  10. Wenn Karl einen guten Akkumulator gehabt hätte, . . .

E. Translate into German:

   1. It all depends.
   2. What would you like to see?
   3. I should like to buy a watch.
   4. In your place I should inspect the battery.
   5. Will you please give me more details about this prospectus.
   6. In case you can't go, I will give you your money back.
   7. He would have done it, if you had spoken quietly.
   8. When I speak German I don't think of English words.
   9. If I spoke German, I should go abroad for my holidays.
  10. If he had spoken German, we should have understood him.

F. Schreiben Sie Karls Antwort auf diesen Brief (120 Worte).

NOTE ON THE USE OF GOTHIC TYPE

There are two kinds of type used in German printing. The Roman type (English kind) has for many years been slowly taking the place of their old Gothic type. Although newspapers and most books now use Roman type, a few books are printed in Gothic. To familiarise the student with this type, the last lesson is printed in Gothic.

Some Germans, particularly the older generation, continue to use Gothic script as well as Roman script. In case the student has to deal with letters from Germans, written in Gothic writing, the key is given below.

THE ALPHABET

Roman	Gothic Type		Name (pronounced as in English)	Gothic Script	
	Capital	Small		Small	Capital
a	𝕬	𝖆	ah		
b	𝕭	𝖇	bay		
c	𝕮	𝖈	tsay		
d	𝕯	𝖉	day		
e	𝕰	𝖊	eh		
f	𝕱	𝖋	eff		
g	𝕲	𝖌	gay		
h	𝕳	𝖍	hah		
i	𝕴	𝖎	ee		
j	𝕵	𝖏	yot		

Roman	Gothic Type		Name (pronounced as in English)	Gothic Script	
	Capital	Small		Small	Capital
k	K	k	kah		
l	L	l	ell		
m	M	m	em		
n	N	n	en		
o	O	o	oh		
p	P	p	pay		
q	Q	q	koo		
r	R	r	airr		
s	S	ſ, s (final)	ess	(FINAL)	
t	T	t	tay		
u	U	u	oo		
v	V	v	fow		
w	W	w	vay		
x	X	x	iks		
y	Y	y	ipsilon		
z	3	ʒ	tset		

ck = ck   ss = ſſ   tz = ʒ   sz = ß

45

DIE RÄUBER

Paula liebt das Theater. Sie gehört eigentlich einer Theatergruppe (alle Liebhaber, natürlich) an, und hatte angefangen, als sie erst fünfzehn Jahre alt war, kleine Rollen zu spielen. Das erste Mal, als sie auf der Bühne erschien, hat sie Lampenfieber gehabt: aber das ist schon lange her. Sie mag die klassischen Stücke am liebsten, und es hat sie gefreut, daß ihre Gruppe sich entschlossen hat, „Die Räuber" von Schiller aufzuführen.

Dieses große Schauspiel wurde im Jahre 1781 geschrieben und hat sofort großen Beifall gefunden. Die stürmische, leidenschaftliche Sprache, die rasche, klare Handlung machen dieses Werk zum Lieblingsdrama der deutschen Jugend. Daher ist Paula begeistert, daß sie die Rolle von Amalia hat spielen dürfen. Die erste Probe sollte Freitag stattfinden.

Die jungen Leute haben um sechs Uhr anfangen wollen, aber Toni, der Intendant, hat erst um sieben Uhr kommen können. Daher haben sie auf ihn warten müssen. Jetzt ist es sieben Uhr. Obgleich es sehr kalt im ungeheizten Theater ist, steht Toni, wie alle Intendanten, in Hemdärmeln. Er hat die ganze Gruppe um sich auf die Bühne rufen lassen. Dort stehen sie in ihren Alltagskleidern und hören dem Intendanten zu.

Toni hat ein merkwürdiges Talent und mit großen Gesten zeigt er ihnen, wie jeder Charakter sprechen, handeln und selbst denken soll. „Und noch eins," fügt er hinzu. „Vergessen Sie nicht die Ihr-Form des Verbs zu gebrauchen. Statt ‚Sie sehen', sagte Schiller ‚Ihr seht' — ‚Ihr' für ‚Sie', ‚Euch' für ‚Ihnen', ‚Euer' für ‚Ihr'. Das war im achtzehnten Jahrhundert die höfliche Form, die auch Kinder zu ihren Eltern gebraucht haben." Dann beginnt er zu lesen, von Anfang an, den Ersten Aufzug, die Erste Szene,

Die Räuber

Szene in Franken: ein Saal (im Schloß der Familie Moor). Zwei Charaktere erscheinen, der Alte Moor sehr ängstlich über die

Abwesenheit seines jüngeren Sohnes, Karls: und der ältere Sohn, Franz Moor.

Franz: Aber ist Euch auch wohl, Vater? Ihr seht so blaß.

Der Alte Moor: Ganz wohl mein Sohn — was hattest du mir zu sagen?

Franz: Die Post ist angekommen — ein Brief von unserem Korrespondenten in Leipzig.

Der Alte Moor (begierig): Nachrichten von meinem Sohne Karl?

Franz: Hm! hm! — So ist es. Aber ich fürchte — ich weiß nicht — ob ich — Eure Gesundheit? — Ist Euch wirklich ganz wohl, mein Vater?

Der Alte Moor: Wie dem Fisch im Wasser! Von meinem Sohne schreibt er? — wie kommst du zu dieser Besorgnis? Du hast mich zweimal gefragt.

Franz: Wenn Ihr krank seid — nur die leiseste Ahnung habt, es zu werden, so laßt mich — ich will zu gelegenerer Zeit zu Euch reden. (halb vor sich) Diese Zeitung (Nachricht) ist nicht für einen zerbrechlichen Körper.

Der Alte Moor: Gott! Gott! was werd' ich hören?

Franz: Laßt mich vorerst auf die Seite gehen und eine Träne des Mitleids vergießen um meinen verlorenen Bruder — ich sollte schweigen auf ewig — denn er ist Euer Sohn: ich sollte seine Schande verhüllen auf ewig — denn er ist mein Bruder. Aber Euch gehorchen, ist meine erste, traurige Pflicht — darum vergebt mir.

Der Alte Moor: O Karl! Karl! wüßtest du, wie deine Aufführung das Vaterherz foltert! Wie eine einzige frohe Nachricht von dir meinem Leben zehn Jahre zusetzen würde — mich zum Jüngling machen würde — da mich nun jede, ach! einen Schritt näher ans Grab rückt!

Franz: Ist es das, alter Mann, so lebt wohl — wir alle würden noch heute die Haare ausraufen über Eurem Sarge.

Der Alte Moor: Bleib! Es ist noch um den kleinen kurzen Schritt zu tun — laß ihm seinen Willen! Die Sünden seiner Väter werden heimgesucht im dritten und vierten Glied — laß ihn's vollenden.

Franz: (Nimmt den Brief aus der Tasche) . . .

Mit wenigen Worten sind wir mitten in der Handlung. Karl Moor hat deutlich etwas Entsetzliches getan. In den nächsten Zeilen hören wir, wie er wegen Diebstahls und Mordes gesucht werde: er sei Hauptmann einer Räuberbande geworden. So wird die dramatische Spannung erregt.

In einer Reihe von bunten Szenen entfaltet sich das Drama. Am Ende wird der Vater getröstet. Karl sühnt seine Verbrechen durch Selbstopfer und durch seine reine Liebe für Amalia und für die Menschheit im allgemeinen.

VOCABULARY

der Aufzug(¨e) act
der Beifall applause
der Hauptmann (Hauptleute) captain
der Intendant(=en) producer
der Räuber(=) robber
der Sarg(¨e) coffin
der Schritt(=e) step
die Ahnung(=en) suspicion
die Bande(=n) gang
die Besorgnis(=se) worry
die Geste(=n) gesture
die Gesundheit health
die Handlung(=en) action
die Jugend youth
die Pflicht(=en) duty
die Probe(=n) rehearsal
die Rolle(=n) role
die Schande(=n) shame
die Spannung(=en) tension
die Sünde(=n) sin
die Träne(=n) tear
das Alltagskleid(=er) working clothes
das Grab(¨er) grave
das Lampenfieber stage fright
das Selbstopfer(=) self-sacrifice

das Talent(=e) talent
das Verbrechen(=) crime

begierig anxious, curious
blaß pale
deutlich clear, obvious
entsetzlich dreadful
gelegen suitable
neugierig inquisitive
rasch quick(ly)
stürmisch stormy, wild
(un)geheizt (un)heated
zerbrechlich brittle

an=gehören (+ dat.) to belong
auf=führen to produce
aus=raufen to pluck out
entfalten to unfold
foltern to torture
fürchten to fear
gebrauchen to use
gehorchen to obey
reden to speak
rücken to move
sühnen to expiate
vergeben (a. e.) to forgive
verhüllen to conceal
zu=setzen to add

auf die Seite gehen to step aside   im allgemeinen in general
das ist schon lange her that *was* a long time ago.

die Sünden seiner Väter werden heimgesucht im dritten und vierten
Glied (Bible) the sins of the fathers are visited on the third
and fourth generation

er sprach vor sich hin he was speaking to himself
erst um sieben Uhr not until seven o'clock
mitten in der Szene in the midst of the scene
es ist mir um etwas zu tun I am anxious about something

GRAMMAR

1. „Ihr" *form*

Ihr seht: ihr seid: es ist eure Pflicht.

Ihr is the second person plural familiar form, the plural of
du. It is used when talking to a number of children or intimate
friends. It was used as the polite form (instead of Sie) until
the end of the eighteenth century. After ihr, the verb ends in
-t, e.g. ihr geht, ihr habt, ihr werdet, ihr arbeitet, ihr tragt:
exception, ihr seid. The accusative and dative of ihr are euch.
Ich sage euch — I tell you. The possessive adjective **your,** familiar
form, is euer with the same endings as sein, e.g.

euer Vater, eu(e)ren Vater, eu(e)res Vaters, eu(e)rem Vater
eu(e)re Pflicht   eu(e)rer Pflicht
euer Herz   eu(e)res Herzens, eu(e)rem Herzen.

The Imperative of this form is made by dropping the pronoun.
Seht! See! Geht! Go!

2. *Past Tense of Modal Verbs*

Sie hat spielen dürfen. She has been allowed to play.

Er hat nicht kommen können. He was not able to come.

The past participle of modal verbs used modally is the same as
their infinitive, i.e. no ge-.

This rule is extended to the occasional modal verbs, lassen,
sehen, hören, heißen, when they are used with another infinitive.

Er hat uns gehen heißen. He told us to go.

Ich habe sie spielen sehen. I saw her playing.

Er hat einen Anzug machen lassen. He has had a suit made.

Wir haben sie kommen hören. We heard them coming.

Man hat einen Arzt holen lassen. They have sent for a doctor.

AUFGABEN

A. Beantworten Sie die folgenden Fragen auf deutsch:
   1. Wann hatte Paula Lampenfieber?
   2. Was ist eine Theatergruppe?
   3. Was hat sich diese Theatergruppe entschlossen, aufzuführen?
   4. Wann wurden „Die Räuber" geschrieben und von wem?
   5. Warum wurde es gleich zum Lieblingsdrama der deutschen Jugend?
   6. Warum hat die Gruppe erst um sieben Uhr beginnen können?
   7. Wie fängt die Probe an?
   8. Woher weiß man, daß der Alte Moor krank ist?
   9. Was scheint ihn zu ängstigen?
   10. Warum will Franz die Nachricht nicht gleich lesen?
   11. Wie erregt der dramatische Dichter Spannung?
   12. Geben Sie einen einfachen Ausdruck für „ans Grab rücken".

B. Give the 2nd person plural familiar form of the following sentences:
   1. Du sollst nicht stehlen.
   2. Sie sehen blaß aus.
   3. Es ist dir wohl.
   4. Du hast mich gefragt.
   5. Wüßtest du, wie deine Aufführung deines Vaters Herz foltert!
   6. Wie sind Sie darauf gekommen?
   7. Seien Sie so gut, Ihre Violine mitzubringen.
   8. Lassen Sie mich in Ruhe!
   9. Gehen Sie weg!
   10. Du würdest mir gehorchen, wenn du klug wärest.

C. Give the Perfect Tense of these sentences and translate:
   1. Ich muß meine Pflicht tun.
   2. Sie dürfen diese Rolle spielen.
   3. Er kann nicht schnell laufen.
   4. Wir konnten dieses Stück üben.
   5. Man ließ mich dieses Buch lesen.
   6. Ich sehe den Räuber kommen.
   7. Er soll seiner Mutter schreiben.
   8. Ihr wollt ins Theater gehen.
   9. Du magst uns nicht besuchen.
   10. Sie mußte ins Geschäft eilen.

D. Geben Sie das Gegenteil zu:

Voll, glücklich, gesund, schwierig, müde, dick, vorige Woche, unmöglich, zufrieden, gutherzig, im Dauerlauf, sprechen, der Erwachsene, gefangennehmen, allmählich.

E. Give the definite article and plural of:

Bühne, Träne, Grab, Körper, Schritt, Probe, Aufzug, Fall, Brief, Briefmarke, Museum, Korb, Schloß, Bein, Gesellschaft, Pflanze, Wohnung, Landschaft, Fabrik, Gabel.

F. Give a synonym in German for:

Theaterstück, im Falle daß, ahnen, besichtigen, das Arbeiten, vorkommen, stattfinden, verbessern, Obst, Burg, Ort, Raum, Anekdote, senden, sich nennen.

G. Translate and give the Perfect Tense of:
1. Ich denke nicht daran.
2. Er schließt einen Prospekt ein.
3. Er vergißt, mich zu grüßen.
4. Es fällt mir ein, er äußert sich sehr schlecht.
5. Wir unterbrechen Sie nicht.
6. Ich möchte es sehen.
7. Sie besichtigt das Museum.
8. Wir entschließen uns, zu gehen.
9. Ihr macht es an seiner Stelle.
10. Sie lassen sich das Haar schneiden.

H. Welches Drama würden Sie aufführen, wenn Sie Intendant einer Theatergruppe wären? Warum? Schreiben Sie ungefähr 150 Worte.

I. Translate into German:

We did not want to go to the theatre, but Wilhelm Tell was being produced. Besides, our old friend Brause was playing the chief part. Brause was an unhappy man. He had wanted to become a writer, but his father had made him an actor. As we had never seen him play, we decided to go. We did not arrive at the theatre until eight o'clock, but succeeded in getting good seats in the circle. The tension in the first act is dreadful and in the first scene you find yourself in the midst of the action. It was a very fine production and we enjoyed it very much.

SUMMARY OF GRAMMAR

1. There are three genders of nouns in German: masculine, feminine and neuter. These genders are shown by the case endings on the preceding article or adjective.

USE OF CASES

2. There are four cases in German.

The nominative is used as the subject case, i.e. the person or thing controlling the verb or doing the action, or as the complement of the verb 'to be,' e.g. DER Professor kommt; DIE Flasche ist rund; DAS Kupfer ist EIN Metall.

The accusative is the case of the direct object, i.e. the person or thing affected by the action or controlled by the verb. It is also used after certain prepositions, e.g. der Professor bringt DEN Stoff; der Professor kommt in DAS Zimmer.

The genitive is used as the possessive case; also after certain prepositions, e.g. der Stoff DES Professors; die Form DER Flasche; die Farbe DES Kupfers; wegen DES Wetters.

The dative is used as the case of the indirect object and after certain prepositions, e.g. der Professor bringt DEM Studenten den Stoff; das Wasser ist in DER Flasche.

THE DEFINITE ARTICLE (the)

3. The definite article in its four cases, three genders, singular and plural has the following forms:

	Masc.	*Fem.*	*Neut.*	*Pl. all genders*
NOM.	der	die	das	die
ACC.	den	die	das	die
GEN.	des	der	des	der
DAT.	dem	der	dem	den

4. There are contractions of the above with certain prepositions.

    e.g. in dem = im.   bei dem = beim.   zu dem = zum.
        zu der = zur.   in das = ins.   auf das = aufs.
        durch das = durchs.

5. There are seven words (the first four are the commonest) which have the same endings as the definite article as follows:

Masc.	*Fem.*	*Neut.*	*Pl. all genders*	*Meaning*
dieser	diese	dieses	diese	this
jener	jene	jenes	jene	that
welcher	welche	welches	welche	which
jeder	jede	jedes		each
aller	alle	alles	alle	all
solcher	solche	solches	solche	such (a)
mancher	manche	manches	manche	many (a)

THE INDEFINITE ARTICLE (a, an)

6. The indefinite article in its four cases and three genders is:

Masc.	*Fem.*	*Neut.*	*No plural*
ein	eine	ein	
einen	eine	ein	
eines	einer	eines	
einem	einer	einem	

7. There are eight words having the same endings as **ein** (their plural has the same endings as **die**).

Masc.	*Fem.*	*Neut.*	*Pl. all genders*	*Meaning*
kein	keine	kein	keine	no, none
mein	meine	mein	meine	my, mine
dein	deine	dein	deine	thy
sein	seine	sein	seine	his
unser	unsere	unser	unsere	our
euer	euere	euer	euere	your
ihr	ihre	ihr	ihre	her, their
Ihr	Ihre	Ihr	Ihre	your

8. When **ein** or any of the above eight words is used as a pronoun,

it declines like der, e.g. Einer von den Studenten bringt mir eines der Gläser. (One of the students brings me one of the glasses.)

NOUNS

Gender

9. Every noun has a gender, masculine, feminine, or neuter. This should be learnt with the word (as should also its plural). Genders are quite arbitrary and only the following simple rules are worth noting:

Most male beings and professions are masculine, e.g. der Mann, der Soldat (soldier), der Bär (bear), der Professor.

Most female beings and professions, and most abstract nouns ending in -e, -heit, -keit, -schaft, -ung, are feminine, e.g. die Frau, die Katze (cat), die Professorin (lady teacher), die Liebe (love), die Kindheit (childhood), die Freundschaft (friendship), die Vereinigung (union).

Neuter includes most metals, all diminutives ending in -chen and -lein, all infinitives used as nouns: das Kupfer (copper), das Fräulein (young lady), das Kätzchen (kitten), das Bringen (bringing).

Compound nouns take the gender of the last component, e.g. das Wasser, der Stoff: der Wasserstoff (hydrogen).

das Wasser, die Flasche: die Wasserflasche (water-bottle).

Plurals

10. Plurals of nouns fall into five classes. Very few rules are worth learning because of the number of exceptions. The plural of each noun should be remembered. The following rough guides may be helpful:

1. Add -n (-en for euphony), e.g. die Flasche, plural die Flaschen. Most feminine nouns, e.g. die Säure, plural die Säuren; die Tür, plural die Türen.

   Some masculine nouns denoting male beings and professions, e.g. der Professor, plural die Professoren; der Student, plural die Studenten. Very few neuter nouns.

2. Add -e (many of these modify the root vowel), e.g. der Hund, plural die Hunde; der Tisch, plural die Tische; der Fall, plural die Fälle. Most masculine nouns, e.g. der Arm, plural die Arme; der Ball, plural die Bälle.

A few feminine nouns, e.g. die Hand, plural die Hände.
Some neuter nouns, e.g. das Tier, plural die Tiere.

3. Add -er (all modify the root vowel where possible), e.g. das Glas, plural die Gläser; der Mann, plural die Männer.
Most neuter nouns, e.g. das Buch, plural die Bücher.
Very few masculine nouns, e.g. Mann, Männer; Gott, Götter; Geist, Geister; Wald, Wälder.
No feminine nouns.

4. Add nothing (a few modify), e.g. der Garten, plural die Gärten; das Zimmer, die Zimmer.
Masculine and neuter nouns ending in -el, -en, -er, and diminutives in -chen and -lein, e.g. das Feuer, plural die Feuer; das Fräulein, plural die Fräulein; der Onkel, plural die Onkel.
Only two feminine nouns, die Mutter, die Tochter; both modify in plural.

5. Many words borrowed from other languages keep their native plurals, e.g. das Sofa, plural die Sofas; das Museum, plural die Museen.

6. Masculine and neuter nouns of quantity remain singular after a number: drei Fuss hoch, vier Glas Bier. Feminine nouns of quantity follow normal usage: drei Ellen (yards) Tuch.

11. *Typical Declension of Nouns*

	Sing.	Pl.	Sing.	Pl.
NOM.	der Arm	die Arme	der Garten	die Gärten
ACC.	den Arm	die Arme	den Garten	die Gärten
GEN.	des Arms	der Arme	des Gartens	der Gärten
DAT.	dem Arm(e)	den Armen	dem Garten	den Gärten

	Sing.	Pl.	Sing.	Pl.
NOM.	der Doktor	die Doktoren	der Herr	die Herren
ACC.	den Doktor	die Doktoren	den Herrn	die Herren
GEN.	des Doktors	der Doktoren	des Herrn	der Herren
DAT.	dem Doktor	den Doktoren	dem Herrn	den Herren

	Sing.	*Pl.*	*Sing.*	*Pl.*
NOM.	die Frau	die Frauen	die Flasche	die Flaschen
ACC.	die Frau	die Frauen	die Flasche	die Flaschen
GEN.	der Frau	der Frauen	der Flasche	der Flaschen
DAT.	der Frau	den Frauen	der Flasche	den Flaschen

	Sing.	*Pl.*	*Sing.*	*Pl.*
NOM.	das Glas	die Gläser	das Fenster	die Fenster
ACC.	das Glas	die Gläser	das Fenster	die Fenster
GEN.	des Glases	der Gläser	des Fensters	der Fenster
DAT.	dem Glas(e)	den Gläsern	dem Fenster	den Fenstern

Notes

1. Masculine and neuter nouns add -s (-es) in the genitive singular except a few masculine nouns like **Junge, Löwe** which add -n in all cases, and a few masculine and neuter nouns like **Herz, Name** which add -n in all cases and -ns in the genitive.
2. Feminine nouns do not change in the singular.
3. Masculine and neuter monosyllables can add -e in dative singular (they usually do so after a preposition, e.g. auf dem Tische).
4. In the plural, the endings for the accusative and genitive of all nouns are the same as those for the nominative, but all dative plurals add -n unless they already end in -n.
5. Apposition is found as in English, where successive nouns referring to the same thing are in the same case, e.g. Sein Vater, Anton; mein Freund, der Gärtner; *genitive*, meines Freunds, des Gärtners.

    But unlike English:

Das Dorf Miesbach	= The village of Miesbach.
Die Stadt Berlin	= The city of Berlin
Eine Tasse Tee	= A cup of tea.
Ein Glas Bier	= A glass of beer.
Eine Schachtel Zigaretten	= A packet of cigarettes.
Der Monat November	= The month of November.
Ende Dezember	= At the end of December.

    But with an adjective, the genitive case is used.

Ein Glas dunklen Bieres	= A glass of dark ale.
Eine Tasse warmen Kaffees	= A cup of hot coffee.

6. Proper nouns, both masculine and feminine, usually add -s in the genitive case. Masculine nouns ending in -s, -x, -z add -ens, and feminine nouns ending in -e add -ns; e.g. Fritzens, Mariens, Maxens from Fritz, Marie, Max.

ADJECTIVES

12. *Comparison*

1. Add -er for the comparative, -st (-est) for the superlative and modify the root vowel of one-syllable adjectives, e.g. arm, ärmer, ärmst; kurz, kürzer, kürzest.

2. Irregular comparisons are:

gross	grösser	grösst
hoch	höher	höchst
gut	besser	best
nah	näher	nächst

3. Grösser als = bigger than; kleiner als = smaller than, e.g. das Eisen ist härter als das Kupfer.

4. Nicht so gross wie = not so big as; so hoch wie = as high as, e.g. der Stuhl ist nicht so gross wie der Tisch.

5. Any adjective may be used as an adverb without change, e.g. er singt gut = he sings well; er macht es schlecht = he does it badly.

6. Adverbs compare like adjectives. The superlative is **am grössten, am schnellsten**, etc. or **aufs schnellste**, etc. (absolute), e.g. diese Säure wirkt am schnellsten = this acid has the quickest effect (compared with others).
diese Säure wirkt aufs schnellste = this acid works most rapidly (i.e. very quickly).

7. Irregular degrees of comparison of adverbs are:

viel	mehr	am meisten
wenig	minder	am mindesten (also weniger, am wenigsten)
gern	lieber	am liebsten

13. *Declension of Adjectives*

Predicative adjectives do not inflect. There are no endings on the adjective coming after the verbs 'to be,' 'to become,' etc., e.g. dieses Gas ist dicht; die Flasche ist grün; der Mann wird alt.

Adjectives used attributively (i.e. before a noun) have three different declensions: (1) after **der, die, das.** (2) after **ein, eine, ein.** (3) independent.

1. The adjective declines as follows after **der, die, das,** or any of the seven words like it, **dieser, jener, welcher, solcher, mancher, jeder, aller.**

	Masc.	*Fem.*	*Neut.*
NOM.	der arme Mann	die alte Frau	das neue Buch
ACC.	den armen Mann	die alte Frau	das neue Buch
GEN.	des armen Mannes	der alten Frau	des neuen Buches
DAT.	dem armen Mann(e)	der alten Frau	dem neuen Buch(e)

Plural of all Genders

NOM.	die armen (alten, neuen) Männer (Frauen, Bücher)
ACC.	die armen (alten, neuen) Männer (Frauen, Bücher)
GEN.	der armen (alten, neuen) Männer (Frauen, Bücher)
DAT.	den armen (alten, neuen) Männern (Frauen, Büchern)

2. The adjective declines as follows after **ein** or any of the eight words **kein, mein, dein, sein, unser, euer, ihr, Ihr:**

	Masc.	*Fem.*
NOM.	ein armer Mann	eine alte Frau
ACC.	einen armen Mann	eine alte Frau
GEN.	eines armen Mannes	einer alten Frau
DAT.	einem armen Mann(e)	einer alten Frau

	Neut.
NOM.	ein neues Buch
ACC.	ein neues Buch
GEN.	eines neuen Buches
DAT.	einem neuen Buch(e)

Plural of all Genders

(As **ein** has no plural, **keine** and **seine** are quoted as models)

NOM.	keine armen Männer	seine neuen Bücher
ACC.	keine armen Männer	seine neuen Bücher
GEN.	keiner armen Männer	seiner neuen Bücher
DAT.	keinen armen Männern	seinen neuen Büchern

3. The adjective not preceded by the definite or indefinite article or **dieser, welcher,** etc., or **kein, mein,** etc., declines 'strong,' i.e. with the endings of the definite article except in genitive case masc. and neut., as follows:

	Masc.	*Fem.*	*Neut.*
NOM.	armer Mann	alte Frau	neues Buch
ACC.	armen Mann	alte Frau	neues Buch
GEN.	armen Mannes	alter Frau	neuen Buches
DAT.	armem Mann(e)	alter Frau	neuem Buch

Plural of all Genders

arme, alte Frauen, etc.
arme, alte Frauen, etc.
armer, alter Frauen, etc.
armen, alten Frauen, etc.

14. 1. Any adjective may be used as a noun. It is given a capital letter but still declines like an adjective, e.g. der Alte = the old man; ein Alter = an old man; eine Alte = an old woman; einer Alten = of an old woman. If the gender of the noun is not apparently male or female, it is made neuter, e.g. das Alte ist besser als das Neue = the old (old things) is better than the new; das Wahre = the true; das Grüne = green.
   Some adjectives used as nouns have become true nouns. They still decline like adjectives, e.g. der Gesandte = the ambassador, der Deutsche = the German, die Deutsche = German woman, das Deutsche = German.

2. **Etwas, nichts, alles, viel, wenig** used with an adjective make the adjective neuter with an initial capital letter: e.g. etwas Gutes, *something good*; nichts Neues, *nothing new*; wenig Nützliches, *little that is useful*. But observe the small initial letter in **alles andere,** everything else, and **etwas anderes,** something different.

15. 1. Indeclinable adjectives are formed from the names of towns. They always end in **-er,** e.g. Die Berliner Zeitung,

plural die Berliner Zeitungen; Pariser Hüte; Londoner Briefe, etc.

2. Indefinite numeral adjectives, **einige** (some), **mehrere** (several), **viele** (many), **wenige** (few) are mostly followed by strong adjectives in the plural, e.g.:

viele schöne Bilder, *gen.* vieler schöner Bilder

wenige arme Leute, *gen.* weniger armer Leute.

But **alle** should be followed by a weak adjective, e.g.:

alle guten Männer, *gen.* aller guten Männer.

If **alle** is followed by a possessive or demonstrative adjective, the latter is declined strong, e.g.:

alle meine Freunde, alle diese Leute; but,

alle meine guten Freunde, alle diese armen Leute.

3. **Solch** (such, such a) and **manch** (many a) preceded by **ein** decline weak; followed by **ein**, they are indeclinable; without **ein**, they have the endings of **der, die, das**, e.g. Mancher Mann liebt manches Mädel = Many a man loves many a girl = Manch ein Mann liebt manch ein Mädel.

Ein solches Ding = solch ein Ding = solches Ding = such a thing.

NUMBERS

16. Cardinal numbers do not normally decline (except **ein**).

1 ein(s)	11 elf	21 einundzwanzig
2 zwei	12 zwölf	30 dreissig
3 drei	13 dreizehn	34 vierunddreissig
4 vier	14 vierzehn	40 vierzig
5 fünf	15 fünfzehn	50 fünfzig
6 sechs	16 sechzehn	60 sechzig
7 sieben	17 siebzehn	70 siebzig
8 acht	18 achtzehn	80 achtzig
9 neun	19 neunzehn	90 neunzig
10 zehn	20 zwanzig	100 hundert

1000 tausend; 1,000,000 eine Million; tausend Millionen = eine Milliarde.

50,921 = fünfzigtausendneunhunderteinundzwanzig.

Note that *one* is **eins** when by itself or following another number, e.g. eins ist eine Zahl; hunderteins (101). *One* is **ein** when preceding another number, e.g. einundvierzig (41).

17. *Ordinals*

Ordinal numbers decline like ordinary adjectives. They are formed from the cardinals by adding -te from 1 to 19 and -ste from 20 to 100, e.g. zweite, vierte, neunte, einundzwanzigste, dreissigste, etc. Irregularly formed are **erste, dritte, siebte** (or **siebente**), **achte.**
ein viertes Buch; zum zweiten Mal; Heinrich der Achte; der erste Mai; meine dritte Frau.

18. *Fractions*

Fractions are neuter nouns formed by adding -1 to the ordinal number, e.g. ein Viertel, ein Zwanzigstel.
Irregular is: **eine Hälfte** (a half) as a noun and **halb** as an adjective, e.g. ein halbes Pfund = half a pound, zwei Fünftel = two-fifths, eine Hälfte vom Ganzen = a half of the whole.

19. *Adverbials*

These are formed by adding -ns to the ordinal number, e.g. erstens, zweitens, drittens, viertens, etc. = firstly, secondly, etc.

20. *Multiples*

Add -mal to the cardinal number, e.g. einmal, zweimal, dreimal, zwanzigmal, hundertmal = once, twice, etc.
Indeclinable adjectives are formed by adding -erlei to the cardinal, e.g. einerlei, zweierlei, dreierlei = one (two, three) kind(s) of.
dreierlei Bücher = three kinds of books.
das ist mir einerlei = that's all one to me.

21. *Time, dates, etc.*

one o'clock	ein Uhr
two o'clock	zwei Uhr
half past two	halb drei
half past twelve	halb eins
quarter past three	Viertel nach drei *or* Viertel vier
quarter to five	Viertel vor fünf *or* Dreiviertel fünf
25 past three	fünfundzwanzig Minuten nach drei
10 to seven	zehn Minuten vor sieben

the first of January = der erste Januar.

the second of February = der zweite Februar.
the third of March = der dritte März, etc.
The accusative case is used for definite time, so if a date is used
absolutely, as at the head of a letter, say ' den ersten Feb.'
The following idioms must be observed with regard to age:
Karl ist neunzehn *Jahre alt* = Karl is nineteen.
Er wurde 1815 (*or* im Jahre 1815) geboren = He was born in
1815.

22. 1.   PERSONAL PRONOUNS

NOM.	ich	du	er	sie	es	wir	ihr Sie	sie
ACC.	mich	dich	ihn	sie	es	uns	euch Sie	sie
GEN.	meiner	deiner	seiner	ihrer	seiner	unser	euer Ihrer	ihrer
DAT.	mir	dir	ihm	ihr	ihm	uns	euch Ihnen	ihnen

> Notes: The form **du** is used only in addressing a child or
> familiar friend. **Ihr** is the plural of this. For most practical
> purposes both forms may be dispensed with and the ' polite
> form ' **Sie** used to translate *you* (singular and plural).
> The German idiom for translating ' it is I ' = ich bin es.
> The emphatic form is made by adding selber or selbst, e.g.
> I myself never drink = Ich selber (selbst) trinke nie.
> He himself is doing it = Er tut es selber (selbst).

2. **Selbst** and **selber** are indeclinable, but **man** (the indefinite
pronoun = one, somebody, you, they) declines: accusative,
einen; dative, **einem**.
The indefinite pronouns **jemand** (somebody) and **niemand**
(nobody) add **-s** in the genitive and may add **-en** in the
accusative and **-em** in the dative, e.g.
Er muss jemands Bruder sein = He must be somebody's
brother.
Ich spreche mit niemand(**-em**) = I'm not talking to anybody.

REFLEXIVE PRONOUNS

23. mich = myself; sich = yourself, himself, herself, itself, themselves; uns = ourselves; dich = thyself; euch = yourselves:
e.g. Ich setze mich auf den Stuhl. Er hat sich auf das Sofa
gesetzt. Wir trocknen uns mit einem Badetuch ab.

Note that the position of the reflexive pronoun is immediately after the finite verb.

In the case of a dative reflexive pronoun being required, the dative of **mich** is **mir**, of **dich**, **dir**: the rest of the reflexive pronouns are the same in the dative as in the accusative, e.g. ich bürste mir das Haar; er hat sich in den Finger geschnitten; wir geben uns viel Mühe.

An invariable reflexive form, which is really a reciprocal pronoun, is **einander**, e.g. Wir sehen uns = We see ourselves *or* We see each other.

    Wir sehen einander   We see each other

    Sie sitzen neben einander   They sit by each other

A rarer emphatic reciprocal pronoun meaning 'mutually' is **gegenseitig**, e.g. Sie wirken auf einander gegenseitig = They have an effect on each other.

RELATIVE PRONOUNS

24. Who, which, that are translated by **der** or **welcher**, declined thus:

	Masc.	*Fem.*	*Neut.*	*Pl.*
NOM.	der	die	das	die
ACC.	den	die	das	die
GEN.	**dessen**	**deren**	**dessen**	**deren**
DAT.	dem	der	dem	**denen**
NOM.	welcher	welche	welches	welche
ACC.	welchen	welche	welches	welche
GEN.	**dessen**	**deren**	**dessen**	**deren**
DAT.	welchem	welcher	welchem	welchen

25. The following rules must be observed in relative clauses:

1. The relative pronoun agrees with its antecedent in gender and in number, but not in case; e.g.

    Ein Mann, den ich kenne, spricht gut Deutsch (A man whom I know, speaks German well). ' Ein Mann ' is nominative case, subject of the verb ' spricht '; ' den ' agrees with

' Mann ' in being masculine singular but, being the object of the verb ' kenne,' is accusative case.

Die Frauen, DEREN Kinder krank sind, bleiben zu Hause (The women whose children are ill, stay at home). ' Deren ' is genitive, but agrees with the nominative ' Frauen ' in being feminine plural.

Der Mann, mit dem ich nach Hause gefahren bin, ist reich (The man with whom I drove home, is rich). ' Dem ' is dative after ' mit,' but agrees with the nominative ' Mann ' by being masculine singular ; cf. the plural of the same sentence:

Die Männer, mit denen ich nach Hause gefahren bin, sind reich.

2. The verb stands at the end of the relative clause.

3. The relative pronoun is always preceded by a comma.

4. ' He who ' is translated by ' derjenige, welcher (der).' The ' der- ' of ' derjenige ' declines like the definite article, the ' -jenige ' like a weak adjective; ' welcher (der) ' is the relative pronoun, e.g. Diejenigen, die ihre Arbeit machen, werden gelobt = Those who do their work are praised. Ich liebe denjenigen, der (welcher) arbeitet = I like the man who does his work. A short form of **derjenige, der** is **wer**, e.g. Wer A sagt, muss auch B sagen = He who begins something must finish it.

Derselbe, dieselbe, dasselbe (the same, it, he) decline like derjenige. Both assume the gender of the noun to which they refer.

5. After an indefinite antecedent, after **alles, nichts** or a whole phrase, the relative pronoun is **was,** e.g.

Alles, was er sagte, war falsch = All that he said was false. Er schlug mich, was mich beleidigte = He hit me; a thing which offended me.

Ich habe nichts, was ich mein eigen nennen könnte = I have nothing I might call my own.

6. The relative pronoun may never be omitted in German, e.g. A man I know = Ein Mann, den ich kenne.

7. For combined preposition and relative pronoun see para. 26.

INTERROGATIVE PRONOUNS

26. wer = who? and **was** = what? decline as follows:

NOM.	wer	was
ACC.	wen	was
GEN.	wessen	wessen
DAT.	wem	—

There is no plural of the above and the words govern a singular verb except for the idiom **wer sind? was sind?** = who are? what are? It is not German to say 'in was,' 'mit was,' meaning 'in what,' 'with what.' Composite forms of the interrogative and relative are made with prepositions and the prefix **wo-** (**wor-**), e.g. worin = *in what*, womit = *with what*. Worauf sitzt er? = *What is he sitting on?* Der Stuhl, worauf er sitzt = *The chair he is sitting on.*

PREPOSITIONS

27. The following prepositions always govern the Accusative case:

für	*for*	für meinen Freund, *for my friend*
durch	*through*	durch das Zimmer, *through the room*
ohne	*without*	ohne meine Hilfe, *without my help*
gegen ⎫ wider ⎭	*against*	gegen den Wind, *against the wind* wider meinen Willen, *against my will*
um	*around*	um den Tisch, *round the table*
entlang	*along (follows the noun)*	den Fluss entlang, *along the river*

28. The following prepositions always govern the Dative case:

mit	*with*	mit der Flasche, *with the bottle*
nach	*after, towards*	nach der Stadt, *to the town* nach dem Krieg, *after the war*
bei	*near, at the house of, with*	bei mir, *at my house* bei diesen Gasen, *with these gases*
seit	*since*	seit dem Krieg, *since the war*
von	*from, by, of*	von meinem Onkel, *from (of, by) my uncle*
zu	*at, to*	zu mir, zur Universität, *to me, to the university*

aus	*out, out of*	aus dem Zimmer, *out of the room*	
gegenüber	*opposite* (follows the noun)	dem Haus gegenüber, *opposite the house*	
entgegen	*towards* (follows the noun)	dem Feind entgegen, *towards the enemy*	

29. The following prepositions always govern the Genitive case:

während	*during*	während des Tages, *during the day*
statt anstatt	} *instead of*	statt meiner Tante, *instead of my aunt*
wegen	*on account of*	wegen des Regens, *because of the rain*
trotz	*in spite of*	trotz des Feindes, *in spite of the enemy*
diesseits	*this side of*	diesseits der Brücke, *this side of the bridge*
jenseits	*that side of*	jenseits der Stadt, *beyond the town*

30. The following prepositions govern the Accusative when indicating motion and the Dative when indicating rest:

in	*in, to*	er geht in das Zimmer, *he goes into the room*
an	*on, at*	
auf	*on, upon*	er schläft in dem Zimmer, *he sleeps in the room*
hinter	*behind*	
vor	*before*	er setzt das Glas auf den Tisch, *he puts the glass on the table*
unter	*under*	
über	*over*	das Glas liegt auf dem Tisch, *the glass lies on the table*
zwischen	*between*	
neben	*near, by*	

31. Adverbial compounds are made with **da-** (**dar-**) and prepositions referring only to things and not to persons. **Darin** = therein, in it, in them; **damit** = with it, with them.

CONJUNCTIONS

32. Und (and), **aber** (but), **denn** (for), **sondern** (but), **doch** (yet), **oder** (or), **allein** (but) are co-ordinating conjunctions and have no effect on the order of words; e.g. Und stolz schrieb sie ihren Namen = *And proudly she wrote her name.* Ich muss

mich beeilen, denn es ist spät = I must hurry, for it is late.
Ich bin Chemiker aber mein Bruder ist Bankkassierer = I am
a chemist but my brother is a bank clerk.

33. All other conjunctions are subordinating and force the verb
to the end of the sentence, with commas round the clause.

als	*as, when, than*	damit	*so that*
bevor	*before*	ehe	*before*
nachdem	*after*	obgleich	*although*
indem	*while*	obwohl	*although*
bis	*until*	sobald	*as soon as*
da	*as, since*	während	*while, during*
seitdem	*since (of time)*	weil	*because*
dass	*that*	wenn	*when*
ob	*if, whether*	wie	*how, as*

e.g. Ich weiss, dass das Fenster offen ist = I know the window
is open.
Nachdem er zu Bett gegangen war, kam der Dieb herein =
After he had got into bed, the thief came in.
Ich spreche fliessend Deutsch, weil ich fleissig studiert habe = I
speak German fluently because I have studied hard.
Als er hier war, war er immer krank = When he was here, he
was always ill.
Ich weiss nicht, wie Sie dieses Wort aussprechen = I don't
know how you pronounce this word.

34. It is important not to confuse the functions of adverbs, prepositions and conjunctions which in English sometimes have
the same form, but which are different in German, e.g. before
the war = vor dem Krieg; since the war = seit dem Krieg;
before he left = ehe er wegging; since he left = seitdem er
wegging; he said that before (previously) = das hat er vorher
gesagt; nach der Stunde = after (preposition) the lesson; nachdem
Sie es gelernt haben = after (conjunction) you have learnt it;
nachher hörten wir ein schönes Konzert = after(wards) (adverb)
we heard a fine concert.

35. Note how to translate ' when.'
  1. **Wann** in direct or indirect questions, e.g. Wann kommt er?
     = When is he coming? Ich weiss nicht, wann er kommt =
     I don't know when he is coming.
  2. **Wenn** in the present and future tenses, e.g. Wenn mein
     Vater kommt, geben Sie ihm diesen Brief = When my father
     comes, give him this letter.
  3. **Als** with the past tenses, e.g. Als wir aus dem Zimmer
     traten, kam er auf uns zu = When we stepped out of the
     room he came up to us.

36. **Um . . . zu** with the infinitive = in order to. **Um** comes at the
beginning of the clause and **zu** with the infinitive at the end. This
construction may only be used when the subject of the finite
verb is understood as the subject of the infinitive, e.g. Er kauft
das Buch, um es zu lesen = He buys the book to read it. Ich
steige auf den Tisch, um das Fenster zu öffnen = I get on the
table to open the window.

VERBS

37. *Strong and Weak Verbs*
Verbs are classified in German as weak or strong, and very few
are irregular.
Consider the following:

ENGLISH		GERMAN	
Inf.	*Past Part.*	*Inf.*	*Past Part.*
talk	talked	sagen	gesagt
play	played	spielen	gespielt
empty	emptied	leeren	geleert
work	worked	arbeiten	gearbeitet
praise	praised	loben	gelobt

In English a verb which simply adds -*d* to make its past
participle is weak. Its German counterpart adds -t. The German
past participle also prefixes **ge-**. Most verbs which are weak in
English are weak in German.

38. Consider the following verbs:

ENGLISH		GERMAN	
Inf.	*Past Part.*	*Inf.*	*Past Part.*
speak	spoken	sprechen	gesprochen
fly	flown	fliegen	geflogen
blow	blown	blasen	geblasen
spring	sprung	springen	gesprungen
meet	met	treffen	getroffen

In English a verb which adds *-n* in the past participle and/or changes its stem vowel is strong. In German strong verbs add **-en** and mostly alter the root vowel in forming their past participles. They also prefix **ge-**.

A list of strong and irregular verbs is found on page 289. The imperfect and past participles of these verbs should be known. Compound verbs, of course, follow the pattern of their root: e.g. aufgehen conjugates like gehen. Thus compound verbs are omitted from the list of strong verbs. Otherwise all verbs not in the list of strong or irregular verbs can be taken as weak.

39. *Tenses, Indicative, Subjunctive, Imperative*

1. There are only six tenses in German, plus the Conditional. There is only one form for each tense, whereas English often has three forms for one tense; e.g.

   Present: ich mache = I make, am making, do make.

   Imperfect: ich machte = I made, was making, used to make, did make.

   Perfect: ich habe gemacht = I have made, have been making, did make, I made.

   Pluperfect: ich hatte gemacht = I had made, had been making.

   Future: ich werde machen = I shall make, shall be making, am going to make.

   Future Perfect: ich werde gemacht haben = I shall have made, shall have been making.

   Care, then, must be taken in translating from English into German, especially in questions, e.g. *Do you speak?* Sprechen

Sie? *Are you speaking?* Sprechen Sie? *Have you been speaking?* Haben Sie gesprochen? *She is singing.* Sie singt.

2. The indicative is the mood of statement, of fact. The subjunctive is the mood of possibility and of indirect speech. The imperative is the mood of command.

3. The Imperative is made as follows:

a. The 2nd person singular of weak and most strong verbs adds -e to the stem: kaufe! (buy), trage! (carry).

b. Those strong verbs which change e to i (or ie) simply drop the -st from the 2nd person singular: sieh! (look), sprich! (speak), gib! (give), nimm! (take).

c. The second plural familiar form is as for the indicative with the pronoun omitted: kauft! macht! sprecht! seht!

d. The polite form, singular and plural, is as for the indicative inverted: kaufen Sie! geben Sie! sehen Sie!

e. The 1st person plural has three alternatives:
Let us stand = stehen wir! wir wollen stehen!
Lass (lasst or lassen Sie) uns stehen!

f. The imperative is always followed by an exclamation mark.

g. Note the irregular imperative of **sein**: sei, seid, seien Sie!

h. The infinitive may be used for the imperative:
Rechts fahren! = Keep to the right! Gut rühren! = Stir well!

40. *Persons*

In conjugating verbs it is usual to use them with the personal pronouns which go with the particular form of the verb—i.e. the six persons, three singular and three plural, viz.:

Sing.	*Pl.*		*Sing.*	*Pl.*
1. I go	we go	1.	ich gehe	wir gehen
2. you go	you go	2.	Sie gehen du gehst	Sie gehen ihr geht
3. he she } goes it	they go	3.	er sie } geht es	sie gehen

In speaking to an intimate friend, a relative, or to a child, the form 'du gehst' (thou goest) is used. The plural of this is 'ihr geht,' used to a number of friends, relatives or children. As most Englishmen have no relatives, friends or children who are German, they will concentrate on the polite form, which is the same as the 3rd person plural only with a capital ' S,' i.e. Sie gehen = you go. (As this form is the same as the 3rd person plural it has not been given in the following lists of tenses, because the familiar form, though more rarely used, is different.)

41. *Auxiliary Verbs*

There are three auxiliary verbs, so called because they help in forming compound tenses. They conjugate as follows:

INF.	haben = *to have*	sein = *to be*	werden = *to become*
PRES.	ich habe (*I have*)	ich bin (*I am*)	ich werde (*I become*)
	du hast	du bist	du wirst
	er, sie, es hat	er ist	er wird
	wir haben	wir sind	wir werden
	ihr habt	ihr seid	ihr werdet
	sie haben	sie sind	sie werden
IMPF.	ich hatte (*I had*)	ich war (*I was*)	ich wurde (*I became*)
	du hattest	du warst	du wurdest
	er, sie, es hatte	er war	er wurde
	wir hatten	wir waren	wir wurden
	ihr hattet	ihr wart	ihr wurdet
	sie hatten	sie waren	sie wurden

42. *Model Verb, Weak Conjugation, Indicative*

INF.	machen = *to make*	PRES. PART. machend = *making*	
PRES.	ich mache	*I make, am making, do make*	wir machen
	du machst		ihr macht
	er macht		sie machen
IMPF.	ich machte	*I made, was making, used to make*	wir machten
	du machtest		ihr machtet
	er machte		sie machten

PERF.	ich habe gemacht	*I have made, have been making, made*	wir haben gemacht
	du hast gemacht		ihr habt gemacht
	er hat gemacht		sie haben gemacht
PLU-PERF.	ich hatte gemacht	*I had made, had been making*	wir hatten gemacht
	du hattest gemacht		ihr hattet gemacht
	er hatte gemacht		sie hatten gemacht
FUT.	ich werde machen	*I shall make, shall be making*	wir werden machen
	du wirst machen		ihr werdet machen
	er wird machen		sie werden machen
FUT. PERF.	ich werde gemacht haben		wir werden gemacht haben
	du wirst gemacht haben		ihr werdet gemacht haben
	er wird gemacht haben		sie werden gemacht haben

= *I shall have made, shall have been making.*

Imperative: machen Sie! (*familiar,* mache! macht!) = *make!*

Notes

1. All infinitives end in -n and nearly all in -en.
2. The Present Tense is made by adding the endings -e, -st, -t, -en, -t, -en, to the stem of the verb (= inf. less -en).
3. If it is impossible to pronounce the ending an e is inserted, e.g. arbeiten, *present* er arbeitet, *imperfect* arbeitete. walzen, *present* du walzest, er walzt.
4. The Imperfect is made by adding -te, etc., to the stem.
5. The Perfect is made by conjugating the present of haben with the past participle. For verbs with sein see para. 45.
6. The past participle is formed by prefixing ge- and adding -t to the stem.
7. The Pluperfect Tense is formed by conjugating the imperfect of haben or sein with the past participle of the verb.
8. The Future is made by conjugating the present of werden with the infinitive of the verb.
9. The Future Perfect is formed by conjugating the present of werden with the perfect infinitive.
10. There are no further forms of the indicative.

11. Thus all tenses may be formed by knowing the infinitive.
12. One exceptional class to the verbs noted above are verbs, usually from a foreign stem, ending in **-ieren**. These have no **ge-** in their past participle.

e.g.	isolieren	*to isolate*	past part.	isoliert.
	demonstrieren	*to demonstrate*	,, ,,	demonstriert.
	gratulieren	*to congratulate*	,, ,,	gratuliert.

43. *Strong Verbs*

Consider the following verbs:

ENGLISH		GERMAN	
Pres.	*Impf.*	*Pres.*	*Impf.*
give	gave	geben	gab
speak	spoke	sprechen	sprach
beat	beat	schlagen	schlug
drink	drank	trinken	trank
come	came	kommen	kam

Verbs which make their Imperfect Tense by changing the vowel of the stem and adding no inflection (like the weak **-t** or **-d**) are strong in German as in English. A great proportion of those verbs which are strong in English are also strong in German.

44. *Model Verb, Strong Conjugation, Indicative*

INF. geben = *to give*   PRES. PART. gebend = *giving*

PRES.	ich gebe	*I give, am giving, do give*	wir geben
	du gibst		ihr gebt
	er gibt		sie geben
IMPF.	ich gab	*I gave, was giving, used to give*	wir gaben
	du gabst		ihr gabt
	er gab		sie gaben
PERF.	ich habe gegeben	*I have given, have been giving, did give, gave*	wir haben gegeben
	du hast gegeben		ihr habt gegeben
	er hat gegeben		sie haben gegeben

PLU-PERF.	ich hatte gegeben	*I had given, had been giving*	wir hatten gegeben
	du hattest gegeben		ihr hattet gegeben
	er hatte gegeben		sie hatten gegeben
FUT.	ich werde geben	*I shall give, shall be giving, am going to give*	wir werden geben
	du wirst geben		ihr werdet geben
	er wird geben		sie werden geben

FUT. PERF. ich werde gegeben haben   wir werden gegeben haben
        du wirst gegeben haben   ihr werdet gegeben haben
        er wird gegeben haben   sie werden gegeben haben
        = *I shall have given, shall have been giving*

IMP.   geben Sie! (*familiar* gib! gebt!) = *give!*

Notes

1. All infinitives end in -n and almost all in -en.
2. Present Tense endings are as for weak verbs, -e, -st, -t, -en, -t, -en, but in the 2nd and 3rd person singular the root vowel a, o, au modifies (e.g. er trägt, er stösst, er läuft) and e changes to i or ie (according to whether it is short or long) (e.g. er wirft, er sieht).
3. Imperfect has change of stem vowel and no endings on 1st and 3rd persons singular.
4. Past participle is made by adding -en to stem and prefixing ge-. Also the root vowel changes.
5. All tenses can be formed by knowing the Infinitive, Imperfect and Past Participle (see list of strong verbs, page 289).

45. *Verbs conjugated with ' sein '*

Intransitive verbs of motion and verbs denoting a change of state form their past tenses with **sein** instead of **haben**. Thus:

PERF.	ich bin gegangen	*I have gone*
	du bist gefahren	*thou hast driven*
	er ist gekommen	*he has come*
	wir sind gestiegen	*we have climbed*
	ihr seid verschwunden	*ye have disappeared*
	sie sind gewachsen	*they have grown*

PLUPERF.	ich war gegangen	*I had gone*
	du warst gekommen	*thou hadst come*
	er war gewesen	*he had been*
	wir waren geblieben	*we had remained*
	ihr wart geblieben	*ye had remained*
	sie waren gewesen	*they had been*

FUT. PERF.	ich werde gekommen sein	*I shall have come, etc.*

In addition to verbs of motion, four commonly used verbs form
their past tenses with **sein** : sein, werden, bleiben, gelingen.
er ist gewesen = he has been; er ist geworden = he has become;
er ist geblieben = he has remained; es ist gelungen = it has
succeeded.

THE SUBJUNCTIVE MOOD

46. *Auxiliary Verbs*

PRES.	ich habe	ich sei	ich werde
	du habest	du seiest	du werdest
	er habe	er sei	er werde
	wir haben	wir seien	wir werden
	ihr habet	ihr seiet	ihr werdet
	sie haben	sie seien	sie werden

IMPF.	ich hätte	ich wäre	ich würde
	du hättest	du wärest	du würdest
	er hätte	er wäre	er würde
	wir hätten	wir wären	wir würden
	ihr hättet	ihr wäret	ihr würdet
	sie hätten	sie wären	sie würden

PERF. ich habe gehabt, ich sei gewesen, ich sei geworden.

PLUPERF. ich hätte gehabt, ich wäre gewesen, ich wäre geworden.

FUT. ich werde haben, ich werde sein, er werde werden.

FUT. PERF. ich werde gehabt haben, er werde gewesen sein, er
werde geworden sein.

47. Model Verbs, Weak and Strong Conjugations, Subjunctive

	Weak		Strong	
PRES.	ich mache	ich arbeite	ich trage	ich sehe
	du machest	du arbeitest	du tragest	du sehest
	er mache	er arbeite	er trage	er sehe
	wir machen	wir arbeiten	wir tragen	wir sehen
	ihr machet	ihr arbeitet	ihr traget	ihr sehet
	sie machen	sie arbeiten	sie tragen	sie sehen
IMP.	ich machte	ich arbeitete	ich trüge	ich sähe
	du machtest	du arbeitetest	du trügest	du sähest
	er machte	er arbeitete	er trüge	er sähe
	wir machten	wir arbeiteten	wir trügen	wir sähen
	ihr machtet	ihr arbeitetet	ihr trüget	ihr sähet
	sie machten	sie arbeiteten	sie trügen	sie sähen

Weak and Strong	Verbs of Motion
PERF. ich habe gemacht, getragen;	ich sei gekommen, gefahren.
du habest —	du seiest —
er habe —	er sei —
wir haben —	wir seien —
ihr habet —	ihr seiet —
sie haben —	sie seien —

PLUPERF. ich hätte gemacht, getragen;	ich wäre gekommen.
du hättest —	du wärest —
er hätte —	er wäre —
wir hätten —	wir wären —
ihr hättet —	ihr wäret —
sie hätten —	sie wären —

FUT. ich werde machen, tragen, kommen, etc.
      du werdest —
      er werde —
      wir werden —
      ihr werdet —
      sie werden —

FUT. PERF.	ich werde gemacht haben	ich werde gekommen sein
	du werdest getragen haben	du werdest —
	er werde —	er werde —
	wir werden —	wir werden —
	ihr werdet —	ihr werdet —
	sie werden —	sie werden —

Notes

1. The subjunctive is always regular, cf. er werde, er sehe, er laufe, er trage   with the indicative   er wird, er sieht, er läuft, er trägt.
2. There is always an **e** in the ending.
3. The imperfect endings are the same as the present endings.
4. The imperfect subjunctive of weak verbs is the same as the imperfect indicative.
5. Strong verbs modify in the imperfect subjunctive.

48. *The use of the Subjunctive*

The subjunctive is used in reported speech and after **als ob** (as if). In English reported speech we change the tense; in German the mood is changed, and often the tense, too; e.g.

He said he had no money = Er sagte, er hätte kein Geld *or* dass er kein Geld hätte *or* er habe kein Geld.

They thought he had come = Sie glaubten, er sei gekommen *or* dass er gekommen sei *or* dass er gekommen wäre.

He looks as if he were ill = Er sieht aus, als ob er krank wäre.

I asked him if he was going to Bonn = Ich fragte ihn, ob er nach Bonn fahre.

I asked him if he wanted to go to Bonn = Ich fragte ihn, ob er nach Bonn fahren wolle.

The subjunctive is further used as a 3rd person imperative (jussive subjunctive), e.g. Er komme! = Let him come!; Gott erhalte den König! = May God preserve the king!

It is also used in the Past Tense to express an unfulfillable wish or hope, e.g. Wollte ich wäre dort gewesen! = Would I had been there! Hätte ich das nur gewusst! = If only I had known that!

The imperfect subjunctive may be used for the Conditional and the pluperfect subjunctive for the Past Conditional (see para. 50).

49. Model Verbs, Strong and Weak Conjugations, Conditional Tenses

PRES.

ich würde machen		ich würde geben	
du würdest —	*I should*	du würdest —	*I should*
er würde —	*make,*	er würde —	*give,*
wir würden —	*etc.*	wir würden —	*etc.*
ihr würdet —		ihr würdet —	
sie würden —		sie würden —	

PAST

ich würde gemacht (gegeben) haben = I should have made (given).

du würdest gearbeitet haben = you would have worked.

er würde getragen haben = he would have carried.

wir würden gegangen sein = we should have gone.

ihr würdet geblieben sein = you would have stayed.

sie würden gewesen sein = they would have been.

50. The use of the Conditional

The Conditional Tenses are used very much as in English.

I should like to travel = Ich würde gern reisen.

I should have done it if I had had time = Ich würde es getan haben, wenn ich Zeit gehabt hätte.

He would smoke if he were old enough = Er würde rauchen, wenn er alt genug wäre.

He would have smoked if he had had a cigarette = Er würde geraucht haben, wenn er eine Zigarette gehabt hätte.

Instead of the Past Conditional, the Pluperfect Subjunctive may be used, e.g. ich würde gesagt haben = ich hätte gesagt = I should have said.

Ich hätte es getan = I should have done it.

Er hätte geraucht = He would have smoked.

Similarly the imperfect subjunctive may be used instead of the Present Conditional, but preferably when the form of the subjunctive cannot be mistaken for the indicative (i.e. not in weak verbs where the subjunctive and indicative have identical forms) ; e.g.

I should like it = Ich würde es gerne haben = Ich hätte es gerne.
He would like to travel = Er würde gerne reisen = Er reiste gerne.

Do not confuse the Conditional ' should ' with ' should ' meaning moral compulsion (Past of ' shall ') = sollte ; e.g.

You should know that = You ought to know that = Sie sollten das wissen.

You should have known that = Sie hätten das wissen sollen.

Similarly ' I would ' = ich wollte, ' we would ' = wir wollten, when ' would ' is the Past of ' will.' Ich wollte, ich könnte schwimmen = I would (wish) I could swim.

PASSIVE VOICE

51. *Model Verbs*

INFINITIVE geliebt werden = to be loved.
PERF. INF. geliebt worden sein = to have been loved.

	Indic.		*Subj.*
PRES.	ich werde geliebt	(*I am loved,*	ich werde geliebt
	du wirst —	*am being*	du werdest —
	er wird —	*loved, etc.*)	er werde —
	wir werden —		wir werden —
	ihr werdet —		ihr werdet —
	sie werden —		sie werden —
IMPF.	ich wurde geliebt	(*I was loved,*	ich würde geliebt
	du wurdest —	*was being*	du würdest —
	er wurde —	*loved, used*	er würde —
	wir wurden —	*to be loved,*	wir würden —
	ihr wurdet —	*etc.*)	ihr würdet —
	sie wurden —		sie würden —
PERF.	ich bin geliebt worden	(*I have been loved, etc.*)	ich sei geliebt worden
	du bist —		du seiest —
	er ist —		er sei —
	wir sind —		wir seien —
	ihr seid —		ihr seiet —
	sie sind —		sie seien —

PLUPERF.	ich war geliebt worden	(*I had been loved, etc.*)	ich wäre geliebt worden
	du warst —		du wärest —
	er war —		er wäre —
	wir waren —		wir wären —
	ihr wart —		ihr wäret —
	sie waren —		sie wären —

FUT.	ich werde geliebt werden	(*I shall be loved, etc.*)	ich werde geliebt werden
	du wirst —		du werdest —
	er wird —		er werde —
	wir werden —		wir werden —
	ihr werdet —		ihr werdet —
	sie werden —		sie werden —

FUT. PERF.	ich werde geliebt worden sein	(*I shall have been loved, etc.*)	ich werde geliebt worden sein
	du wirst —		du werdest —
	er wird —		er werde —
	wir werden —		wir werden —
	ihr werdet —		ihr werdet —
	sie werden —		sie werden —

52. *Use of the Passive Voice*

1. The auxiliary verb used is **werden** for the English 'to be'.
   e.g. Wir werden gesehen = We are seen.
2. The past participle of **werden** is **worden** (no **ge-**).
   e.g. Er ist gefunden worden = He has been found.
3. **Worden** conjugates with **sein**: ist **worden** = has been.
   e.g. Die Bücher sind verkauft worden = The books have been sold.
4. In the compound tenses when there are two past participles, **worden** comes after the past participle of the main verb; in the Future Perfect Tense **sein** comes last of all.
   e.g. Er fürchtete, sein Freund werde getötet worden sein = He was afraid his friend might have been killed.

5. ' By ' is translated by **von** (the agent).

e.g. Die Bücher sind von dem Händler verkauft worden =
The books were sold by the tradesman.

Das Auto wurde von einem Bekannten gesehen = The car
was seen by an acquaintance.

When the agent is a thing, translate by **durch.**

e.g. Goliath wurde durch einen Stein getötet = Goliath was
killed by a stone.

The instrument is expressed, as in the active, by **mit.** e.g.
Alles wurde mit der Hand gewaschen = Everything was
washed by hand.

6. Only transitive verbs can be used in the passive. In other
words, the direct object of the active voice may become the
subject of an equivalent sentence in the passive : the indirect
object of an active sentence may not become the subject in
the passive voice. Verbs which have an indirect object
must have the impersonal subject **es,** and the dative object
of the active remains the dative in the passive.

e.g. He was told = It was told to him = Es wurde ihm
gesagt. He was given a book = Es wurde ihm ein Buch
gegeben *or* Ihm wurde ein Buch gegeben.

Similarly, with a verb like **helfen** which governs a dative in
German.

e.g. **Ihm** wird geholfen = *He* is being helped.

7. A distinction must be drawn between the passive, which
always denotes the ' suffering of an action ' and the verb
' to be ' followed by an adjective denoting a state.

e.g. The door is open = Die Tür ist offen.

The door is opened (is being opened) = Die Tür wird
geöffnet.

The letter is written and signed (i.e. ready to post, you can
visualise its finished state) = Der Brief ist geschrieben und
unterzeichnet.

The letter is being written and will be signed presently =
Der Brief wird geschrieben und wird bald unterzeichnet
werden.

8. The passive is frequently rendered in German by **man** with
the active voice.

e.g. It is said = Man sagt.

German is spoken here = Hier spricht man Deutsch.
The door is opened = Man öffnet die Tür.
Another German construction which renders the English passive is a reflexive verb, or **sich lassen** with an infinitive.
e.g. Das versteht sich = That is understood.
Es lässt sich sagen = It is said, can be said.
Er liess sich sehen = He could be (was) seen.
Das Wort lässt sich in einem Wörterbuch finden = The word can be found in a dictionary.

VERBS OF MOOD (Modal Verbs)

53. INF.	wollen, *will*	sollen, *have to*	können, *can, be able to*
PRES.	ich will	ich soll	ich kann
	du willst	du sollst	du kannst
	er will	er soll	er kann
	wir wollen	wir sollen	wir können
	ihr wollt	ihr sollt	ihr könnt
	sie wollen	sie sollen	sie können
	(*I will, want to, wish to, etc.*)	(*I am to, shall, have to, etc.*)	(*I can, am able to, etc.*)
IMPF.	ich wollte	ich sollte	ich konnte
	du wolltest	du solltest	du konntest
	er wollte	er sollte	er konnte
	wir wollten	wir sollten	wir konnten
	ihr wolltet	ihr solltet	ihr konntet
	sie wollten	sie sollten	sie konnten
	(*I wanted to, wished to, would, etc.*)	(*I was to, had to, should, ought, etc.*)	(*I could, was able to, etc.*)
INF.	müssen	mögen	dürfen
	must, have to	*might, like*	*may, be allowed to*

PRES.	ich muss	ich mag	ich darf
	du musst	du magst	du darfst
	er muss	er mag	er darf
	wir müssen	wir mögen	wir dürfen
	ihr müsst	ihr mögt	ihr dürft
	sie müssen	sie mögen	sie dürfen
	(*I must, have to, etc.*)	(*I may, like, etc.*)	(*I may, am allowed to, etc.*)

IMPF.	ich musste	ich mochte	ich durfte
	du musstest	du mochtest	du durftest
	er musste	er mochte	er durfte
	wir mussten	wir mochten	wir durften
	ihr musstet	ihr mochtet	ihr durftet
	sie mussten	sie mochten	sie durften
	(*I had to, was obliged to, etc.*)	(*I liked, might, etc.*)	(*I could, might, was allowed to, etc.*)

Subjunctive

PRES.	ich wolle	ich solle	ich könne
	du wollest	du sollest	du könnest
	er wolle	er solle	er könne
	wir wollen	wir sollen	wir können
	ihr wollet	ihr sollet	ihr könnet
	sie wollen	sie sollen	sie können

	ich müsse	ich möge	ich dürfe
	du müssest	du mögest	du dürfest
	er müsse	er möge	er dürfe
	wir müssen	wir mögen	wir dürfen
	ihr müsset	ihr möget	ihr dürfet
	sie müssen	sie mögen	sie dürfen

IMPF.	ich wollte	ich sollte	ich könnte
	du wolltest	du solltest	du könntest
	er wollte	er sollte	er könnte
	wir wollten	wir sollten	wir könnten
	ihr wolltet	ihr solltet	ihr könntet
	sie wollten	sie sollten	sie könnten

IMPF.	ich müsste	ich möchte	ich dürfte
	du müsstest	du möchtest	du dürftest
	er müsste	er möchte	er dürfte
	wir müssten	wir möchten	wir dürften
	ihr müsstet	ihr möchtet	ihr dürftet
	sie müssten	sie möchten	sie dürften

The past participle of these verbs, when used with another verb (and it almost always is) is the same as the infinitive, e.g.

ich habe gehen können = I have been able to go, I could go.

du hast sprechen sollen = you were to have spoken, should have spoken.

er hat denken können = he has been able to think, could think.

wir haben lesen müssen = we had to read, were obliged to read.

Sie haben spielen mögen = you liked to play.

Sie haben spielen wollen = you wanted to play, wished to play.

sie haben fahren dürfen = they could drive, were allowed to drive.

Note there is no **zu** before the infinitive following a modal verb.

e.g. Er muss arbeiten = He must work, has got *to* work.

As the modal verbs are highly irregular in English, their translation must be carefully watched, e.g.

I ought to have gone = Ich hätte gehen sollen.

You should have known = Sie hätten wissen sollen.

You should have worked = Sie hätten arbeiten müssen.

I should like to know how you were able to solve it = Ich möchte wissen, wie Sie es haben lösen können.

Note the order of words in the last sentence, i.e. in a subordinate sentence the word order is haben, infinitive, modal verb.

e.g. Ich verstehe nicht, wie er es hätte singen können = I cannot understand how he could have sung it.

54. There are only six modal verbs, but there are a few verbs which may be used modally, i.e. helping another verb. These are lassen (let), sehen (see), hören (hear), helfen (help), lernen (learn). When used modally, their past participle is the same as their infinitive: also there is no **zu** before the infinitive they govern.

e.g. Er hat mich kommen sehen = He saw me coming.

Sie hat mich allein arbeiten lassen = She let me work by myself.

Wir haben sie singen hören = We heard her singing.

'MIXED' VERBS

55. The few verbs listed below are strong in so far as they change their stem vowel in the past: they are weak by adding -t in their Past Tenses. As they inflect like ordinary weak verbs, only their principal parts are given here:

Inf.	*Impf.*	*Perf.*	*Meaning*
kennen	er kannte	er hat gekannt	to know
nennen	er nannte	er hat genannt	to name
brennen	er brannte	er hat gebrannt	to burn
senden	er sandte	er hat gesandt	to send
wenden	er wandte	er hat gewandt	to turn
denken	er dachte	er hat gedacht	to think
bringen	er brachte	er hat gebracht	to bring
wissen	er wusste	er hat gewusst	to know (about)

Note: 1. Alternative forms of wandte, gewandt; sandte, gesandt are wendete, gewendet; sendete, gesendet.

2. The irregular Present Tense of **wissen**:

ich weiss	du weisst	er weiss
wir wissen	ihr wisst	sie wissen

REFLEXIVE VERBS

56.

1. ich setze mich	wir setzen uns
du setzest dich	{ ihr setzt euch { Sie setzen sich

er
sie } setzt sich   sie setzen sich
es

The reflexive pronouns are as set out above.

2. Any ordinary transitive verb may be used reflexively at will. e.g. Ich bade mich = I bathe myself; Er trocknet sich = He dries himself; Wir fragen uns = We ask ourselves; Sie sieht sich im Spiegel an = She looks at herself in the mirror.

3. When a verb governs the dative case, the dative of the reflexive must be used. This is the same as above, except for the 1st and 2nd persons singular, i.e. **mir** and **dir**; e.g. Ich bürste mir das Haar = I brush my hair (= to myself the

hair). Du machst dir zu viel Mühe = You give yourself too
much trouble.

4. Sometimes German uses a reflexive pronoun where English
prefers a possessive adjective; e.g. Er schneidet sich in den
Finger = He cuts his finger. Sie kämmt sich das Haar =
She combs her hair.

5. In many cases the use of a reflexive verb is similar to English
(ich ziehe mich an = I dress myself) or obvious (wir setzen
uns = we sit down = we seat ourselves). But some verbs are
used reflexively where English does not require this construction; e.g. sich freuen = to be pleased, sich umsehen =
to look round, sich umwenden = to turn round. This
construction, on close inspection will be found logical.

6. Occasionally the English passive voice is replaced by a reflexive verb in German (e.g. The front was pushed slowly
forward = Die Front schob sich langsam vorwärts) or by
sich lassen with an infinitive (e.g. The crystals are separated
= Die Kristalle lassen sich abtrennen). For further examples
see para. 52, Note 8.

IMPERSONAL VERBS

57. Natural phenomena are expressed only in the 3rd person
singular.

e.g. es donnert = it thunders, es regnete = it rained, es
hagelt = it hails, es hat geschneit = it has snowed, etc.

There are a few verbs which are personal in English but which
are used impersonally in German. They have the impersonal
grammatical subject ' **es** ' and the person is made the object of the
verb; e.g. es freut mich = I am glad (it pleases me); es gelang
mir = I succeeded; es ist ihm gelungen = he succeeded.

These verbs are set out below in two categories, i.e. those which
are followed by a person in the accusative and those governing the
dative case.

es freut mich	*I am glad*	es geht mich an	*it concerns me*
es friert mich	*I am cold*	es gibt	*there is*

es ist mir warm	*I am warm*	es mangelt mir	*I lack money*
es ist mir wohl	*I feel well*	an Geld	
es scheint mir	*it seems to me*	es tut mir leid	*I am sorry*
es gelingt mir	*I succeed*		

The impersonal 'there is (are)' is translated by **es ist (sind)**, or **es gibt** with accusative, e.g. Es ist niemand zu Hause = There is nobody at home (a specific fact). Es gibt Männer, die keine Heimat haben = There are men without a country (a general statement). Es sind zwei Gläser auf dem Tisch = There are two glasses on the table. Es gibt nichts Neues in der Zeitung = There is nothing new in the paper.

INSEPARABLE VERBS

58. As in the English verbs *be*gin, *contra*dict, *under*estimate, *fore*go, verbs beginning with the following prefixes are inseparable, i.e. the prefix always adheres to the stem; there is no **ge-** in the past participle and the infinitival **zu** does not separate prefix and verb stem: **be-, ge-, er-, ver-, zer-, ent-, emp-, miss-, wider-.**

e.g. Er versteht mich = He understands me; er verstand mich; er hat mich verstanden; er wird mich verstehen. Das ist schwer zu verstehen = That is hard to understand. Beginnen = To begin, er begann, er hat begonnen. Sie hat das Glas zerbrochen = She has smashed the glass. Er hat eine neue Methode entdeckt = He has discovered a new way.

Some of these prefixes have close counterparts in English, in some of their combinations, e.g.

German	*English*	*Examples*
miss-	*mis-* *dis-* (false, wrong)	missverstehen = misunderstand; missbrauchen = misuse; missfallen = displease; misslingen = fail
zer-	(in pieces)	zerbrechen = shatter; zerstören = destroy
ent-	*dis-* (away)	entdecken = discover; entehren = dishonour; entkommen = escape; entfärben = discolour

| wider- | *contra-* (against) | widersprechen = contradict; widerstehen = resist |
| ver- | (removal, loss, change) | verkaufen = sell; verachten = despise; vergrössern = enlarge; verdunkeln = darken |

Note that the prefixes of inseparable verbs are unaccented.

SEPARABLE VERBS

59. Like their English counterparts go *down*, sing *up*, come *out*, prefixes other than those listed as inseparable used in the formation of compound verbs are separable, i.e. they separate from the stem of the verb in the Present and Imperfect tenses in main sentences, going to the end of the sentence; in the past participle and infinitive the **ge-** and **zu-**, respectively, come between the prefix and the stem, e.g.

Er steht früh *auf* = He gets *up* early.

Sie kam erst gestern *an* = She only came yesterday.

Haben Sie die Jacke *an*gezogen? = Have you put *on* the coat?

Er versprach mit mir herauszukommen = He promised to come out with me.

In a subordinate sentence, the present and imperfect forms of the verb remain unseparated, e.g.

wenn er ausgeht, *when he goes out*
weil sie gestern ankam, *because she arrived yesterday*

These verbs are in many cases to be translated quite literally, the prefix having its literal meaning and extending the meaning of the root verb, e.g.

ausgehen	*go out*	zusagen	*assent*
eingehen	*go in*	mitteilen	*inform*
anziehen	*attract*	zurückgeben	*give back*
aufsteigen	*climb up*	vorkommen	*appear*

Note that separable prefixes are accented. The prefixes **durch-, hinter-, über-, unter-, um-, voll-, wieder-** may be either *separable* or *inseparable*. When these prefixes are separable they are accented and the verb has a literal meaning, e.g. über-setzen, *ferry across*; wieder-holen, *fetch back*; um-werfen, *upset*.

When these prefixes are inseparable they are unaccented and the verb is not translated literally, e.g. übersétzen, *translate*; wiederhólen, *repeat*; umgében, *surround.*

INFINITIVES

60. **1.** All infinitives end in -n, and all but a few in -en, e.g. sagen (to say), tragen (to carry), gehen (to go), tun (to do), sein (to be), lächeln (to smile).

  2. The infinitive is used to make the Future and Conditional tenses, in which case it comes at the end of the clause ; e.g. Er wird den Sack tragen = He will carry the bag. Er würde gerne nach Hause gehen = He would like to go home.

  3. The stem of the verb is found by taking the -en (-n) from the infinitive, and from this stem all tenses are made by inflections and variations of vowel, e.g.

INF.	IMPF.	PAST PART.
machen, *stem* mach-	mach-t-e	ge-mach-t
tragen, *stem* trag-	trug	ge-trag-en

  4. The infinitive may be used, as in English, to complement another verb, and comes then at the end of the clause.
e.g. ich kann es machen = I can make it.
But after all other verbs than the modal verbs, the infinitive must be preceded by zu, e.g.
Er hoffte, Chemiker zu werden = He hoped to become a chemist.
Sie glaubte, recht zu haben = She thought she was right.
Er versuchte, Gold aus Eisen zu machen = He tried to make gold from iron.

  5. In final sentences, a common construction is um . . . zu with infinitive, e.g.
Er studiert, um besser zu verstehen = He studies to understand better.
Sie fahren nach Deutschland, um die Sprache zu studieren = They go to Germany to study the language.

  6. Note that a few verbs can be used in the accusative and infinitive construction, e.g.

Er hörte mich kommen = He heard me coming.

Sie liess mich es machen = She let me do it.

But with verbs of wishing, saying, a new phrase must be used, e.g.

Er will, dass ich gehe = He wants me to go.

Er sagte, ich sollte es machen = He told me to do it.

7. Any infinitive may be used as a noun. It is given a capital letter and neuter gender. This is the equivalent of the English verbal noun; e.g. das Haben = the having, das Leben = the living.

8. Frequently the active infinitive is used in German with a passive meaning, similar to the English, ' house to let.'

Dieses Haus ist zu verkaufen = This house is to be sold.

Dieses Verfahren ist zu vermeiden = This procedure is to be avoided.

Apart from such uses, the normal passive infinitive is expressed as follows: Alle Mittel können angewendet werden = All means may be employed.

PARTICIPLES

61. 1. The present participle is made by adding **-d** to the infinitive; e.g. *machend* (making), *tragend* (carrying), *lächelnd* (smiling), but, *tuend* (doing), *seiend* (being).

2. It is not used in tense formation. He is making = Er macht.

3. Its chief use is as an adjective, and when so used it declines like an adjective, e.g. alle denkenden Männer = all thinking men; das kochende Wasser = the boiling water.

4. The past participle is made by prefixing **ge-** to the stem of the verb and adding **-t** to weak, and **-en** to strong verbs (after altering their stem vowel). It is used in the formation of all the Perfect tenses; e.g. er hat geliebt (he has loved), ich hatte getragen (I had carried), wir werden gemacht haben (we shall have made).

5. Both participles are widely used as adjectives and decline as such; e.g. eine liebende Mutter (a loving mother), eine geliebte Mutter (a beloved mother), ein bellender Hund (a barking dog), das gekochte Wasser (the boiled water), der Fliegende Holländer (the Flying Dutchman).

All these participial adjectives may be used as nouns. They have a capital letter and are given a suitable gender, and are declined as adjectives; e.g. der Reisende = the traveller, ein Reisender = a traveller. Ein Bekannter = an acquaintance, eine Bekannte = a female acquaintance. die Gefangenen = the prisoners.

6. These participial adjectives are frequently used in ' boxed in ' constructions (Einschachtelung), in which an adjectival phrase of any length ending in the inflected participle precedes the noun it qualifies, where in English we should use a relative clause after the noun, e.g. Das in einem grossen Kolben gekochte Wasser = The water which was boiled in a big retort. Das von Goethe im Jahre 1806 geschriebene Gedicht = The poem composed by Goethe in 1806.

7. A clause may be used as an object of a verb, where in English we use a gerund ; e.g.

I remember *having* seen him = Ich erinnere mich *daran*, ihn gesehen zu haben.

The dentist is looking forward to her visiting him again = Der Zahnarzt freut sich *darauf*, dass sie ihn wieder besucht. In the above, the prepositions an and auf cannot govern a clause, therefore dar- (it) is prefixed, standing for the succeeding clause. Similarly,

Ich verstehe *es*, dass Sie nicht gerne studieren = I understand *your not liking* to study. **Es** is the grammatical object standing for the succeeding clause.

ORDER OF WORDS

62. 1. The normal order of words is:

1 *Subject*	2 *Verb*	3 *Object*	4 *Adverb*	5 *Past Part.* (*Infin.*)
Der Heizer	**hat**	Kohlen	auf das Feuer	geworfen
Ich	**werde**	Sie	morgen im Theater	sehen
Meine Mutter	**gibt**	mir ein Buch	zum Geburtstag.	

Any word but the verb may be placed first for emphasis, but the *verb is always the second element in the sentence* (the verb is either the simple tense of a verb or the auxiliary in a compound tense), e.g.

3	2	1	4	5
Sie	**werde**	ich	morgen im Theater	sehen

4	2	1	3	4	5
Morgen	**werde**	ich	Sie	im Theater	sehen
Im Theater	**werde**	ich	Sie	morgen	sehen
Als sie kam,	**nahm**	meine Mutter	ein Buch		

2. In questions the verb is placed before the subject (inversion), either coming first or immediately after an interrogative word, e.g.

2	1	3	4	5
Hat	der Heizer	Kohlen	auf das Feuer	geworfen?
Was **hat**	der Heizer		auf das Feuer	geworfen?
Wann **werde**	ich	Sie	im Theater	sehen?
Wo **habe**	ich	Sie	gestern	gesehen?

3. In subordinate clauses (relative, adverbial, final, etc.) the finite verb comes last, e.g.

Der Mann, der neben uns **wohnt**, ist krank.

Als er uns letztes Jahr **besuchte**, war er krank.

Er wusste, dass sein Freund ihn von Anfang an betrogen **hatte**.

Sie fragte mich, wann ich sie wieder besuchen **wolle**.

4. When there are several adverbs, they occur in this order: 1. Time; 2. Manner; 3. Place.

Sie müssen mich morgen vor der Tür treffen = You must meet me to-morrow in front of the door.

Er fuhr um zwei Uhr geschwind nach Hause = He drove home quickly at two o'clock.

5. An indirect object precedes a direct object (i.e. dative before accusative or person before thing), e.g. Mein Bruder gibt

mir ein Geschenk. Sie gibt dem Hund ein Stück Brot. When two pronouns occur, the order is reversed; e.g. Geben Sie es mir; sagen Sie es ihm.

6. In a negative sentence, **nicht** goes as near the end as possible: i.e. last, unless there is a past participle or infinitive or separable prefix in a main clause, or a verb in a subordinate clause. For emphasis, nicht may precede the word it negates, e.g. Ich habe diesen Film noch nicht gesehen = I have not seen this film yet.

Ich kann morgen nicht kommen = I *can't* come to-morrow.
Ich kann nicht morgen kommen = I can't come *to-morrow*, emphasising to-morrow.

7. The reflexive pronouns (sich, uns, etc.) come as near the beginning as possible, i.e. immediately after the verb in a main clause and after the subject in a subordinate clause, e.g. Er setzte sich in die Ecke = He sat down in the corner. Als er sich in die Ecke setzte = When he sat down in the corner.

LIST OF STRONG AND IRREGULAR VERBS

The verbs listed here have occurred in the text.

Any verbs not included and which have appeared in the text are weak, unless they are compounds of strong or irregular verbs, which conjugate like their root verbs.

The 3rd person singular of the Present Tense is given only if there is a change from the Infinitive stem. The 3rd person singular imperfect, the past participle, and the 3rd person singular imperfect subjunctive are given for all verbs.

From the parts given here, all tenses of the indicative and subjunctive can be formed.

Infinitive	Meaning	Present	Impf.	Past Part.	Impf. Subj.
befehlen	command	befiehlt	befahl	befohlen	beföhle
beginnen	begin	beginnt	begann	begonnen	begönne
beissen	bite		biss	gebissen	bisse
bergen	hide	birgt	barg	geborgen	bürge
biegen	bend		bog	gebogen	böge
bieten	offer	bietet	bot	geboten	böte
binden	tie	bindet	band	gebunden	bände
bitten	ask	bittet	bat	gebeten	bäte
bleiben	stay		blieb	geblieben (ist)	bliebe
brechen	break	bricht	brach	gebrochen	bräche
brennen	burn		brannte	gebrannt	brennte
bringen	bring		brachte	gebracht	brächte
denken	think		dachte	gedacht	dächte
dringen	press		drang	gedrungen	dränge
dürfen	may	darf	durfte	dürfen (gedurft)	dürfte
empfehlen	recommend	empfiehlt	empfahl	empfohlen	empföhle
erschrecken	be scared	erschrickt	erschrak	erschrocken	erschräke
essen	eat	isst	ass	gegessen	ässe
fahren	drive	fährt	fuhr	gefahren (ist)	führe
fallen	fall	fällt	fiel	gefallen (ist)	fiele
fangen	catch	fängt	fing	gefangen	finge
finden	find	findet	fand	gefunden	fände
fliegen	fly		flog	geflogen (ist)	flöge
fliessen	flow		floss	geflossen (ist)	flösse
fressen	eat	frisst	frass	gefressen	frässe
frieren	freeze		fror	gefroren	fröre

Infinitive	Meaning	Present	Impf.	Past Part.	Impf. Subj.
gebären	give birth		gebar	geboren	gebäre
geben	give	gibt	gab	gegeben	gäbe
gehen	go	geht	ging	gegangen (ist)	ginge
gelingen	succeed		gelang	gelungen (ist)	gelänge
geniessen	enjoy		genoss	genossen	genösse
geschehen	happen	geschieht	geschah	geschehen (ist)	geschähe
gewinnen	win		gewann	gewonnen	gewänne
giessen	pour		goss	gegossen	gösse
graben	dig	gräbt	grub	gegraben	grübe
greifen	grasp		griff	gegriffen	griffe
haben	have	hat	hatte	gehabt	hätte
halten	hold, stop	hält	hielt	gehalten	hielte
hangen	hang	hängt	hing	gehangen	hinge
heben	lift	hebt	hob	gehoben	höbe
heissen	be called		hiess	geheissen	hiesse
helfen	help	hilft	half	geholfen	hülfe
kennen	know		kannte	gekannt	kennte
kommen	come		kam	gekommen (ist)	käme
können	can	kann	konnte	können (gekonnt)	könnte
laden	load	lädt	lud	geladen	lüde
lassen	let	lässt	liess	gelassen	liesse
laufen	run	läuft	lief	gelaufen (ist)	liefe
leiden	suffer	leidet	litt	gelitten	litte
leihen	lend		lieh	geliehen	liehe
lesen	read	liest	las	gelesen	läse
liegen	lie		lag	gelegen	läge
meiden	avoid	meidet	mied	gemieden	miede
mögen	like, may	mag	mochte	mögen (gemocht)	möchte
müssen	have to	muss	musste	müssen (gemusst)	müsste
nehmen	take	nimmt	nahm	genommen	nähme
nennen	name		nannte	genannt	nennte
raten	advise	rät	riet	geraten	riete
reiben	rub		rieb	gerieben	riebe
reissen	tear		riss	gerissen	risse
reiten	ride	reitet	ritt	geritten (ist)	ritte
rennen	run		rannte	gerannt (ist)	rennte
riechen	smell		roch	gerochen	röche
rufen	call		rief	gerufen	riefe
schaffen	create	schafft	schuf	geschaffen	schüfe
scheiden	part	scheidet	schied	geschieden (hat, ist)	schiede
scheinen	seem, shine		schien	geschienen	schiene
schieben	push		schob	geschoben	schöbe

Infinitive	Meaning	Present	Impf.	Past Part.	Impf. Subj.
schiessen	shoot		schoss	geschossen	schösse
schlafen	sleep	schläft	schlief	geschlafen	schliefe
schlagen	beat	schlägt	schlug	geschlagen	schlüge
schliessen	shut		schloss	geschlossen	schlösse
schneiden	cut	schneidet	schnitt	geschnitten	schnitte
schreiben	write		schrieb	geschrieben	schriebe
schreien	shout		schrie	geschrieen	schriee
schreiten	stride	schreitet	schritt	geschritten (ist)	schritte
schweigen	be silent		schwieg	geschwiegen	schwiege
schwellen	swell	schwillt	schwoll	geschwollen (ist)	schwölle
schwimmen	swim		schwamm	geschwommen (ist)	schwömme
schwinden	vanish	schwindet	schwand	geschwunden (ist)	schwände
sehen	see	sieht	sah	gesehen	sähe
sein	be	ist	war	gewesen (ist)	wäre
senden	send	sendet	sandte (sendete)	gesandt (gesendet)	sendete
singen	sing		sang	gesungen	sänge
sinken	sink		sank	gesunken (ist)	sänke
sitzen	sit	sitzt	sass	gesessen	sässe
sollen	have to	soll	sollte	sollen (gesollt)	sollte
sprechen	speak	spricht	sprach	gesprochen	spräche
springen	jump		sprang	gesprungen (ist)	spränge
stehen	stand	steht	stand	gestanden	stände
stehlen	steal	stiehlt	stahl	gestohlen	stöhle
steigen	climb	steigt	stieg	gestiegen (ist)	stiege
sterben	die	stirbt	starb	gestorben (ist)	stürbe
stossen	push	stösst	stiess	gestossen	stiesse
tragen	wear	trägt	trug	getragen	trüge
treffen	meet	trifft	traf	getroffen	träfe
treiben	drive		trieb	getrieben	triebe
treten	tread	tritt	trat	getreten (ist)	träte
trinken	drink		trank	getrunken	tränke
tun	do	tut	tat	getan	täte
vergessen	forget	vergisst	vergass	vergessen	vergässe
verlieren	lose		verlor	verloren	verlöre
wachsen	grow	wächst	wuchs	gewachsen (ist)	wüchse
waschen	wash	wäscht	wusch	gewaschen	wüsche
weisen	point		wies	gewiesen	wiese
wenden	turn	wendet	wandte (wendete)	gewandt (gewendet)	wendete
werden	become	wird	wurde (ward)	geworden (ist)	würde

Infinitive	Meaning	Present	Impf.	Past Part.	Impf. Subj.
werfen	*throw*	wirft	warf	geworfen	würfe
wissen	*know*	weiss	wusste	gewusst	wüsste
wollen	*will*	will	wollte	wollen (gewollt)	wollte
ziehen	*pull*		zog	gezogen	zöge
zwingen	*force*		zwang	gezwungen	zwänge

VOCABULARY

THE gender of nouns is indicated by *m.* (masculine), *f.* (feminine), *n.* (neuter), and the plural is given in abbreviated form in brackets, e.g. **Dorf** *n.* (⸚er) = das Dorf, *plural* die Dörfer.

Separable verbs are denoted by a hyphen between the prefix and the verbal stem, e.g. aus-gehen.

Strong verbs are indicated by the stem vowel of the Imperfect and Perfect participle in brackets, e.g. fahren (u.a.) = fahren, fuhr, gefahren.

Irregular verbs are marked * and should be checked in the List of Strong and Irregular Verbs (pp. 289–292).

ab-biegen (o.o.), to turn off
Abend *m.* (-e), evening
Abendessen *n.* (-), dinner
abends, in the evening
aber, but, however
ab-fahren (u.a.), to drive off, leave
Abfahrt *f.* (-en), departure
Abfahrtszeit *f.* (-en), time of departure
ab-geben (a.e.), to hand in, give out
abgemacht, agreed
Abhang *m.* (⸚e), slope, hillside
ab-holen, to go and fetch, pick up
Abkürzung *f.* (-en), abbreviation
ab-liefern, to deliver
Abonnement *n.* (-s), subscription
Abonnent *m.* (-en), subscriber
Abschied *m.* (-e), departure, leave
ab-schreiben (ie.ie), to copy
ab-spülen, to wipe up, clean
Abteil *n.* (-e), compartment
Abteilung *f.* (-en), compartment, section

ab-treten (a.e.), to retire, resign
***ab-wenden,** to turn away
Abwesenheit *f.* absence
acht, eight
achtzehn, eighteen
achtzig, eighty
Achtung *f.*, heed, respect, look out!
Adresse *f.* (-n), address
ähnlich, similar
Ahnung *f.* (-en), suspicion, inkling
Akkumulator *m.* (-en), accumulator
albern, silly
Alkohol *m.*, alcohol
allein, alone, only, but
all (-er, -e, -es), all, every, everything
allerlei, all kinds of
allgemein, general, universal
allmählich, gradually
Alltags-, everyday, ordinary
als, when, as, than
also, and so, then
alt, old

Alter *n.*, age
altmodisch, old-fashioned
Amerikaner *m.* (-), American
amüsant, amusing
amüsieren, to amuse
an (*prep. with acc. or dat.*), on, to, at, in, of
ander, other, different
anderswo, somewhere else
anderthalb, one and a half
an-drehen, to turn on
Anekdote *f.* (-n), anecdote
an-fangen (i.a.), to begin
an-gehören, to belong
Angestellte(r) *m.* (*or f.*), employee
ängstigen, to worry
Anklage *f.* (-n), complaint, charge
*an-kommen, to arrive
Ankunft *f.* (¨e), arrival
*an-nehmen, to accept
an-rühren, to touch
Ansager *m.* (-), announcer
an-schalten, to switch on
an-sehen (a.e.), to look at, regard
anstatt (*prep. with gen.*), instead of
an-stecken, to fix, place
Antenne *f.* (-n), radio aerial
Antwort *f.* (-en), answer, reply
antworten, to answer, reply
Anwärterliste *f.* (-n), waiting list
Anzeige *f.* (-n), advertisement
*an-ziehen, to put on, dress, attract
Anzug *m.* (¨e), suit
an-zünden, to light, ignite
Apfel *m.* (¨), apple
Apfelmus *n.*, apple sauce
Apparat *m.* (-e), apparatus, camera, set
Appetit *m.*, appetite

Arbeit *f.* (-en), work
arbeiten, to work
Arbeitsamt *n.* (¨er), employment exchange
arbeitslos, out of work, unemployed
arm, poor
Arm *m.* (-e), arm
Armenviertel *n.* (-), slum
Art *f.* (-en), sort, kind
Artikel *m.* (-), article, item
Arzt *m.* (¨e), doctor
Aspirintablette *f.* (-n), aspirin
Atem *m.*, breath
atemlos, breathless
Atomgewicht *n.* (-e), atomic weight
auch, also, too, besides, either
auf (*prep. with acc. or dat.*), on, upon, in, at
auf-atmen, to breathe a sigh of relief
auf-bauen, to reconstruct, build up
Aufführung *f.* (-en), performance, conduct
Aufgabe *f.* (-n), exercise
*auf-gehen, to rise (sun), go up
auf-halten (ie.a.), to stop, hold up
auf-hören, to cease, stop
auf-machen, to open
auf-passen, to look out, see to
auf-reissen (i.i.), to tear open
Aufsatz *m.* (¨e), essay
auf-schreiben (ie.ie.), to write down
auf-sehen (a.e.), to look up
*auf-stehen, to get up, rise
Aufstehen *n.*, getting up
auf-wachen, to wake up, awaken
auf-wachsen (u.a.), to grow up
Aufzug *m.* (¨e), act
Auge *n.* (-n), eye

Augenblick *m.* (-e), moment
augenblicklich, immediate(ly), at the moment
aus (*prep. with dat.*), out, out of
aus-bürsten, to brush out
Ausflug *m.* (̈e), excursion
ausführlich, detailed, particular
Ausgang *m.* (̈e), exit, way out
aus-geben (a.e.), to spend (money)
*aus-gehen, to go out
aus-graben (u.a.), to dig up
*aus-kommen, to come out, manage
Auskunft *f.* (̈e), information
Ausland *n.*, abroad, foreign
Ausländer *m.* (-), foreigner
aus-probieren, to try out, test
aus-raufen, to pluck out
aus-rufen (ie.u.), to cry out, exclaim
aus-ruhen, to rest, finish resting
Ausschuss *m.* (̈e), committee
aus-sehen (a.e.), to seem, look
ausser (*prep. with dat.*), besides
ausserdem, besides, as well
ausserhalb (*prep. with gen.*), outside
äussern, to utter, express an opinion
aus-steigen (ie.ie.), to get out, alight
Ausstellung *f.* (-en), show, exhibition
aus-teilen, to give out, distribute
aus-üben, to practise, exert
auswendig, by heart
Auto *n.* (-s), car
Automat *m.* (-en), slot machine
Automobil *n.* (-e), motor-car

Bach *m.* (̈e), stream
Bad *n.* (̈er), bath

Badeanzug *m.* (̈e), bathing suit
baden, to bathe
Badezimmer *n.* (-), bathroom
Bahn *f.*, railway
Bahnbeamter *m.*, railway official
Bahnhof *m.* (̈e), railway station
Bahnsteig *m.* (-e), platform
Bahnstrecke *f.* (-n), permanent way
bald, soon
Balkon *m.* (-e), balcony
Bande *f.* (-n), gang, band
Bank *f.* (-en), bank
Bank *f.* (̈e), seat, bench
Bankangestellte(r) *m.* (*or f.*), bank clerk
Bär *m.* (-en), bear
Bastei *f.* (-en), bastion
Batterie *f.* (-n), battery
Bauchredner *m.* (-), ventriloquist
bauen, to build
Bauer *m.* (-n), peasant, farmer
Bauernhof *m.* (̈e), farm
Bauernkrieg *m.* (-e), peasants' war
Baukunst *f.*, architecture
Baum *m.* (̈e), tree
Bayern *n.*, Bavaria
Beamte(r) *m.*, employee, official
bedecken, to cover
bedeuten, to mean, signify
beeilen, sich, to hurry
befreien, to free, liberate
Befreiung *f.*, liberation
begegnen (*with dat.*), to meet
begeistert, enthusiastic, inspired
Begeisterung *f.*, enthusiasm
begierig, anxious
beginnen (a.o.), to begin
begleiten, to accompany
behalten (ie.a.), to keep
behandeln, to treat, handle
bei (*prep. with dat.*), at, with, in, at the house of

beide, both
Beifall *m.*, applause, approval
Beifilm *m.* (-e), supporting film
Bein *n.* (-e), leg
beisammen, together
bei-schliessen (o.o.), to enclose
beiseite, aside
Beispiel *n.* (-e), example; z.B. =
  e.g.
beissen (i.i.), to bite
Bekannte(r) *m.* (*or f.*), acquaintance
Bekanntmachung *f.* (-en), notice
beklagen, sich (über), to complain
  (about)
*bekommen, to get, receive
belegen, to cover; mit Bomben
  belegen = to bomb; ein be-
  legtes Brot = a sandwich
beliebt, dear, favourite, popular
bellen, to bark
bemerken, to notice, remark
benutzen, to use
bequem, convenient, comfortable
bereit, ready, prepared
bereiten, to prepare
Berg *m.* (-e), hill, mountain
Bericht *m.* (-e), report, account
berichten, to report, inform
Beruf *m.* (-e), profession, job
berühmt, famous, celebrated
beschädigen, to damage
beschäftigt, busy, occupied
beschränkt, limited
besetzt, occupied, engaged
besichtigen, to inspect, view, look
  at
*besitzen, to possess
besonders, especially
besorgen, to see to, procure
Besorgnis *f.* (-se), care, worry
besser, better

Besteck *n.* (-e), knife and fork,
  cover
*bestehen (aus), to consist (of)
bestellen, to order
bestimmt, definite, certain
Besuch *m.* (-e), visit
besuchen, to visit
beten, to pray
betrachten, to observe, regard
betreten (a.e.), to step in, occupy
Bett *n.* (-en), bed
Beute *f.* (-n), prey, booty
bevor, before
bewachen, to watch, guard
bewundern, to admire
bezahlen, to pay
Biegung *f.* (-en), bend, turning
Bier *n.* (-e), beer, ale
bieten (o.o.), to offer
Bild *n.* (-er), picture, image
bilden, to form
billig, cheap, right, fair
Birke *f.* (-n), birch
bis, up to
Bissen *m.* (-), bite
bitte (bitte schön), please
Bitte *f.* (-n), request, plea
*bitten, to ask for, beg, demand
blass, pale
Blatt *n.* ("-er), leaf
blau, blue
bleiben (ie.ie.), to remain, stay
blitzen, to lighten, flash
blitzschnell, quick as a flash
bloss, merely, simply
Blume *f.* (-n), flower
Blumenbeet *n.* (-e), flower bed
Blut *n.*, blood
Boden *m.* ("-), floor
Bombe *f.* (-n), bomb
Bombenangriff *m.* (-e), air-raid
Bonbon *n.* (-s), sweet
Boot *n.* (-e), boat